畅安之路

—— 山东省高速公路交通安全管理工作纪实

山东省公安厅高速公路交通警察总队 编

山东教育出版社

图书在版编目（CIP）数据

畅安之路：山东省高速公路交通安全管理工作纪实 /
山东省公安厅高速公路交通警察总队编 . — 济南：山东教
育出版社，2019.10

ISBN 978 - 7 - 5701 - 0782 - 7

Ⅰ. ①畅⋯　Ⅱ. ① 山⋯　Ⅲ. ①高速公路 - 交通运输安
全 - 安全管理 - 工作经验 - 山东　Ⅳ. ①U491.4

中国版本图书馆CIP数据核字（2019）第213819号

责任编辑：白汉坤
责任校对：舒　心
封面设计：杨　晋

CHANG AN ZHI LU　SHANDONG SHENG GAOSU GONGLU
JIAOTONG ANQUAN GUANLI GONGZUO JISHI

畅安之路——山东省高速公路交通安全管理工作纪实

山东省公安厅高速公路交通警察总队 编

主管单位：山东出版传媒股份有限公司
出版发行：山东教育出版社
　　　　　地址：济南市纬一路 321 号　邮编：250001
　　　　　电话：（0531）82092660　网址：www.sjs.com.cn
印　　刷：济南龙玺印刷有限公司
版　　次：2019 年 10 月第 1 版
印　　次：2019 年 10 月第 1 次印刷
开　　本：710 毫米 × 1000 毫米　1/16
印　　张：19.75
字　　数：275 千
定　　价：79.00 元

（如印装质量有问题，请与印刷厂联系调换）印厂电话：0531-86027518

编辑委员会成员

序 言

　　自2006年开始，山东省高速公路迎来发展高峰期，通车里程快速增加。到2018年底，已达6057公里，初步形成了"五纵四横，一环八连"的总体格局，年通车量达到4.7亿辆次，承载着全省70%的货运量和50%的客运量，为促进经济发展、方便群众便捷出行发挥着巨大作用。

　　与此同时，交通运输业的兴旺和机动车保有量的骤增，也给高速公路交通安全管理工作带来了新的考验。特别是交通违法、道路隐患等问题进一步凸显，道路交通事故与拥堵易发多发，交通管理能力与高速公路快速发展需要之间不适应、不平衡的矛盾日益突出。为适应交通大发展、货物大流通和人员大流动给高速公路交通安全带来的各类风险挑战，全面加强高速交通安全管理工作，按照山东省政府有关文件要求，省公安厅对全省高速公路交通安全管理体制进行了调整理顺，明确全省高速公路交通安全管理工作体制实行以属地管理为主的双重管理模式。2013年8月1日，省公安厅成立高速交警总队，为处级直属行政机构，承担全省高速公路交通安全管理工作业务指导工作，并直接负责济南至青岛南北两线655公里高速公路交通安全管理工作。全省各市均成立了高速公路交通安全管理独立行政机构。

　　筚路蓝缕，以启山林。

　　全省高速公路交通安全管理体制调整以来，各级高速交警部门，立足工作实际，坚持底线思维，树立问题导向，以对人民群众生命财产安全高度负责的态度，主动应对、敢于担当，始终从影响高速公路交通安全的突出隐患风险着眼、着手、着力，对准症结、猛药去疴，逢山开路、遇水架桥，准确把握规律特点，有效采取对策措施，通过努力改革创新管理模式和手段，在严重交通违法行为整治、道路隐患排查治理、智能管控系统建设应用、社会化管理服务等方面取得明显成效，高速公路交通安全治理能力有了较大提升，一些关键环节和薄弱点得到了巩固和改进，一些之前想不到、管不到和治理不到的问题有了良好改观，通行秩序明显好转，年交通事故起数持续下降，高速公路交通安全形势持续保持稳定。特别是近两年，在汽车保有量位居全国第一、高速公路流量大幅增长的情况下，较大以上道路交通事故起数降幅明显，由2016年的11起减少到2017年的3起、同比下降73%，2018年持续保持3起的最低记录，未发生重特大道路交通事故，创历史最好成绩。

回首过去，我们日就月将、努力奔跑；展望未来，我们豪情满怀，继续追梦！

此书既是对过往历程的回顾和总结，又是对成功经验的提炼和固化，更是对未来征程的启迪和冲锋。记得来时路，继续向远方！凭着对人民的忠诚和对事业的执着，一代代高速交管人将以习近平新时代中国特色社会主义

思想为指导，忠实践行"对党忠诚、服务人民、执法公正、纪律严明"总要求，坚持政治建警、改革强警、科技兴警、从严治警，坚持治理社会化、法治化、智能化、专业化方向，坚持严格、规范、公平、文明执法，不忘初心、牢记使命，从更高层面推进高速公路交通安全治理体系和治理能力现代化，"建一流队伍、创一流管理、保一流秩序"，使出行更安全，交通更顺畅，全力打造山东高速"畅安之路"！

编者

2019年4月

山东高速交警总队班子成员

山东高速交警总队副处长以上干部

山东高速交警总队机关全体民警

全省队伍建设会议

斗风雪

练强兵

救伤员

助群众

钻研业务

战前部署

快乐警营

真情济 平安济南

庆祝中华人民共和国67华诞文艺汇演

多彩警营

008

目 录

第一编

严执法——严查严管重点交通违法行为

近年来，山东高速交警总队指导全省各级高速公路交警部门，始终以保安全、保畅通、防事故为目标，根植"交通事故可防可控"理念，针对群众反映强烈和严重影响高速公路行车秩序、通行效率、通行安全的交通违法行为，按照"全面覆盖、重点突出、梯次推进"的原则，因地制宜、因时制宜、不间断地组织开展专项整治，不断聚智聚力，对准症结、猛药去疴、逐个击破。坚持对严重交通违法行为不搞变通，严格处罚，始终将记分、降级、暂扣、吊销、拘留、追刑等措施牢牢抓在手上，切实做到"零容忍"，持续保持强大震慑。坚持统筹推进重点车辆、重点路段管控，用好约谈、处罚、曝光、联合督办等手段，深化科技应用，改革勤务模式，做强长板，补齐短板，有力保障高速公路交通安全形势持续平稳。

第一章　治理货车超载

　　"超限超载,危机四伏"。货运车辆超限超载,一直是道路交通违法"顽症",易引发交通事故,严重威胁人民群众生命财产安全和社会稳定,被称为头号"公路杀手"和"事故元凶"。超载超限货车特别是一些改装拼装车辆在超负荷运转状态下,车辆制动和操作等安全性能下降,甚至出现轮胎爆胎、刹车失灵、转向抖动、半轴断裂等问题。2015年9月11日0时,大广高速公路2300公里处发生一起造成11人死亡的重大道路交通事故。该起事故的直接原因就是货车超载。据统计,全省高速公路较大以上事故中,涉及货车的占比高达71.4%,在所有高速公路亡人事故中,涉及货车超限超载的占比近20%。可见,货车超限超载对人民群众生命财产安全危害极大,是交通事故致死致

货车超载引发事故

伤的重要祸患，是影响高速公路通行安全的重要因素。而在山东省高速公路上行驶的超载货车，不论数量或超限比例，在部分路段曾经十分严重，超载100%以上的货车比比皆是，甚至出现超载200%、300%以上的货车，"治超"迫在眉睫。

高速公路货车超限超载治理工作要求高、难度大，特别是易引发货车驾驶人群体不满，全国多数省份对于"治超"多持谨慎态度。一是治超环节多。超载违法的查处不仅是处罚，还要完成超载部分的卸货转运，当超载违法消除后才能放行车辆。这个过程需要过磅、卸货、转运、处罚、放行等多个环节，并且车辆的移动及货物的卸载、存放、转运等过程风险点多，且费时费力。二是巩固治超成果难。在路上查控，一旦稍有放松，出现盲区，就易出现反弹。违法超载者就会伺机上路。三是执法保障难。执法中常会遇到不配合、挑衅谩骂甚至暴力抗法的情况，稍有不慎就会被投诉，甚至引发媒体炒作，形成社会热点、焦点。

面对"治超"严峻形势，自2016年底开始，全省各级高速交警部门把准

民警查处严重超载货车

货车治理行动

脉搏、精准发力，主动担当、敢于亮剑，多措并举、驰而不息，持续提升对货车超限超载的治理力度。治理过程中，着力运用法治思维和法治方式解决"治超"中出现的问题，坚持严格、规范、公正、文明、理性、平和的执法要求，严格落实记分处罚措施，着力强化"一超四罚"等联合惩戒措施，坚决杜绝随意更改违法种类或降格处罚等问题，坚决杜绝乱收费、乱罚款。同时，注重源头把控，加强重点车辆运输企业约谈，推动货车超限超载治理工作取得了真正、实质、有效地进展，并在全省保持了有效治超的高压态势。

一、加强领导，周密部署超载整治

将治理货车超限超载作为高速公路预防事故的重要举措。山东高速交警总队先后下发《关于进一步加强超限超载违法整治工作的紧急通知》《关于从严查处非法改装严重超载车辆的通知》《关于推进货车超限超载专项治理工作的通知》《关于持续发力深入推进货车超限超载专项治理工作的通知》等文件进行部署，定期下发通报对治理情况进行总结、督促，多次召开全省座谈会、动员会、调度会、推进会进行部署、深化。

全省治超工作推进会

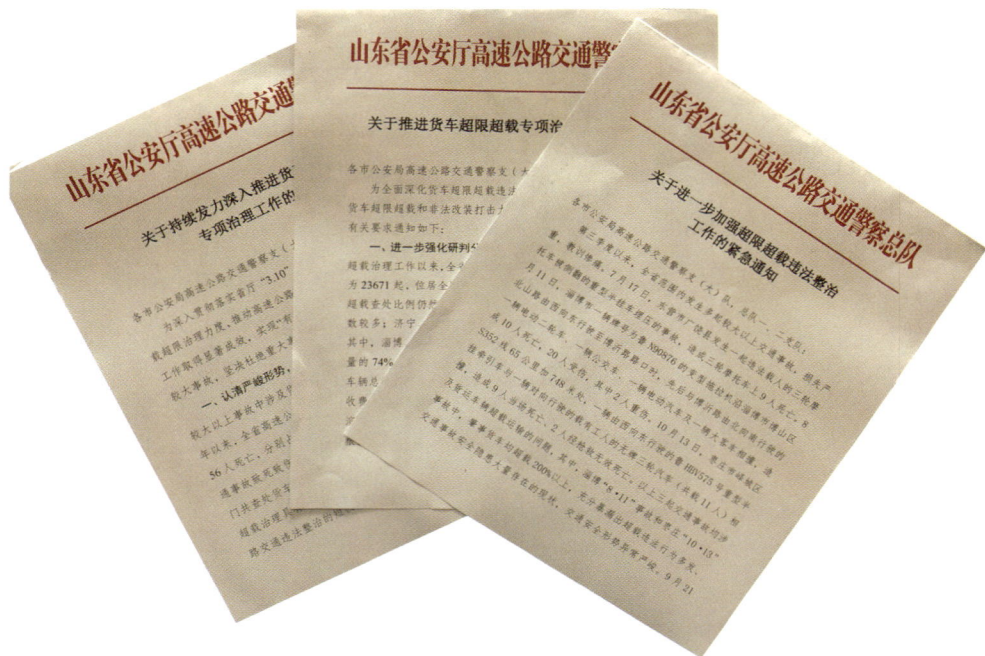

部分治超文件

【《田玉国同志在深化货车超限超载专项治理工作暨高速公路交通安全管理重点工作现场推进会上的讲话》节选】

11月24日，省交通厅、省公安厅在济宁联合召开全省整治公路货车超限超载行为专项行动工作会议，交流工作经验，分析薄弱环节，重点针对当前货车超载问题依然没有得到根本遏制的现状，进一步动员全省强化组织领导，注重部门配合，加大整治力度。全省各级高速交警部门要深入领会、吃透此次治超会议精神，认真对照上述问题，找出工作盲点和弱点，理清重点和难点，采取坚决果断措施和精细化管理对策，坚定信念、攻坚克难，以对人民群众生命安全高度负责的态度，扎实推动治超工作深入开展，在全省高速公路掀起货车超限超载治理新高潮，确保短期内取得更加明显的效果。

一要进一步健全联勤联动执法机制。各地要按照此次会议部署要求，及时与属地交通运输部门进行沟通协调，提前进行工作对接，联合确定高速公路或附近具备条件的执法站所、停车场、卸载场，协调做好超限检测站接收和检测工作。要按照两厅联合制定的《查处货车超限超载违法工作流程》，进一步明确和统一称重卸载、处罚记分等流程。要增强与交通运输部门协调配合意识，定期召开工作协调会，通报执法中存在的问题和不足，共同制定符合辖区实际的整治措施。

二要进一步强化路面查处。要彻底摸清辖区短途运输和外地长途运输货车的运行规律及特点，科学部署警力，把警力向重点路段、重点时段倾斜，适时组织开展短、平、快的集中行动。坚持网上巡逻和网下管控结合，突出对省际、市际高速公路出入口的动态管控，强化货车实时预警监管，对超限超载违法要做到快速发现、及时拦截。要加大处罚力度，严格执法，敢抓敢管，对超限超载违法行为要做到"零容忍"。对查处的超载运输车辆，要及时通知属地交通运输部门，到指定具备条件的执法站所、停车场、卸载场进行检测和卸货，落实"一超四罚"措施。要结合实施《通行高速公路重点车辆运输企业约谈制度》，积极配合交通运输等部门加大对重点货运源头单位的监管力度，定期约谈曝光。

货车超载治理行动

三要进一步严格规范执法。在确认超限超载违法行为后，一律当场开具行政强制措施凭证，及时录入全国公安交通管理综合应用平台，并按照《道路交通安全法》作出处罚。要严格落实记分处罚措施，坚决杜绝随意更改违法种类或降格处罚等问题，坚决纠正只罚款、不卸载的做法；严禁利用执法强制手段违规指定停车场，坚决杜绝乱收费、乱罚款。对外省货车和运输企业在我省的超载违法，要在抄告当地交通运输管理部门的同时，一并抄告当地公安交警部门督促落实处罚措施。

二、综合施策，多管齐下治理顽疾

全省各级高速交警部门根据超载车辆通行的时段路段特点，科学调整勤务部署，警力跟着警情走，在重点区域形成严密管控。每周不少于2次开展22时至次日凌晨3时的夜查行动，提高严密性、灵活性、针对性，精准打击货车超载违法行为。

加强数据研判分析

山东高速交警总队依托数据研判平台，建立通行高速公路超载车辆数据模型，分析辖区货车超限超载规律和特点，将超限超载30%以上以及100%以上通行货车较多的重点收费站及时通报各地，为集中整治提供依据。各市根据辖区通行超限车辆类型、运载货物性质、数量，周边货场及物流仓储分布，结合毗邻国道、省道、路桥等地理信息，就数据进行二次分析，预判超限货车通行高速公路的规律特点，通过数据环比、同比分析，横纵向比较找出工作漏洞和薄弱环节，及时调整勤务安排，实现情报、指挥、勤务有效串联，极大提高了治理工作效率。

【2018年6至8月《全省高速公路超限超载治理工作数据检测通报》节选】

2018年6至8月份，全省通行高速公路的货运车辆达到3109万辆次，其中，超限超载车辆196.1万辆次，平均超限超载率为6.31%。

检测数据分析显现以下特点：

1.从超限超载程度来看，单车超限超载30%以下占比最高。超载不足30%

的占比96.4%，超载大于等于30%小于50%的占比2.2%，超载大于等于50%小于100%的占比1.3%，超载大于等于100%小于200%的占比0.3%，超载大于等于200%的占比0.06%。

2. 从货车轴数来看，六轴货车超载占比较高。各轴数超载货车占比分别为：二轴货车可忽略不计，三轴货车0.09%，四轴货车2.45%，五轴货车4.1%，六轴货车93.3%。

3. 从行驶流向来看，省内短途运输超载情况严重。按照超载货车流向，入省超载车辆占比0.5%，出省超载车辆占比16.26%，省内通行超载车辆占比63.1%，跨省通行超载车辆占比33.5%。

4. 局部地区"百吨王"现象较为严重。从地市来看，通行载重百吨车辆最多的是：日照、济南、德州；从收费站来看，通行百吨车辆最多的是：遥墙、西湖、乐陵北。

加强科技手段应用

采取非现场执法和现场严重超载整治综合打击的模式，针对性制定勤务方案。特别是采取精准查缉布控手段，对违法频率高或长期于夜间或其他警

利用科技系统管控超载货车

力延伸不到的时段、路段，通过科技系统进行取证，建立起监控系统发现取证、指挥平台调度指挥、执法检查站拦截处罚的"三位一体"的执勤执法机制。着力开发并应用货车超载自动劝返系统，该系统集称重检测功能、超载车辆信息数据显示功能和语音播报功能于一体，与收费站实现了数据联网，可以及时对超载车辆进行劝返。

研判违法车辆行驶轨迹

定期约谈违法企业

根据联合执法程序和执法标准，严格落实"一超四罚"工作机制，依据《通行高速公路重点车辆运输企业约谈制度》，组织召开辖区重点运输企业负责人电话约谈或专门约谈会，向企业负责人和安全管理人员通报重点车辆超载违法和事故情况，宣传交通安全法律法规和近期管理措施，详细讲述货车超载违法行为所带来的安全隐患和危害，并结合辖区通行环境提出具体要求。

召开辖区重点运输企业约谈会

加强协作联合发力

针对高速公路主路上不能拦截查处超载违法的实际，加强与高速公路经营管理单位的协调，综合施策、联合作战，实施"控三点、抓重点"技战术，即控制好收费站上口、下口和服务区，突出抓好下口这个重点，为查处超载违法提供有力保障。当超限超载30%以下的货车通过收费站时，收费员将记录车辆基本信息、实际载重量、超载百分比的电子打印《告

联合执法

知书》连同收费凭证一同交给驾驶员，告知其到收费站外广场的违法待查区等候民警处理，同时通知交警查处；当发现超载危化品运输车或超载30%以上货车通过收费站时，收费员向驾驶员发放记录违法信息《告知书》，并关闭该车道，禁止超载车辆驶离，同时通知民警前来查处。此举极大提高了超载查处的准确率和成功率，民警变"攻"为"守"。

加强考核提升动力

立足内部挖潜，充分发挥各级高速交警积极性、主动性是打赢治超攻坚战的决定因素。一是将货车超载治理成效纳入全省公安机关考核，重点考核管辖路段高速公路超载货车通行率的升降情况。二是实行超载查处战果"周排名、月通报"。每周、每月汇总数字对相关工作情况进行通报排名，营造争先创优氛围，形成良性互动。三是开展后进约谈。山东高速交警总队对连续两次排名落后的支队负责人进行约谈，帮助"后进"找原因、想对策，推动工作迎头赶上。

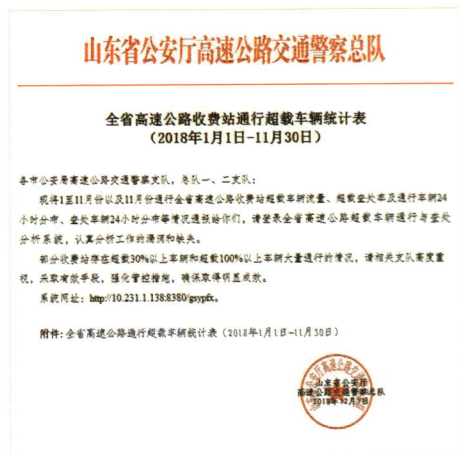

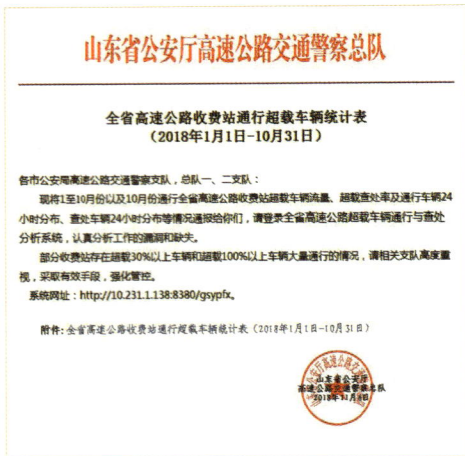

超载车辆统计分析

【《全省高速公路收费站通行超载车辆统计表》节选】

全省高速公路通行超载100%以上车辆收费站
（2019年1月1日－1月31日）

单位	收费站	超载率≥100%	排名
济南	遥墙	72	1
济南	靳家	64	2
滨州	滨州南	63	3
济南	机场	34	4
东营	集贤	17	5
日照	岚山	9	6
济南	济阳	7	7
济南	郭店	7	8
潍坊	沂山	7	9
二支队	彩石	6	10

三、成果显著，严重超载货车通行量下降明显

目前，我省已成为全国高速公路治理货车超限超载的主战场，2017年全省高速交警查处货车超载数量占全国总量的74%。自集中整治以来，全省高速公路超载货运车辆年通行量下降54.4%，超载30%以上货运车辆通行量下降60.5%，超载100%以上货运车辆通行量下降75.4%。

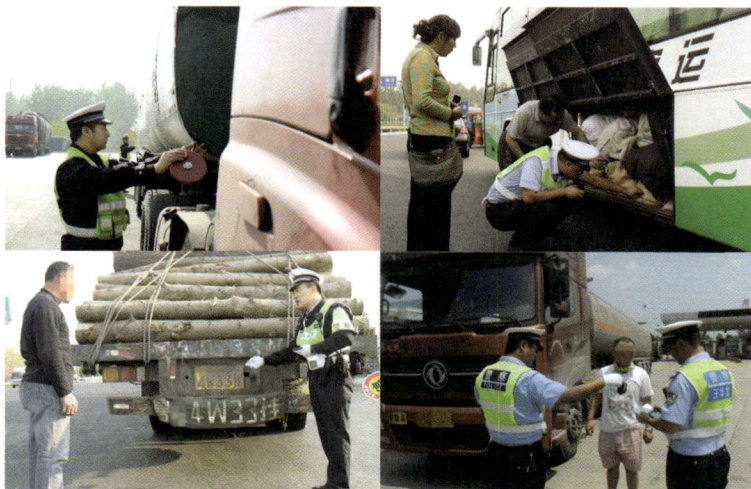

各市治理货车超载

　　滨州高速交警支队与高速公路经营管理单位密切协作，研发了货车超载自动劝返系统，并先后在长深高速公路滨州南收费站、滨州收费站、滨城收费站安装使用。该系统集称重检测功能、超载车辆信息数据显示功能和语音播报功能于一体，货车驶入高速公路前，先行驶入称重区，若称重结果显示"超载"，系统将自动报警，并发布语音提示"您的车辆已超载，严禁驶入高速公路"。同时，系统与收费站实现了数据联网。若超载车辆不听劝阻，继续强行驶入高速公路，收费站工作人员将拒绝发放通行卡。对劝阻仍然无效的，收费员将立即报警，高速交警及时进行查处。自2016年初系统投入使用以来至2018年底，已劝返超载车辆8000余辆次，查处不听劝阻超载违法行为1231起，切实筑牢了超载车辆源头治理防线。

滨州治超先进做法
（自动劝返系统）

菏泽高速交警支队率先在全省开展超载货车禁行工作。2018年录入超载车辆违反禁令标志违法行为2.62万余起，菏泽高速公路超载车辆由7月份的7.1万辆峰值数量锐减至9月份的2.8万辆、10月份的2.4万辆、11月份的0.9万辆、12月份的0.8万辆。2018年10月至12月，菏泽辖区超载通行量同比下降21.2%，环比下降57.9%。

菏泽超载货车禁行标志

第二章　治理大型车辆违法占道

　　高速公路具有通行效率高、道路条件好等优点，其中通行效率高是其最显著优势。但一段时期以来，大型车辆违法占用左侧车道行为大大降低了高速公路通行效率，后方车辆速度由"高速"被动压至"低速"，造成一段距离内车辆通行缓慢，更有部分大型车辆驾驶人以"S"形运动轨迹频繁借道超车，让人躲闪不及，极易引发车辆追尾或者刮擦事故。高速公路大型车辆违法占用左侧车道行为，干扰正常行车秩序，降低通行效率，成为引发道路交通事故的突出隐患，社会反响强烈。山东高速交警总队积极回应群众期待，将整治大型车辆违法占道作为改善高速公路交通秩序的关键战役，创新举措、全力攻坚，最大限度释放高速公路车道资源，保障道路通行效率。

一、破解难点，确立治理工作新思路

　　治理大型货车长时间占用最左侧车道的难点是取证。什么是大型车辆占用最左侧车道？占用多长时间是违法？违法行为是动态的，如何进行取证？针对系列难题，山东高速交警总队对现有法律、法规以及规章制度中关于大型车辆违法占道行为的规定进行细致研究，吃透精神，灵活运用，最终破解了这个难题，找到了开展整治的钥匙。

　　根据《中华人民共和国道路交通安全法实施条例》第七十八条的规定"同方向有2条车道的，左侧车道的最低车速为每小时100公里；同方向有3条以上车道的，最左侧车道的最低车速为每小时110公里，中间车道的最低车速为每小时90公里"和《山东省高速公路交通安全条例》第十八条规定"同方向有2条车道的，左侧车道的最低时速为100公里；同方向有3条以上车道的，最左侧车道的最低时速为110公里，中间车道的最低时速为90公里。禁止大

型客车和中型、重型载货汽车占用最左侧车道行驶"，创造性提出"限制左道低速"的工作思路，通过"抓拍低速"的方法，将难以界定的"长时间占道"问题转化为"速度"问题。

同方向有2条车道的，允许大型车辆在超车时临时借用左侧车道，但超车时车速不得低于该车道最低限速值的20%，即时速不得低于80公里，超车后要立即返回右侧车道，禁止超车后继续占用左侧车道行驶。同方向有3条以上的车道路段，禁止大型车辆驶入最左侧车道；中间车道车辆行驶速度也不得低于该车道最低限速值的20%，即中间车道时速不得低于72公里。通过对法律法规的研究，找准了突破口，成功破解了治理大车违法占道行为取证难的问题。

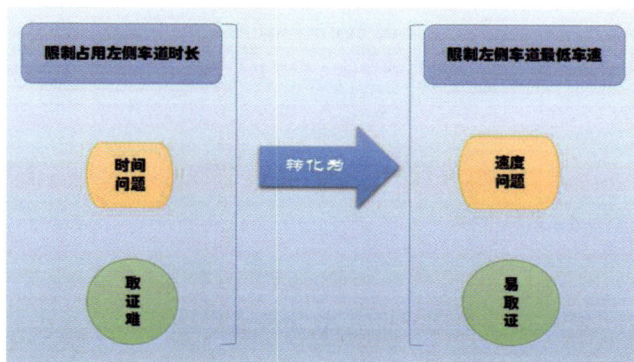

违法占道治理思路示意图

二、梯次推进，形成治理长效机制

专项部署，强化治理

确立以"大型车辆违法占用左侧车道行为明显减少，高速公路通行效率明显提升，道路交通秩序明显好转"为整治目标，坚持"严管是最好的防范，处罚是最快的宣传"的理念，宣传发动、集中整治、巩固提高三个阶段一抓到底，路面管控、宣传教育、部门协作、科技应用等重点环节持续发力，注重善用法律法规，集中对违法占用高速公路左侧车道的中型、重型载货汽车和大型客车开展专项整治，并及时总结推广行之有效的治理经验，逐步建立起长效管控模式。

高速公路货车违法占道整治行动

【《山东省集中整治大型车辆违法占用高速公路左侧车道行动方案》节选】

1. 工作步骤

本次整治分为宣传发动、集中整治和巩固提高三个阶段。

① **宣传发动阶段**。要做好内部动员部署工作，将专项整治的目的、要求和法律依据传达到每一位民警，让广大民警知晓行动方案和整治措施。同时利用"声、屏、报、网、短信"等媒体向社会宣传专项行动的目的、意义，要在主流媒体开辟专栏，开展专题系列报道，解读法律依据，曝光典型案例，定期通报专项行动整治战果，取得社会各界的理解支持。

② **集中整治阶段**。要结合本地重点违法行为现状，科学安排勤务、合理部署警力，加大对重点时段、重点路段的整治力度，提高专项行动针对性。

③ **巩固提高阶段**。认真梳理专项行动中发现的问题和取得的工作成效，完善工作措施，总结成功经验，巩固整治成果，形成治理长效机制。

2. 工作措施

① **强化法律法规运用**。要对现有的法律、法规以及规章制度中关于大型车辆违法占用左侧车道行为的规定进行细致研究，吃透精神，真正灵活运用。同方向有三条以上车道的，禁止大型车辆驶入最左侧车道，中间车道车辆行驶速度不得低于最低限速值的20%；同方向有二条车道的，大型车辆超

车时允许临时借用左侧车道，但车速不得低于该车道最低限速值的20%，超车后要立即驶回右侧车道。根据《中华人民共和国道路交通安全法》《中华人民共和国道路交通安全法实施条例》《山东省高速公路交通安全条例》的规定，对大型车辆违反指示标志在易拥堵路段和上坡路段超车的，使用"机动车违反禁令指示标志（13440）"进行处罚；对大型车辆违法占用左侧车道的，使用"驾驶机动车在高速公路上不按规定车道行驶（43120）"进行处罚；对同方向有三条以上车道，大型车辆占用最左侧车道行驶的，使用"大型客车、大型货车驶入同方向有三条以上车道的最左侧车道（73420）"进行处罚；对在最左侧车道行驶（同方向二车道）和中间车道行驶（同方向三车道）时低于规定最低时速20%的，使用"在高速公路上正常情况下以低于规定最低时速行驶（43060）"进行处罚。

② **强化路面管控**。要突出管控重点，合理部署警力。采取机动巡逻为主、定点执勤为辅，点线结合、动静结合的勤务运行方式，加大巡逻的密度和力度，强化对大型车辆违法占用左侧车道行为多发的重点路段、重点时段的管控力度。对巡逻中发现的大型车辆违法占用左侧车道的行为，通过相机、执法记录仪、测速仪等设备进行取证，并将违法车辆引导至收费站、服务区或执勤点进行现场处罚。对不具备现场处罚条件的，通过电子显示屏、车载显示屏、巡逻喊话等方式纠正违法行为，并将违法车辆信息及时向相邻的支队、大队通报，通过开展区域联动，提升严查严纠严处震慑力。要充分利用测速仪、数码相机、摄像机，采用固定监控、巡逻抓拍相结合的方式对违法占用左侧车道、在左侧车道低速行驶的行为进行取证，并录入卡口拦截系统或公安交通管理综合应用平台，确保违法必究。

③ **强化宣传教育**。参照高速总队印制的"高速公路违法占用左侧车道专项治理"交通安全警示卡，各地要印制一批内容简单、清晰明了的宣传单、明白卡，在收费站、执勤点、卡口警务室、检查服务站发放给广大驾乘人员，广泛宣传大型车辆违法占用左侧车道的危害性，提高机动车特别是大型车辆驾驶人守法驾驶的自觉性。要加强固定宣传阵地建设，在服务区、收费站、违法处

理窗口设立固定宣传栏及宣传展台、展板，在主线跨线桥悬挂宣传横幅、张贴警示标语、处罚标准，在高速公路情报板滚动发布安全提示信息，在辖区上坡路段、易发生拥堵路段设置"严禁大型车辆驶入左侧车道""严禁大型车辆上坡超车"等警示标志，迅速形成集中整治的浓厚氛围。要加大新闻宣传力度，通过召开新闻发布会、解读法律法规、进行专家访谈等形式对开展专项整治行动的目的、意义以及违法行为危害后果进行广泛的宣传报道。要邀请媒体记者随警参战，深入一线，开展随警采访、现场报道，边整治、边宣传，曝光典型违法行为和交通事故等案例，形成强大的震慑作用。

④ **强化部门协作**。要强化与高速公路管理和经营单位的协作配合，通过召开座谈会、联席会的形式，建立互相协作机制和联勤联动机制。双方要分工明确、各司其职、密切协作、优势互补，充分发挥高速公路管理和经营单位在人员、资源、信息等方面的优势，补充警力、设备的不足，共同建立起对大型车辆违法占用高速公路左侧车道行为严密的管控体系，最大程度发挥路面管控效能。

⑤ **强化科技建设应用**。要以此次专项整治为契机，在《山东省高速公路公安交通安全智能管控系统建设规范》总框架下，制定科技建设规划，加大科技建设投入，在辖区易发生拥堵以及长上坡路段，逐步建设大型车辆违法占用左侧车道抓拍系统和大型车辆低速行驶抓拍系统，建立运用科技手段治理大型车辆违法占用左侧车道的长效机制，提高路面交通秩序的管理力度和管控效率。

3. 工作要求

① **思想认识到位**。深刻认识开展这次集中整治的重要性和必要性，统一思想，高度重视，配足执勤警力，配齐执法装备，全力投入整治行动。同时要将此次整治行动与正在开展的其他工作结合起来，既要保证各项工作整体推进，又要突出此次集中整治的重点。

② **组织领导到位**。集中整治期间，支队、大队领导要深入整治一线，按照"包保责任制"和"三长"负责制要求带头上路执勤，及时发现专项行动

中存在的突出问题，现场督促整改解决。总队将派出督导检查组，对各地开展专项行动情况进行督导检查，查看民警是否上路，整治是否开展，措施是否有力，宣传是否到位。

③ 路面管控到位。要坚决落实24小时勤务制度和值班备勤制度，集中警力和执勤执法装备，根据辖区高速公路交通流量、道路状况、工作强度、实有警力等情况，做好路面管控工作。在治理大型车辆违法占用左侧车道行为的同时，对发现的客运车辆停车上下客、非法占用应急车道、涉牌涉证等重点违法行为，一并予以纠正处罚，形成对高速公路交通秩序的强势管控。

④ 执法规范到位。要按照理性、平和、文明、规范执法的要求，坚持处罚与教育相结合，严禁出现只处罚不教育或只处罚不消除违法状态的现象。要严格规范证据采集，对违法占道行驶的大型车辆，通过录像或者多张照片固定证据，让被处罚驾驶

治理大车占道

人无异议。对证据不足、认定不准的违法行为一律不处罚。要进一步落实执勤执法安全防护措施及规范要求，完善执法装备配备和使用管理，强化勤务安全防护的监督检查，执勤执法设置检查点时按要求规范设置反光锥筒、执法提示标牌等设施，穿着反光背心，佩戴单警装备，确保民警自身安全。

现场推进，深入开展

2014年6月，全省高速公路大型车辆违法占道行为查处工作推进会在淄博召开。与会人员实地参观了淄博高速公路大型车辆违法占道行为抓拍设施建设和使用情况，淄博、烟台、滨州三个支队分别介绍治理大车违法占道工作做法。会议充分肯定了各市大车占道违法行为整治工作开展以来取得的成绩，分析面临的形势和存在的问题，对下一步如何深化工作作出具体部署。

大车违法占道行为查处工作淄博
现场推进会

【《田玉国同志在全省高速公路大型车辆违法占道行为查处工作推进会上的讲话》节选】

全省各级高速交警部门深刻认识到当前这项重点工作的重要性，紧紧围绕"保安全、保畅通、保民生"这一根本任务，深入开展大型车占道违法行为整治工作，全力维护良好的高速公路通行秩序。

一是在路面管控上有新突破。各地警力虽然有限，但路面管控不能放松，要摒弃传统"为巡逻而巡逻"的勤务模式，民警上路要切实提高路面管事率。要加强对辖区车辆通行数据的分析研判，指导交通管理和勤务安排，全面提升管理水平。要突出管控重点，合理部署警力，有效投入执勤执法装备，强化对大型车辆违法占用左侧车道行为多发的重点路段、重点时段的管控力度，通过在路面依法取证，将违法车辆引导至收费站、服务区或执勤点进行现场处罚。对不具备现场处罚条件的，通过电子显示屏、车载显示屏、巡逻喊话等方式纠正违法行为，并取证录入非现场执法系统。要在辖区上坡路段、易发生拥堵路段设置"严禁大型车辆驶入左侧车道""严禁大型车辆上坡超车"等警示标志，同时邀请媒体记者随警参战、现场报道，边整治、边宣传，曝光典型违法行为和交通事故等案例，营造铺天盖地的舆论宣传氛围。

二是在科技创新上要有新突破。要用新的理念、创新的手段来实现工作的转型升级。从行动开展两个多月时间来看，向科技创新转型突破也并不是很复杂的问题，各地可以借鉴淄博高速支队的做法，新建或者改建科技设备，也可直接利用现有的测速设备，对大型车辆低速行驶违法行为进行抓拍，同时严格按照公安部交管局相关规定对违法图像进行处理，使之成为有理合法的证据，及时录入公安交通管理综合应用平台或进行现场查处。要充分利用数码相机、摄像机、执法记录仪、行驶记录仪，采用固定监控、巡逻抓拍相结合的方式对违法占用左侧车道、违法占用应急车道、在左侧车道低速行驶的行为进行取证，发现一起，录入一起，确保违法必究。

三是在长效机制上要有新突破。要干好当前的，谋划长远的，大型车占道违法行为集中整治行动不仅仅单是个专项行动，更是为了长期维护良好的道路通行秩序，因此，要从方法、手段、机制、模式上去思考、探索，要加大科技建设投入，根据《山东省高速公路交通安全智能管控系统建设规范》，在辖区易发生拥堵以及长上坡等重点路段，逐步建设大型车辆违法占用左侧车道抓拍系统和大型车辆低速行驶抓拍系统，建立运用科技手段治理大型车辆违法占用左侧车道的长效机制。同时要注重与相邻市高速交警部门的联系协调，强化配合，共同营造严管重罚的整治态势，从全省层面形成严厉整治大型车占道违法行为的长效机制和浓厚氛围。

四是在法律运用上要有新突破。即将于8月1日实施的《山东省高速公路交通安全条例》对占道违法行为做出了更为具体明确的规定，比如："机动车在高速公路上行驶，最低时速不得低于60公里。""同方向有2条车道的，大型客车和中型、重型载货汽车除因超车需要外，禁止驶入左侧车道；同方向有3条以上车道的，禁止大型客车和中型、重型载货汽车使用最左侧车道超车。""同方向有2条车道的，左侧车道的最低时速为100公里；同方向有3条以上车道的，最左侧车道的最低时速为110公里，中间车道的最低时速为90公里。禁止大型客车和中型、重型载货汽车占用最左侧车道行驶。""机动车在同方向有2条车道的左侧车道行驶，低于规定时速20%以上的；大型客车和中型、重型载货汽车驶入同方向有3条以上车道的最左侧车道的；骑、轧行车道分界线的或者在路肩上行驶的由公安机关交通管理部门处警告或者200元罚款。"各市高速公路交警部门要在抓好学习领会和宣传贯彻的同时，灵活运用相关的法律、法规以及规章制度中关于大型车辆违法占用左侧车道行为的规定，做到处罚有据可查，证据万无一失，让当事人心服口服。

五是在统筹兼顾上要有新突破。大型车辆违法占道行为集中整治行动开展以来，高速公路交通秩序明显好转，这是有目共睹的，但是维护好这种效果需要一个统筹兼顾、综合治理的过程，而不能顾此失彼。因此各市下一步既要突出工作重点，还要全盘考虑，积极开展全方面整治。要始终坚持"严"字当头，进一步加大执法力度，要对领导关心、人民群众和新闻媒体比较关注的机动车"四非"和非法占用应急车道等重点违法行为严格按上限处罚，并通报相关责任单位，营造依法严查、严处的高压态势。要在集中整治的同时，着眼长远，统筹谋划，完善机制，堵塞漏洞，合理利用测速仪和电子监控等科技装备，加大非现场执法力度，充分发挥高速公路省际卡口的作用，对发现存在严重交通违法行为的车辆，坚决依法予以处罚，决不允许在山东违法的车辆不接受处理驶离山东。

同时，我们还要正确认识当前高速公路交通管理工作面临的严峻形势和发展机遇。一是，机遇难得。我省高速公路交通安全管理和保畅通工作体制实行以属地管理为主的双重管理模式，做好高速公路交通管理工作有许多有利条件：各级党委、政府和社会各方面越来越重视高速公路交通安全工作，党政领导和支持力度越来越大；随着我省经济实力显著增强，政府投入将逐步加大，道路通行、安全保障条件和机动车安全水平等都将得到明显改善；高速公路交警部门信息化应用全面普及，科学管理水平逐步提高，做好高速公路交通管理工作有可靠的保障和坚实的基础，我们必须用心把握，干出成绩，借助东风，赢得支持。二是，挑战很多。由于人车路

查处大车违法占道违法行为

逐年快速增长，可以判断，这一时期是道路交通事故、违法行为高发期，特别是高速公路配套设施不完善、承载能力突破极限、交通违法行为高发等问题还很突出，给高速公路安全管理工作带来很大压力。三是，责任重大。高速公路提供的交通服务在经济社会发展中占有举足轻重的地位，各级领导关心、社会各界关注。全省各级高速交警部门要站在全局高度考虑工作，切实解决好自身工作中存在的不足，进一步融入大局，服务好经济社会发展，维护好道路交通安全平稳，责任重大、使命光荣。全省高速公路交警部门领导同志一定要科学判断，准确把握好当前和今后一个时期高速交警工作面临的形势，切实增强大局意识、机遇意识、忧患意识，抢抓机遇、战胜挑战，全力推动高速公路交通管理工作实现跨越式发展。

督导检查，形成机制

集中整治过程中，山东高速交警总队派出多个督导组深入高速公路整治一线督导检查，确保行动顺利进行、措施落实到位。同时，确立以战果数字为工作主要考评依据，每天一调度，每周一汇总，每月一排名，定期全省通报，并将治理情况通报各市公安局主要负责人。整治之初就明确考核标准，将治理成效和战果与公安机关年度考核挂钩，督促各级高速公路交警部门常抓不懈，形成前有吸引力后有督导力、既有压力又有动力的全时"四驱"长效机制，为治理行动持续深入开展提供了保障。

总队领导分赴各地督导违法占道治理工作

在抓好内部督促管理的同时，全省各级高速公路交警部门还加强对违法较多的运输企业的监管力度，制定实施通行高速公路重点车辆运输企业约谈制度，定期对企业客运车辆、危化品运输车和货车交通违法及事故情况进行通报，分析运输企业在日常安全管理工作中存在的问题，并对《刑法修正案（九）》和《最高人民检察院公安部关于公安机关管辖的刑事案件立案追诉标准的规定（一）》以及《关于依法加强对社会单位道路交通安全责任追究工作的意见》等有关法律法规和政策规定进行解读，进一步明确企业所担负的安全主体责任，使运输企业认识到失职失责的严重后果，倒逼企业落实主体责任，从源头治理大型车辆违法占道问题。

召开重点运输企业负责人约谈会

宣传跟进，社会支持

下发《关于开展集中整治高速公路大型车辆违法占用左侧车道宣传工作的通知》，充分发挥宣传工作的教育引导作用，部署开展集中整治宣传工作。先后在全省高速公路重点路段设置了大型LED电子显示屏和交通诱导牌；增设"大车占道拍照罚款""客车停车扣分降级"等警示标牌、大型宣传标牌面；在上坡路段、易发生拥堵路段设置"严禁大型车辆驶入左侧车道""严禁大型车辆上坡超车"等警示标志；统一印制了《致广大通行高速公路驾驶员的一封信》，联合高速公路管理和经营单位发出倡议书，提醒大型车辆驾驶员不得违法占道行驶；制作《高速公路集中整治大型车辆违法占用左侧车道行动宣传漫画》，在普及安全行车常识的同时，突出法律性、知识性和趣味性，达到了寓教于

利用可变电子情报板进行宣传提示

乐、触动人心、引人眼球的良好效果。

针对治理大型车辆违法占道集中治理情况，多次召开新闻通气会，及时将有关情况向媒体进行通报，国家和省级近二十余家主流媒体先后出席并进行宣传报道。同时，邀请媒体记者随警参战、现场报道，边整治、边宣传，曝光典型违法行为和交通事故等案例，营造铺天盖地的舆论宣传氛围。

三、成效显著，高速公路通行效率和通行秩序改善明显

2014年整治期间，全省共查处大型车辆不按规定车道行驶行为6.9万余起，其中现场处罚5940起，抓拍录入6.3万起，是2013年全年查处总量的10倍，当年全省高速公路交通事故总数同比下降15.3%，专项整治取得显著效果。目前，该项工作已经成为高速公路常态化治理内容之一，全省累计查处大型车辆违法占道违法行为近40万起，高速公路通行效率明显提升，群众出行愈加顺心，初步实现了各行其道、快而有序、平安畅通的良性循环。

大货车违法占道专项整治行动取得明显成效

淄博高速交警支队在高速公路重点路段设置抓拍设备的同时，增设顺向全景摄像机，记录违法车辆行驶的30秒短视频。违法车辆经过时，设备自动抓拍一近一远两张照片，近景照片锁定车型和车号，远景照片体现占道违法行为，全景摄像机记录车辆行驶视频。根据视频确定前方路况有无导致突然低速的意外情况，用扎实的证据证明该车在低于规定时速的情况下占用左侧车道行驶。科技手段的运用，既解决了技术层面的问题，保证违法记录确凿有效，也破解了单向双车道违法占道固定证据难的管理瓶颈。

淄博查处大车违法占道先进做法

烟台高速交警支队科学调整勤务，以沿线高速服务区为依托，将辖区分成若干大段，将民警、警车分成若干个小组，每个小组各负责一段，科学布警，首尾相接，在巡逻中发现大车违法占道行为，民警立即通过喊话器予以纠正。在劝阻无效的情况下，利用数码相机、摄像机、执法记录仪等设备进行取证，将违法车辆引导至收费站、服务区进行现场处罚，及时消除安全隐患，达到能发现、能查处、能纠正，最大限度改善交通秩序之目的。

第三章　治理违法占用应急车道

　　应急车道，又称生命通道、绿色通道，是指在高速公路、城市快速路及城市环线两侧施划，专门供工程救险、消防救援、医疗救护或民警执行紧急公务等处理应急事务车辆使用的车道，一般情况下，社会车辆禁止驶入或停留。然而这条生命通道却常常被违法占用。2015年10月1日，国庆长假第一天，国内多条高速公路都不同程度出现拥堵状况。当天上午10点10分左右，浙江甬台温高速温州方向燕居岭隧道附近发生交通事故，一厢式小货车与前车追尾，司机被卡驾驶室内，然而应急车道被大量车辆占据，导致救援车辆无法到达，伤者由于无法及时得到救治，最终死亡。这则新闻引发了全国范围内对非法占用高速公路应急车道现象的高度关注。非法占用高速公路应急车道有三大危害：一是延误紧急救治的黄金时间；二是降低高速公路的通行能力；三是加剧道路交通拥堵，易诱发交通事故。近年来，全省各级高速公路交警部门坚持标本兼治、网上网下同步，重拳打击违法占用应急车道行为，持续保持了高压严管态势，有力维护了高速公路"生命通道"的安全畅通。

一、强化部署推动，全面开展治理

山东高速交警总队将违法占用应急车道整治行动列入2016年全年整治重点强力推进，多次召开专题会议研究部署违法占用应急车道交通顽疾整治措施，落实《全省高速公路违法占用应急车道专项整治方案》，开展专项整治行动，压实工作

抓拍治理违法占用应急车道

职责，明确整治重点、工作措施。全省各级高速公路交警部门认真分析本地违法占用应急车道规律特点，综合运用现场处罚、抓拍录入、卡口拦截等方法，采取路面巡逻和定点守候相结合、阵地战与机动战相结合、现场处罚和非现场执法相结合的方式，强化对此类违法的重点管控。特别在路面施工和交通事故现场发生拥堵时，边疏导交通、边抓拍违法占用应急车道行为，并及时进行现场处罚或录入到公安交通综合应用管理平台。

【《全省高速公路违法占用应急车道专项整治方案》节选】

主要工作措施：

严格路面管控，依法严查严纠。要依托数据分析，全面研判辖区违法占用应急车道的规律特点，加强重点路段、时段管控。根据道路通行条件和交通流量、车型构成等要素梳理出违法突出路段，逐一落实管控措施。一是针对不同季节、不同时段、不同流量制定巡逻管控措施，采取机动巡逻和定点守候的方式，"抓带头、抓典型"，加大现场查处力度，增强震慑效果。二是遇有交通事故或突发事件引起的交通堵塞时，要迅速出警，安排专门民警负责疏导路面排队等候车辆，至少保证1名警力在应急车道内来回巡查，指挥路面滞留车辆沿行车道有序停放和行驶，并利用相机、执法记录仪等设备拍摄违法占用应急车道违法行为。三是针对"两客一危"等重点车辆，在进行处罚的同时，要

将违法记录抄告交通运输和安监部门，并纳入约谈范畴，列入"黑名单"重点管理。四是违法占用应急车道行为已经纳入信用体系。要搜集准确、完整的违法企业和个人信息，适时推送到社会征信体系。

依托技术手段，实现巡查覆盖。 各市要进一步加强科技信息建设和应用，全面提升秩序管控能力。一是利用自建的高速公路监控设备，或是将高速公路管理和经营单位监控画面接入支队指挥中心和相关高速大队指挥调度室，或是由高速交警派员进驻高速公路管理和经营单位监控中心，及时抓拍违法占用应急车道停车等行为。二是建设应急车道抓拍系统。各市要在辖区内交通流量较大、违法占用应急车道问题突出路段，安装应急车道专用抓拍系统，加大非现场执法力度，实现查处违法占用应急车道行为时间、空间的延伸。三是利用科技装备现场取证违法。所有巡逻车要配备照相机或摄录设备，有条件的巡逻车要安装行车记录仪或移动视频监控。执勤民警必须携带执法记录仪、照相机等执勤执法装备，确保在日常巡逻中及时拍摄发现的违法占用应急车道行为。四是推进无人机执法。要针对现有执法方式的盲区和不足，研究利用无人机巡航高度大、通讯距离长、拍摄视角全的特点，提高对违法占用应急车道行为的发现率和打击率，增强震慑效果。

广泛宣传教育，鼓励群众举报。 一是迅速营造强大声势。利用各类传统媒体和新媒体平台，宣传违法占用应急车道的危害性，对整治活动进行集中采访报道，曝光一批违法车辆、违法事实，号召广大驾驶人依法行车，争取社会舆论广泛关注、支持。利用高速公路信息板和警车车载显示屏，滚动发布不违停、不占道等警示提示内容，实时曝光车辆违法信息，增强震慑警示效果。二是强化公共信息服务。通过"双微"、今日头条等客户端，以及交通广播、电视等，向社会公众公布本地恶劣天气及事故多发路段、节假日交通拥堵易发路段等，介绍行车常识，遇有突发情况及时播报实时路况信息、交通管制信息等，提示车辆禁止违法占用应急车道。三是鼓励群众举报违法占用应急车道行为。通过"双微"等途径开展丰富多样的高速违法"随手拍"活动，对群众提供的车辆违法证据及时甄别，对于符合证据要求的要录入非现场执法系统。

严格规范执法，确保执法效果。要按照理性、平和、文明、规范执法的要求，坚持处罚与教育相结合，严禁出现只处罚不教育或只处罚不消除违法状态的现象。通过录像或照相固定的证据要规范采集，防止产生异议。要进一步落实执勤执法安全防护措施及规范要求，完善执法装备配备

利用无人机抓拍违法占用应急车道行为

和使用管理，按照公安部交管局《阻碍交通民警和交通协管员执行职务常见行为处置方法问答》要求，切实提高民警安全防护意识、技能和现场处置能力。

二、创新勤务模式，加强路面管控

依托高速公路高清监控、固定抓拍、智能卡口、缉查布控等系统的建设，根据违法占用应急车道高发多发的规律特点，有针对性地弹性安排警力，打破原有预定勤务、被动管理的24小时平均使用警力勤务模式，将动态取证、卡口拦截、数据查询、违法处理融为一体，实现从被动巡逻到主动出警查处的转变。

利用高清监控抓拍违法占用应急车道违法行为

与高速公路管理经营单位联勤联动

强化与辖区高速公路经营管理单位的联勤联动，推行相向巡逻与错时巡逻相结合的巡逻模式，及时对发现的违法占用应急车道的行为进行制止、教育，督促当事人尽快驶离，对不听劝阻的进行取证后依法进行处理，对确实存在故障的机动车由救援单位及时处置。强化与交通运输部门联勤联动，调取省内300余辆客运、货运车辆行车记录仪视频，对记录违法占用应急车道的车辆进行截图取证，录入系统。

将违法占用应急车道专项行动与节假日交通安保工作相结合，提前研判施工路段、互通立交、匝道等容易拥堵路段信息和占用应急车道行为规律特点，加强以上重点路段的巡逻指挥，保证大流量条件下高速公路应急车道畅通。在近两年的"十一"黄金周期间，即使车流量较大路段发生拥堵，违法占用应急车道的现象大幅减少，集中整治成效显现。

2016年10月1日，国庆长假京台高速德州段因流量过大，车辆依次缓行，应急车道畅通无阻

山东高速交警总队对违法占用应急车道整治工作实行"周通报、月考核"制度，多次派出督导检查组到各地进行明察暗访。同时，要求各级高速公路交通管理部门主要领导深入一线督导检查，狠抓各项措施落实。

三、突出扁平指挥，深化科技应用

不断深化智能交通安全管理平台实战应用，建立起指挥中心"桌面"统一指挥、各级高速交警"路面"集中整治的工作模式，并做好"桌面"与"路面"的有机衔接，对违法占用应急车道行为形成多方位、立体化惩戒模式。

利用高速公路监控设备，增设视频巡查岗位，及时发现违法占用应急车道车辆，迅速通知就近巡逻警力，对驾驶人进行处罚教育。

在辖区内交通流量较大、违法占用应急车道问题突出路段，安装应急车道专用抓拍系统，加大非现场执法力度，实现查处违法占用应急车道行为在时间、空间上的延伸。

为巡逻车配备照相机、摄录设备、行车记录仪或移动视频监控，为执勤民警配齐执法记录仪、照相机等执勤执法装备，以便在日常巡逻中能够及时抓拍违法占用应急车道行为。

针对现有执法方式的盲区和不足，研究利用无人机巡航高度大、通讯距离长、拍摄视角全的特点，提高对违法占用应急车道行为的发现率和打击率，有效突破了违法行为取证空间和时间限制，增强了整治效果。

组织开展应急车道违法抓拍系统应用培训班，按照"边建边用、服务实战、典型引领"的原则，将培训、建设和应用并轨执行，及时总结工作问题，推广先进地市经验，持续深化科技应用效果。

四、抢占宣教高地，增强整治氛围

将严禁占用应急车道作为交通安全宣传的重要内容，充分利用各类媒体，拓宽宣传渠道，创新宣传形式，着力在全社会形成"应急车道不仅是高速公路的救援通道，更是救助伤员的生命通道"的文明交通意识。通过"双

全省高速公路违法占用应急车道专项整治行动宣传海报

"微"平台发布违法行为表现和危害，推送正确使用应急车道方法，开展丰富多样的高速违法"随手拍"活动，提高驾驶员文明驾驶意识，并对群众提供的车辆违法证据及时甄别，对于符合证据要求的录入非现场执法系统并给予举报者奖励，鼓励群众参与高速公路交通安全社会宣传和综合治理。

开辟新闻专栏，集中报道违法占用应急车道专项整治行动，曝光典型违法行为，形成浓厚整治氛围。在高速沿线电子显示屏、可变情报板滚动播放"严禁占用应急车道"信息。在车流量较大高速公路路段，专门设置严禁占用应急车道的提示标牌，增强警示效果。治理过程中，《齐鲁晚报》、中国网、大众网等30余家省级及地方媒体相继对全省违法占用应急车道专项整治行动进行专题报道。

近年来，全省各级高速公路交警部门始终将违法占用应急车道行为作为历次整治的重点，不断加大打击力度，累计查处64万余起，高速公路违法占用应急车道情况明显减少，通行秩序明显好转，整治工作取得良好效果。

通过双微平台开展"随手拍"举报奖励活动

第四章　治理客车违法停车上下客

随着省内高速公路网络的优化发展，高速公路客运以其"快速、安全、经济、舒适"的优势在综合道路旅客运输体系中占据重要地位，成为联系千家万户的基础性、服务性产业。在此背景下，高速公路客运交通安全问题社会关注度越来越高，其中客运车辆违规停车上下客的交通乱象时常成为媒体曝光的焦点。大众网就曾以《高速路乘客上下车如公交》为题就"长途客车在高速公路上下客"问题进行追踪报道，引发社会热议。高速公路是全封闭式的单向立体空间，大客车在这样条件下不按秩序随意停车，对车上人员及过往车辆都会造成一种无形的威胁，特别是在夜间或在高速公路互通立交或匝道出口处，极易引发追尾、刮擦和行人事故，造成人员伤亡，是影响高速公路交通秩序和行车安全的乱点。为有效治理客车停车上下客顽疾，全省各级高速公路交警部门组织精干力量，深入客车停车上下客多发路段开展摸底

客车违法停车上下客

调查，并以研判结果为靶向，理顺思路、谋定而动，坚持"打防结合"，多措并举、综合施策，构建起"路、警、企"三方联动的客车管理格局，有效整治了高速公路客车停车上下客违法问题。

一、加大科技投入，延伸执法触角

在高速公路收费站出口广场、服务区进出匝道等相对固定的客车上下客多发路段重点布设抓拍设备，最大限度释放科技效能，消除执法盲区。自2014年以来，逐渐形成了一整套较为成熟的客车停车上下客视频抓拍办法，固化为视频巡查工作规范，要求各地高速公路交警部门安排专人开展视频巡查，有针对性地在节假日及每天10时至11时30分、14时至17时等高发时段增加视频巡查频次。在视频巡查过程中，当发现有客车待客等长时间停车行为或者存在其他较大安全隐患时，立即通知路面执勤警力赶赴现场，带至就近收费站或者服务区进行处置，及时消除隐患。

抓拍客车违法停车上下客

【《全省高速公路交通安全管理视频巡查工作规范》节选】

第五条　视频监控分为"重点路段""关注路段"和"一般路段"三个等级：

重点路段：主要包括主线省际收费站；流量大、事故多发路段；恶劣天气路段；"两客一危"重点车辆密集路段；违法停车、倒车、逆行等违法多发路段及其他需要重点监控的路段。

关注路段：主要包括高速公路立交、流量较高的匝道、桥梁、隧道、长下坡、施工路段及拥堵节点等。

一般路段：除重点路段、关注路段以外的视频监控路段。

第七条　高速公路视频巡查分为常规巡查和特殊巡查两种工作模式。

常规巡查：实行24小时全天候不间断的设备自动巡查和人工主动巡查相结合的工作模式。设备自动巡查应覆盖辖区内所有视频监控设备。人工主动巡查，对重点路段，每1小时至少视频巡查1次，对关注路段，每2小时至少视频巡查1次，对一般路段，视情况视频巡查。可根据实际情况增加重点路段点位视频巡查时间，或缩短巡查间隔，提高巡查频次。

特殊巡查：在重大安保任务、重大节假日、恶劣天气等情况下，增加视频巡查人员全时全程进行巡视监控。

第十二条　视频巡查人员发现以下情形时，应根据事件紧急程度、影响大小、发展趋势、可能带来的后果等情况开展相关工作：

1. 出现恶劣天气、交通拥堵、事故、路面存在障碍物等情况时，应第一时间报告值班领导，并及时通过路面显示屏及各类信息发布平台进行预警提示，合理调整可变限速标志的限速值；

2. 发现违法停车、违法占用应急车道、不按规定车道行驶以及行人、非机动车违规上高速等严重违法行为时，应通过高音喇叭等进行远程纠正，并进行抓拍取证；

3. 发现符合快速处理条件的交通事故，应远程指导事故车辆当事人快速处置，安全撤离。

二、动态隐患排查，补牢安全漏洞

为阻止乘客等行人进入高速公路，全省各级高速公路交警部门针对护网破坏、缺失等安全隐患进行动态排查，将此融入每日巡逻任务中，对发现的隐患及时拍照，做好记录、建档留存，及时函告高速公路经营管理单位进行修补、增设，堵上行人擅自进入高速公路的"出入口"。近年来，全省各级高速公路交警部门联合高速公路管理和经营单位共排查整治高速公路路侧护网等交通安全隐患4000余处，整改率达98.3%。

联合路政进行隐患排查

针对群众来信反映部分高速路段行人上路候车和客车停车上下乘客、装卸货物违法行为突出，存在严重安全隐患的问题，时任省厅交管局党委副书记、高速交警总队长田玉国带领相关人员深入隐患路段进行暗访检查。先后到济广、京台、岚曹、京沪、日东、长深、青银高速公路，重点对行人上高速公路候车和客车停车上下乘客、装卸货物等严重违法行为进行实地检查，

严执法——严查严管重点交通违法行为

拍照取证并做详细记录，向涉及市反馈情况，提出整改意见。田玉国强调，客车随意停车上下乘客、装卸货物等违法行为是造成群死群伤交通事故的重大隐患，必须下大力气，坚决整治。在行人上高速公路比较集中的路段增设监控抓拍设施，实现全天候、无缝隙管理，让客车驾驶员不敢随意停车。要对违法停车的客车驾驶员严处重罚，并通过新闻媒体进行宣传曝光，形成震慑效应。要督促高速公路养护部门，及时修补破损护网，设置警示标志。对破坏高速公路护网的人员要联合当地公安机关严厉打击，切实减少此类违法行为发生。

三、强化源头管控，压实主体责任

交通运输部、公安部、安监总局2012年1月19日印发《道路旅客运输企业安全管理规范（试行）》第四十七条第二款规定"班线客车要严格按照许可的路线、班次、站点运行，在规定的停靠站点上下旅客，不得随意站外上客或揽客，不得超员运输"，山东高速交警总队多次组织召开高速公路重点车辆运输企业约谈会，详细解读相关规定，督促道路旅客运输企业履行安全生产主体责任，让其明红线、晓底线、知敬畏，从源头上杜绝高速公路客车停车上下客违法行为。

召开重点运输企业负责人约谈会

【《田玉国同志在重点运输企业负责人约谈会上的讲话》节选】

重点车辆交通事故和交通违法多发的深层次原因，主要有以下几方面：一是主体责任意识不强。有的企业认为运输车辆有违法、发生交通事故是驾驶员自己的事，与企业无关，极其不负责任。二是存有侥幸心理。有的企业和驾驶人认为交通违法是家常便饭，不可能回回被抓住，导致运营车辆违法行为居高不下。三是只重效益漠视安全。有的负责人认为企业追求的就是经济效益，多拉快跑，忽视安全，特别是在当前经济下行压力下，为了发展规模，随意接受挂靠车辆，不抓安全工作。四是对交通管理有抵触心理。有的企业认为交管部门就是与运输公司作对的，无非是为了多罚点款，抵触心理很强，对交通安全管理的理解十分片面。所有这些认识都是十分错误、十分危险的！

当前，安全生产工作已经提升到了前所未有的高度，省委、省政府明确提出要全面落实"党政同责、一岗双责、齐抓共管、失职追责"的工作责任，其中重要的一条就是要严格落实主体责任，一旦车辆出了问题，首先追究的就是运营企业的责任。所谓主体责任，就是第一责任、主要责任，是承担责任的主要载体、主要对象。企业主要负责人是交通安全第一责任人。一旦发生道路交通事故，首先对运输企业主要负责人进行责任追究。今天是企业家，一旦发生重大责任事故，不光倾家荡产，而且还会成为阶下囚，血的教训，必须牢记！

为了道路的畅通和交通参与者的安全，我们适时开展了各类专项集中整治行动，严查严纠各类重点交通违法行为，2015年的交通违法查处总量同比翻番，位列全国第一。特别针对危化品运输车辆，在全国率先开展了违法整治统一行动，在对驾驶员处罚的同时，依法对企业开出万元以上大额罚单，治理重点由驾驶人向运输企业延伸，倒逼企业落实主体安全责任。全年共依法对危化品道路运输企业开出万元以上大额罚单1190张，从源头消除了一批事故隐患，得到公安部的肯定并向全国推广。同时，我省的高速公路智能交通安全系统已实现全覆盖，基本实现了监控无死角。也就是说，车辆只要驶入了高速公路，一切就都在我们的视线监控之内了，车辆走到哪里、有什么样的违法行为，一目了然。

此外，在对违法驾驶人进行处罚的同时，我们还创新管理方法，自去年8月1日起，开展了"两客一危一货"车辆"行万里无违法、奖万元通行卡"活动，对那些遵纪守法的驾驶人进行奖励。在举行的前两次抽奖活动中，共有64名驾驶人分别获得一二三等奖，并通过媒体加大活动宣传报道力度，在社会上引起强烈反响。可以说，为了减少交通违法和事故隐患，我们想了很多办法、采取了很多措施，但"两客一危一货"重点违法行为仍然屡禁不止，特别是今天参会的36家运输企业最为突出。同样是运输企业，为什么潍坊、莱芜两市管理得就比较好？在座的企业问题就比较突出？我觉得关键还是责任心强不强的问题。在座的多家企业，在当地乃至全省经济发展中都具有举足轻重的分量。作为主要负责人，你们的理念至关重要，决定着企业的兴衰成败，也决定着整个运输行业安全管理工作的发展方向。只有你们端正认识，把红线标明了、把底线守住了，敬畏生命、敬畏法律，真正带着感情和责任去抓安全管理工作，切实负好主体责任，道路交通安全隐患才能减下来，道路交通事故才能降下来！

近期以来，社会各界也越来越认识到企业主体责任的重要性，对主体责任的要求越来越高。去年4月份，山东省交安委办公室会同省文明办等八部门，联合出台了《关于依法加强对社会单位道路交通安全责任追究工作的意见》，建立了事故信息通报机制、问责建议机制、安全隐患日常管控机制、重大事项挂牌督办机制、追责情况发布机制五项机制，对运输企业交通安全主体责任作了进一步明确。《最高人民检察院公安部关于公安机关管辖的刑事案件立案追诉标准的规定（一）》（公通字〔2008〕36号）第十二条明确规定，违反危险物品管理规定，在储存、运输中发生重大事故，造成死亡一人以上、重伤三人以上、直接经济损失五十万元以上或其他严重后果的，以危险物品肇事案立案起诉。《刑法修正案（九）》力度更大，直接明确机动车所有人、管理人对旅客运输严重超员、超速，危化品运输违规运输等危及公共安全行为负直接责任的，一律按照危险驾驶罪定罪处罚。对企业主体责任不落实的处罚是越来越重，这些法律法规就是企业交通安全管理的底线，坚决不能碰触！

四、处罚与宣传联动，提升震慑效应

坚持处罚与宣传联动，依法按上限进行严格处罚，该扣分的扣分，该降级的降级，提升违法成本。积极协调各级媒体记者采取随警采访、专题报道等形式，将查处车辆、驾驶员及所属企业在新闻媒体上进行曝光，营造强大的整治声势，形成"打击一起，警示一片"的宣传效果。自2015年以来，全省各级高速公路交警部门累计制作增设"严禁客车停车""严禁停车等车 严禁上下旅客"等宣传警示牌和宣传面板366块，先后投放大型LED电子显示屏126块，滚动显示宣传标语。同时，山东高速交警总队充分利用现有的新媒体宣传矩阵，以上率下、形成合力，曝光客车停车上下客违法典型案例，介绍高速公路客车停车上下客危害性，争取群众理解和支持。先后在全省高速公路范围内开展"驾驶陋习随手拍""高速违法随手拍"等线上有奖拍活动，鼓励群众对高速公路倒车、客车违法停车上下客等重点交通违法行为进行举报，并给予奖励，激发群众参与高速公路交通安全社会共治热情，取得良好社会效果。

五、勇于担当，清理高速公路主线客车站

济南至青岛北线高速公路是我省开通的第一条高速公路，始终是省内交通大动脉，交通流量大，客运车辆多，交通流组成复杂。因历史原因，在章丘、周村段高速公路主线上设置有两处客运汽车停靠站，存在较大交通安全隐患。山东高速交警总队从全力治理道路交通安全隐患、保护人民群众生命财产安全的角度出发，主动邀请专家，在专项隐患排查和论证后，建议山东省交通安全综合治理委员取消这两处主线客车停靠站，将其迁出高速公路主线，并通过物理隔离方式将停靠站原址与高速公路彻底阻断。同时，向山东

高速股份有限公司和客运汽车停靠站所属客运公司下达整改通知，在停靠站张贴、发放宣传材料，详细解读搬迁原因，争取群众理解和支持。2015年7月，章丘、周村客运汽车停靠站顺利关停，消除了主线客运停靠站造成的安全隐患，改善了该路段交通秩序。

通过持续的集中整治和密集的宣传攻势，全省高速公路客车停车上下客现象逐渐减少，多发势头得到有效遏制。2014年以来，全省累计查处高速公路客车停车上下客五千余起，因客车停车上下客导致的交通事故数大幅下降，有力保障了广大人民群众的生命财产安全。

山东高速交警总队一支队立足科技实战应用，不断加大科技投入，增加视频监控设

封闭青银高速主线客运汽车停靠站

备。指挥中心实行24小时视频巡逻，发现客车停车上下客违法，及时进行抓拍并通知巡逻民警查处。同时，与路政部门联合排班，实行交叉递进式巡逻模式，路政部门在发现客车停车上下客违法行为后，及时进行抓拍并通知民警。与路政、养护、改扩建施工单位建立微信群，实时共享信息，路政、养护、改扩建施工单位人员将抓拍的客车违法停车上下客照片上传微信群，交

警部门及时审核录入，形成工作合力。

　　泰安高速交警支队加大对行人上高速违法行为的查处力度，对横穿高速公路的行人，警告教育后，一律由警车或路政车辆直接带离高速公路。联合各收费站工作人员，对试图从站口进出高速公路的行人，重点加强教育和劝阻，不听劝阻强行进入的，严格进行查处。对违法停车上下客的客车驾驶人，坚决依法按上限处罚，该扣分的扣分，该降级的降级，让当事人明白在高速公路停车上下客"得不偿失"，不再越雷池一步。同时，将处罚情况通报客车所属运营单位，要求运营单位作出处理并反馈处理结果，对出现多次违法的运营单位，致函责令其限期整改，提高运营方安全意识，督促企业加强对客车驾驶人的安全管理，落实安全主体责任。

第五章　治理疲劳驾驶

　　疲劳驾驶是造成道路交通事故的一个重要原因，有很多群死群伤等恶性道路交通事故都由它引起，可以称得上无形的"马路杀手"，直接影响高速公路的行车安全。车辆在高速公路上行驶，由于道路环境单一，交通干扰少，速度稳定，行车中的噪声和振动频率小，易使驾驶人产生单调感而困倦瞌睡，出现所谓"高速公路催眠现象"。在此状态下，驾驶人注意力无法集中，判断能力下降，甚至出现精神恍惚或瞬间记忆消失，导致动作迟误或过早、操作停顿、修正时间不当等不安全驾驶行为，极易发生道路交通事故。2016年，在我省发生的沈海高速公路"4.9"道路交通事故，就是由于驾驶人疲劳驾驶导致方向失控，所驾驶车辆冲入对向车道，与大客车相撞，致8人当场死亡，17人受伤。据不完全统计，我国道路交通事故中，因疲劳驾驶这一因素直接或间接造成交通事故的比例约占20%，造成特大交通事故的比例高于40%。为此全省各级高速公路交警部门始终将疲劳驾驶违法行为作为治理的重点，最大限度防控疲劳驾驶给高速公路交通安全带来的隐患风险。

沈海高速"4.9"事故现场照片

一、加强分析研判与组织领导

通过分析近年来涉及疲劳驾驶违法行为的交通事故情况，科学研判出疲劳驾驶高发的重点时段、路段，并以此为导向，有的放矢地部署开展违法整治行动。

疲劳驾驶治理分析研判会议

全省各级高速交警部门高度重视，各级领导亲力亲为，主要领导亲自研究、亲自部署，分管领导具体抓、亲自抓，特别是对疲劳驾驶突出的问题隐患、不放心的地区路段，紧紧抓住不放，定期对集中整治情况进行分析，及时调整治理措施，确保措施落到实处。

【《田玉国同志在全省高速公路暑期交通事故预防暨重点工作推进会上的讲话》节选】

从暑期交通安全形势特点来看，概括起来有"三期三多"，即：旅游高峰期，出行人数多。这期间，学生放假、家庭出行等旅游热情将集中释放，鲁南山区、半岛地区等热点城市将迎来客流高峰，通往旅游景区的高速公路及旅游客车成为我们管理的重中之重。高温影响期，人车隐患多。暑期高温炎热，驾驶人心情易烦躁、情绪波动大，分心驾驶、疲劳驾驶、"路怒症""斗气车"、酒驾等严重影响公共交通安全，"6.6"客车事故就因疲劳驾驶引起。要持续深化"百日整治"专项治理。根据部局统一部署，总队已于6月1日组织开展为期100天的交通秩序集中整治行动，要最大限度将警力投放到路面，提高见警率，重点整治"三超一疲劳"暑期高发违法，重点落实暑期旅游高峰期通往景区的班线客运车辆登记检查制度，严查不按规定车道行驶等影响雨季行车安全违法行为，加强降雨期间及夜间秩序管控，整治暑期通行乱象。

疲劳驾驶治理等暑期重点工作推进会

二、完善重点路段安全防护设施

一是完善常规的标志、标线，在重点路段设置振动标线，车辆驶过震动感明显，使驾驶员在感觉和视觉上形成刺激，降低疲劳感。

二是在高速公路的桥梁、长下坡坡顶、连续坡道弯道处的中央隔离带内设置太阳能爆闪灯等交通安全设施，增设疲劳驾驶安全提示内容的反光标志牌，以物理方式提醒驾驶员注意交通安全。

三是协调高速公路管理部门，强化和改善服务区的服务功能，扩大服务区停车区域，提升服务区服务品质，满足货运车辆驾驶员及客运车辆司乘人员休息住宿的需求，更好地防范疲劳驾驶。

振动标线及太阳能爆闪灯

【《田玉国同志在全省高速公路交通安全隐患排查治理现场推进会上的讲话》节选】

要狠抓隐患排查，确保全面彻底。按照《道路交通安全隐患排查指南》《公路生命安全防护工程实施技术指南》等指导性文件要求，联合高速公路经营管理单位、安监等部门，在对辖区事故、违法、交通流量和环境等安全形势全面分析的基础上，突出道路设计、安全设施、道路环境等因素，对辖区高速公路开展一次拉网式、地毯式梳理排查，找准问题、不留盲区。要在提高排查广度和深度上下功夫，深挖细究道路安全隐患数据，找准"穴位"，特别要加大对临崖、临水、坡道、急弯、隧道、桥梁等重点路段的排查力度，定期组织力量开展巡查，及时排查和发现新增隐患，由表及里、由点到面、查缺补漏，最大限度消除死角。对排查出的道路安全隐患，要做好登记，按照"台账管理，领导包保，专人负责"的要求，根据道路安全隐患危险程度和风险等级，认真细致审核，科学梳理分类，逐一建立台账，全部纳入管理视线。

三、加大重点时段巡逻管控力度

加大巡查力度，及时排除隐患

在午间、凌晨等重点时段，采用动态巡逻管控及重点路段安全提醒等方式，特别在危险路段、车辆密集地方，通过警灯闪烁、鸣警笛、喊话等多种方式，提醒驾驶人切勿疲劳驾驶，尤其是发现走"S"形等具有疲劳驾驶特征的车辆时，及时强制驾驶人就近驶入服务区或驶离高速公路停车休息，消除事故隐患。

加大检查力度，及时查处违法

在收费站、卡口等执勤地点对过往货运车辆进行认真检查，仔细观察驾驶人的言行举止，查看GPS记载数据情况，详细寻问驾驶人驾车出发时间和运行时间，及时发现连续驾驶造成疲劳的人员，消除疲劳驾驶违法行为。在对重型货车进行重点检查的同时，对客车、旅游包车也进行针对性检查，对发现的疲劳驾驶行为，依法从严查处，强制休息，确保违法行为消除后方可放行。

加强管控力度，提高治理成效

要求执勤民警严格落实管教结合的长效机制，对发现有轻微疲劳反应的驾驶人及时提醒、警告，对有明显疲惫的驾驶人及时进行制止和依法处理，强制休息，做到发现一起，制止一起，尽最大努力防范疲劳驾驶引发道路交通事故。

提醒驾驶人请勿疲劳驾驶

民警检查驾驶人有无疲劳驾驶情况

【《山东省高速公路暑期交通安全隐患集中整治工作方案》节选】

要认真贯彻落实中央、部领导以及省厅党委关于湖南宜凤高速"6.26"特别重大道路交通事故的重要批示指示精神，深刻汲取事故教训，认真研判夏季暑期高速公路交通安全形势，有针对性地加强高速公路交通秩序管控，消除安全隐患，堵塞管理漏洞，净化交通秩序，坚决遏制重特大事故发生，确保暑期高速公路道路交通安全形势稳定，为广大群众暑期安全出行创造良好道路交通环境。

要通过两个月的集中整治，对辖区"两客一危"企业及其营运车辆和驾驶人全部检查、核对一遍，发现整改一批问题，查缉一批注销报废、涉嫌套牌、违规运行的重点车辆，查处一批超速、超员、疲劳驾驶、酒驾醉驾违法犯罪行为，消除安全隐患，堵塞管理漏洞，净化交通秩序，努力减少较大交通事故，确保不发生重特大交通事故，为广大群众暑期安全出行创造良好道路交通环境。

根据部局下发的6月份长途客车凌晨2时至5时违规运行名单，要将车辆所在企业列入约谈范围，并抄告交通运输部门，逐车落实处罚情况。各市指挥中心凌晨2时至5时要安排人员值守，收到缉查布控系统长途客车违规运行报警的，迅速指挥路面巡逻车或省际交警执法站引导车辆停车休息，并根据违反禁令指示标志进行处罚。盯住夜间午后，严控疲劳驾驶，严防追尾、燃爆事故。要针对夏季交通特点，相应调整高速公路勤务，白天以视频巡逻为主、路面巡逻为辅，夜间以警车巡逻为主，要见警车、见警灯，通过鸣警报、喊话等方式提醒驾驶人不要疲劳驾驶。要善于利用动态监管系统，不定期深入"两客一危"企业突击检查、随机抽查，检查车辆是否有疲劳驾驶违法行为，并依据动态监控系统记录的信息进行处罚，倒逼企业加强动态监管。要督促企业合理安排班次，保证驾驶人充足的休息时间，减少疲劳驾驶。

四、广泛开展疲劳驾驶警示宣传教育

与重点运输部门和企业联合开展预防疲劳驾驶宣传教育活动，督促运输企业加强运输组织管理，强化安全防范措施，突出超长客运、旅游包车客运、危险货物运输等制定科学合理的运行计划，在进行车辆和驾驶员调度时，把防止疲劳驾驶的各项规定落实到位。督促客货运单位将疲劳驾驶安全宣传融入到安全生产教育活动之中，提高疲劳驾驶危害认识，增强法制观念

民警进企业开展交通安全宣传教育

和安全意识。

　　运用电视广告、网络论坛、报刊专栏等各种媒体广为宣传疲劳驾驶造成交通事故的危害和原因，宣传预防疲劳驾驶的知识和方法。充分利用高速公路上LED显示屏、各沿线道路墙体标语，展开声势浩大的宣传攻势，让交通参与者切实认识疲劳驾驶的危害性，杜绝疲劳驾驶等违法行为的发生。

宣传标语

　　利用服务区、执法服务站等场所积极宣传疲劳驾驶的危害性及预防疲劳驾驶的常识，提高车辆驾驶人对疲劳驾驶的警觉性。适时进企业、进厂区，组织驾驶人进行安全学习，开展"杜绝疲劳驾驶从我做起"等系列活动，提高驾驶员的交通安全意识和职业道德观念，增强交通法制观念，自觉尊法守法，提高自身安全防护能力。

　　近年来，全省高速公路交警部门年均查处疲劳驾驶违法行为8千余起，因疲劳驾驶造成的交通事故数量明显下降。其中，青岛高速公路交通安全管理部门着力完善常规的标志、标线，在重点路段设置振动标线，车辆驶过震动感明显，使过往驾驶人在感观和视觉上形成刺激，降低疲劳感。同时，在高速公路桥梁、长下坡坡顶、连续坡道弯道处的中央隔离带内设置太阳能爆闪灯等交通安全设施，增设印有疲劳驾驶安全提示内容的反光标志牌，提醒驾驶员注意交通安全，收效良好。

第六章　治理超速行驶

　　"十次事故九次快"。超速行驶始终是机动车肇事肇祸的重点交通违法行为。由于高速公路具有路况好、通行速度快等特点，超速行驶违法行为也易发多发。超速行驶会使驾驶人制动非安全区延长，驾驶人视野变窄，对周边环境情况关注减少，且车辆在高速运转下，动力系统、传动系统、底盘系统、制动方向系统等都处在高负荷状态，一旦遇有突发情况，极易发生交通事故，造成严重后果。研究表明，机动车时速每降低1公里，碰撞危险将降低3%。"高速"公路不是"超速"公路，"高速"行驶更不是无限速地"肆意"行驶，加之我省是以山地丘陵为骨架、平原盆地交错列其间的地形地貌，部分高速公路坡道、隧道、弯道密集甚至相互连接，更增加了超速引发事故的概率。据统计，近五年山东省高速公路死亡交通事故中，直接或间接与超速行驶有关的交通事故约占总数32.3%。超速行驶违法量大、查而不绝，事故隐患大。

　　2008年4月26日9时，一辆小型普通客车沿青兰高速公路青岛方向行驶至上虎峪隧道内距西口54米处与一重型半挂货车追尾相撞，造成2人当场死亡。经调查，上虎峪隧道最高限制时速为90公里，而这辆小型普通客车事故发生时的时速竟达153公里。如何保障高速公路过往车辆在安全的前提下快速、有序通行，有效减少和遏制超速问题发生，是摆在高速交警部门面前必须解决的问题。为攻克这个管理难题，全省各级高速公路交警部门，坚持问题导向、猛药去疴，创新管理手段，对超速行驶违法行为展开了全方位的持续治理。

超速治理工作部署会议

一、建立健全超速违法治理机制

多次召开关于治理超速违法的专门会议，研究制定整治方案，持续开展治理，并以2015年"对生命安全负责，向交通事故宣战""双七整治"等系列专项行动为契机，进一步强化工作部署，升级管控措施，总结固化整治技战法，建立了"动静结合"的超速违法治理机制。"动"，即开展集中行动，加大对超速违法的曝光、处罚力度。强化对超速违法行为的研判，分时段、分地域有针对性地部署专项集中行动。

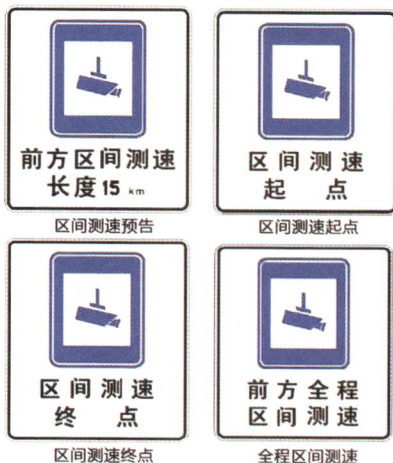

区间测速标志标牌

"静"，即考察超速引发事故重点路段，多方求证研讨，根据实际选择安装固定测速仪、区间测速或者主线卡口测速等固定测速设备，抓拍超速违法车辆。目前，全省高速公路共安装563处区间测速、126处固定测速，实现了多手段、全天候、常态化监测抓拍超速违法，取得良好治理成效。

区间测速

【《"严格执行高速条例，严查严重违法行为"集中行动方案》节选】

突出整治重点，强化路面管控。各地要认真分析辖区内严重交通违法行为发生的规律特点，综合运用现场处罚、抓拍录入、卡口拦截等方法，采取路面巡逻和定点守候相结合、阵地战与机动战相结合、现场处罚和非现场执法相结合的方式，结合贯彻实施新修订的《山东省高速公路交通安全条例》，严查严纠严处高速公路严重交通违法行为，强化对高速公路交通秩序的管控。一是严查大型车辆违法占用高速公路左侧车道。要认真总结前期开展的大车违法占道专项整治工作经验，措施不停、力度不减，继续推进大车违法占道整治工作深入开展。二是严查违法占用应急车道行为。在路面施工和交通事故现场发生拥堵时，要边疏导交通边抓拍违法占用应急车道行为，及时进行现场处罚或录入到公安交通综合应用管理平台，形成严管态势。三是严查严重超速违法行为。采取固定测速和流动测速相结合的方法，充分利用卡口拦截系统，对超速违法行为及时查处，提高拦截率和处罚率。

【《高速公路交通秩序百日整治行动方案》节选】

为贯彻落实公安部"5.18"视频会议精神，有效预防夏季重特大道路交通事故，为党的十九大胜利召开创造良好道路交通环境，省厅高速总队决定，在全省开展为期100天的高速公路交通秩序集中整治行动。

以超速、超载、疲劳驾驶、不按规定车道行驶、违法占用应急车道、违法停车等违法行为作为整治重点，以京沪、京台、沈海、日兰、青银、长深、青兰、荣乌、济广高速公路为重点路段，集中查纠影响高速公路交通秩序、危及交通安全的重点交通违法行为，整治通行乱象，以良好秩序保障夏季高速公路安全畅通，严防发生重特大事故、多车相撞事故和长时间长距离交通拥堵。

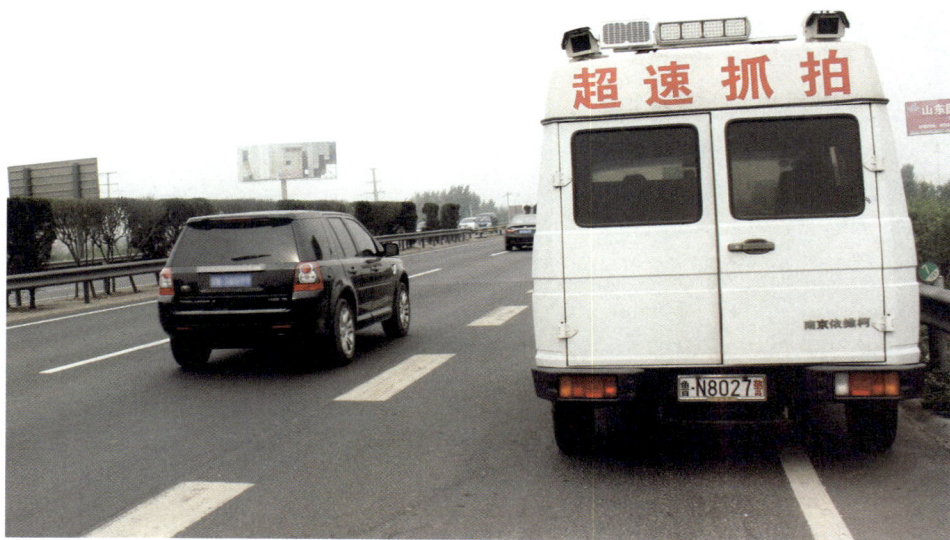

治理超速

二、通过可变限速标志等科技设备强化恶劣天气限速管理

通过可变限速标志等科技设备实现对恶劣天气下车速的科学管控，是预防道路交通事故的有效手段。当遇到冰雪、雾霾等恶劣天气时，通过"可变限速标志"限定车辆最高行驶速度，控制通行车速，可以减少或避免交通事故的发生。截至目前，全省高速公路共安装可变限速标志系统1375套，主要分布在市际交界、团雾易发、易结冰路段、事故多发等重点路段。当发现交通事故、交通拥堵或路面积雪结冰、团雾路段等异常情况时，可以迅速通过

可变限速设备分段设置车辆最高限速值，在第一时间向行驶过程中的驾驶人显示前方道路情况，并告知车辆速度应按照可变限速设备的标定值行驶，及时降低车速，预防交通事故的发生。

高速公路可变限速标志

【《田玉国同志在部分市应对恶劣天气强化应急管理工作座谈会上的讲话》节选】

关于路面管控，部局、总队下发了许多文件，也有加强恶劣天气应急处置的"九大流程"，都很有指导意义，关键是大家怎么结合实际，学以致用。大家在一线看得很清楚，最有发言权。这里，我想强调一点，就是关于恶劣天气的"降速"问题，近期，围绕高速公路智能交通安全系统的完善和应用工作，各地要加快可变限速系统建设，确保至年底，所有省际收费站进入我省的20至30公里内、所有进入市际的10至20公里内，每隔3至5公里要设置一处可变限速板。辖区内特大桥、隧道以及团雾多发路段两侧也要安装可变限速系统。同时，要加大团雾多发路段的雾区防撞诱导系统建设力度。各地要于1月底之前，将辖区可变限速系统和雾区防撞系统建设计划报总队。速度控制不住，恶性事故就无法避免，许多事故现场，大货车、危化品车根本就刹不住车，载货多，车速快，惯性大，一旦发生撞车、侧翻等情况，后果都很严重，所以，控速是关键。

【《田玉国同志在深化货车超限超载专项治理工作暨高速公路交通安全管理重点工作现场推进会上的讲话》节选】

可变限速标志是有效管控高速公路行车速度的直接手段，通过应用可在最短时间内使通行车辆由"高速"变为"低速"，从而大幅降低安全隐患风险，这在处置交通事故或拥堵，特别是应对当前频发的恶劣天气时能够起到至关重要的作用。这个做法在国外已经是比较成熟的经验，英国高速公路每1到2公里就设置一处可变限速标志，通过分段依次设置限速值，顺序逐步降低通行车辆速度，有效减少或避免了交通事故的发生。目前，全省共有12个支队已建成可变限速标志，还有7个地方正处于建设阶段。各地要严格执行省厅下发的《关于高速公路增设可变限速标志有效管控车速的通知》相关要求，已建设完成的地方，要借鉴先进做法，及时根据天气和路面情况，合理合法调整路面限速值，辅以测速抓拍或高音喇叭警示手段，有效控制通行车辆降速、控距；尚未建设完成的地方，务必要加大力度、攻坚克难，切实加快可变限速标志建设及应用，争取迎头赶上，发挥作用。

三、有效规范高速公路限速管理

高速公路限速管理连着民生民意，也体现执政理念、执法思想，代表着政府形象，关乎营商环境、招商引资。为此，全省各级高速公路交警部门扎实开展了限速管理规范工作，并以此为突破口，推动高速公路交通安全管理工作上台阶、上水平，全力优化道路交通环境。

工作中着力把握四项原则。一是协调性原则，重点解决同一道路测速值不统一，特别是市际之间、县际之间道路测速不统一的问题，为驾驶人创造了平稳、安全、舒适的行车环境。二是便识性原则，设计便于辨识的测速相关交通标志。主要包括：告知标志、限速标志及辅助标志，使驾驶人更加容易获取测速信息。三是安全性原则，解决前后道路不一致，限速差值超过时速20公里的问题，结合实际提前设置限速原因提示和人性化告示标志，提醒驾驶人减速行驶，避免"忽高忽低"，杜绝"断崖式"测速。四是规范性原则，制定实施全面改进和规范公路限速及测速十项工作措施，指导各地进一步规范限速与测速管理工作。

彻底整改公路限速管理突出问题

在全省开展了限速及测速取证设备设置排查治理专项行动，全面排查整改高速公路限速值过低、测速设备设置不当、限速标志缺失（遮挡、污损）、测速提示不到位、超速处罚不规范等问题。建立定期排查维护工作机制，对群众反映强烈、引发执法争议较多的限速路段，组织专家和媒体记者，开展实地调研、现场办公，根据道路交通流量变化、交通违法和事故因素，科学论证限速值和测速必要性，合理设置测速取证设备，坚决杜绝"奇葩式""断崖式"道路限速，主动接受社会监督。

严格规范超速行驶违法行为查处工作

按照《规范查处机动车违反限速规定交通违法行为的指导意见》要求，进一步严格规范超速行驶违法行为查处工作。进出收费站、服务区、立交桥匝道不再设置测速设备；超速不足10%的不予处罚；同一辆机动车在同一交警大队同一道路的同一行驶方向，被抓拍多次的，只处罚一次。对处罚过的当事人，采取抽查执法档案、回访当事人等方式，进一步提高行政执法水平和服务效能。继续坚持刚柔并济，对"两客一危一货"等重点车辆常抓不懈，对"三超一疲劳"、酒驾、毒驾等易肇事肇祸的严重交通违法继续保持高压严管态势，对情节轻微、危害不大的交通违法行为，区分情节、分类处理。

大力提升公路限速管理智能化水平

加强与高德、百度等互联网公司的合作，针对导航软件播报的道路限速与实际限速不符、路面测速点位不准确、监控与测速设备类型混淆等问题，建立即时纠错、信息共享和沟通协调机制，及时修正导航软件使用过程中对用户的错误诱导，确保测速提示的准确性、安全性和权威性，更好地服务群众出行。

全面加大公路限速管理提示警示力度

通过各类媒体向社会广泛告知设置限速的目的和意义，广泛宣传超速违法行为的严重危害性，结合事故案例警示驾驶人自觉抵制超速驾驶，最大限度争取人民群众对公安机关严格执法的理解与支持。加强对超速行驶等交通违法的提示告知，拓宽告知渠道，利用短信、微信、手机APP等方式，及时告知交通违法信息。在官方微信公众号开通专栏，集中受理群众对我省道路交通管理的各类咨询、投诉、建议，整理收集社情民意，认真及时反馈。

通过持续治理，高速公路限速管理工作实现了"四个明显提升"。一是全省高速公路限速管理工作规范性明显提升。全面梳理了限速标志和限速取证设备，整改了设置限速不合理、不规范等问题，规范化水平明显提升。二是限速提示人性化程度明显提升。在测速取证设备设置点位前500米和200米位置设置了限速标志和测速告知标志。增设逐级降速标志和"前方限速值降低"等人性化预告提示，使驾驶人更加容易获取限速管理信息。部分路段还

穆陵关隧道限速提示标志和逐级降速标志

设置了行车建议速度，提醒驾驶人安全行驶。例如长深高速穆陵关隧道前1公里、2公里处分别设置了4面"前方隧道限速80公里"提示告知牌和4面逐级降速标志。三是限速设置协调性明显提升。对相邻路段进行了限速值的协调性检查和论证，邀请专家对同一市辖区的同一路段限速值进行了统一，为驾驶人创造了平稳、安全、舒适的行车环境，有效避免了同一市所辖路段不同限速的问题。例如京台高速北京方向馒寿山长下坡路段将3个不同的限速值统一调整为时速100公里。四是导航播报准确率明显提升。高德、百度两家导航公司点位信息播报准确率和提示用语与实际相符，准确率明显提升。

【《山东省公安厅关于全面规范高速公路测速工作的通知》节选】

从实际情况来看，全省高速公路部分路段仍然存在测速提示标志和限速标志缺失、区间测速设置不规范等问题。各市要按照孙立成副省长"认真研究、严肃对待、彻底改变"的指示要求，进一步规范高速公路限速管理工作，努力实现执法效果、安全效果和社会效果的统一。

一要切实转变限速管理执法理念。 当前，人民日益增长的美好生活需要对交通出行、交警执法、交管服务提出了新要求。这就要求我们牢固树立以人民为中心的发展思想，以确保道路安全为原则，以人民满意为标准，坚持问题导向，全力做好高速公路限速工作。特别是在全国公安机关深化"放管服"改革的大背景下，各级公安机关交警部门要切实增强责任担当，严禁以处罚为目的随意设置抓拍设备、严禁下发抓拍指标任务、严禁以抓拍数量作为唯一考核标准，不折不扣地执行好省厅关于高速公路限速管理工作的各项规定和要求。

二要坚持精益求精推进整改。 各市要成立专班，明确责任人，以同一地点抓拍数量持续居多、群众投诉意见较大的路段、点位为重点，对现有高速公路测速设备应用工作开展全面排查、整改。新增设测速点位在可行性研究阶段要报省厅高速交警总队批准。道路设定限速值与道路设计速度不一致的，要提供相关交通工程论证文件。要进一步完善信息提示，桥梁、隧道、水源、施工、事故多发等路段的限速值与前后道路不一致的，必须提前设置限速原因提示牌，防止形成限速信息孤岛，出现"奇葩式"道路限速。对于同一路段出现不连续的限速值，要根据辖区情况，提前设置差速值不超过20的限速标志，引导车辆逐渐减速，坚决避免出现"断崖式"限速。公安机关高速公路交通管理部门设立在收费站、服务区、立交桥匝道的测速设备和限速标志一律拆除。省厅将开展"回头看"活动，对排查不力、整改不到位的予以约谈、通报。

三要深化"互联网+测速应用"服务。各市要依托互联网增加网上服务功能，优化网上服务体验，提升测速工作"互联网+"服务水平。要全面公开公示，利用微信、微博等多种形式公布高速公路限速值、测速区间及点位，重点向社会告知桥梁、隧道、水源、施工、事故多发等路段的限速值及限速原因。要在网上设立群众投诉、反馈渠道，听取群众对高速公路限速、测速工作的意见和建议，并及时予以反馈，回应群众关切。要加强与高德、百度等互联网公司的合作，针对导航软件播报的道路限速与实际限速不符、路面测速点位不准确、监控与测速设备类型混淆等问题，建立即时纠错、信息共享和沟通协调机制，及时修正导航软件使用过程中对用户的错误诱导，确保测速提示的准确性、安全性和权威性，更好地服务群众出行。

四要强化测速工作规范性监管。要综合运用多种手段，加强高速公路测速设备应用监管，严格考核标准，严肃追究责任，确保高速公路测速工作规范公正文明。要严格按照公安部《道路交通安全违法行为处理程序规定》和《机动车测速仪》（GB/T21255）、《机动车区间测速技术规范》（GA/T959）等技术标准，在通行秩序较乱、交通事故多发或存在交通安全隐患的路段开展测速工作。要创新大数据、信息化科技监管手段应用，结合交通流量、道路限速值、超速抓拍数量、道路交通事故等因素，综合评估测速设备应用效果，及时进行调整。要加强测速设备安装后的运维工作，定期进行标定，完善运维制度，每月开展一次网上网下的全面巡检，每日结合路面巡逻实时检查标志、标线、标牌是否清晰，确保测速数据合法、规范、准确。

【《关于规范高速公路查处机动车违反限速规定交通违法行为工作的通知》节选】

① 规范限速数值设定。要联合高速公路管理和经营单位，组织专家团队，通过现场调查和搜集营运资料，准确掌握道路设计车速，综合考虑建设标准、技术指标、交通流量、道路环境、事故发生情况等因素，科学设置相应道路限速值。采用的限速值与设计速度不符的，应当经过权威论证，形成专家意见，组织群众代表和媒体记者，开展实地调研、现场办公，主动接受社会监督。对当前限速值低于每小时80公里（含）且与设计速度不符的，要开展一次专门排查工作。

② 规范测速设备应用。测速设备应当符合《机动车测速仪》、《机动车区间测速技术规范》要求，并按期进行标定。未经质监部门标定、逾期标定、因故障损坏的，应当立即停止使用，这期间记录的交通违法行为资料不得作为执法证据使用。测速点设置要以预防事故为原则，选择在事故多发、易发路段，符合《道路交通信息监测记录设备设置规范》相关要求，并向社会公示。收费站、服务区以及进入收费站、服务区的匝道内原则上不进行机动车测速工作。

③ 规范提示标志设置。要严格按照《关于规范查处机动车违反限速规定交通违法行为的指导意见》要求，在测速设备设置点前方500米外设置限速标志，前方200米外设置"前方测速"或"进入测速路段"警示牌，区间测速区设置"前方区间测速"并标明区间长度提示牌。要对辖区内限速标志、警示标志、解除标志开展一次拉网式的检查。针对标志缺失、遮挡、污损，分清责任单位，及时予以整改。整改措施落实到位前，暂时停止使用该路段测速设备。

④ 做好宣传引导教育。要通过多种渠道向社会宣传国内外通行做法以及超速违法行为的危害性和法律责任，设置限速的目的、意义，结合实际事故案例教育驾驶人自觉抵制超速驾驶，提高广大交通参与者的守法意识，争取社会各界和人民群众对高速交警部门严格管理、严格执法的理解和支持。要

建立完善舆情监控、引导机制，强化舆情导控能力，迅速妥善应对处置负面舆情。

在全省上下齐心协力、持续治理下，目前，全省高速公路超速违法车辆大幅减少，平均每处测速点每天抓拍量不足10起，按流量最少的高速公路计算，也仅占过往车辆的1‰左右。全省因超速引发的道路交通事故起数连年下降，2014年下降13.5%，2015年下降3.6%，2016年下降8.1%，2017年下降7.5%，成效显著。

山东高速交警总队二支队辖区共有隧道14对，占全省高速公路隧道总数的70%，隧道安全管理一直是支队的管理重点、难点。由于隧道内光线、高度等条件限制，隧道内违法抓拍效果一直不理想，超速、随意变更车道等违法行为屡禁不止，交通事故时有发生。据统计，二支队辖区隧道内共计发生过死亡交通事故9起，造成13人死亡。为扭转不利局面，二支队充分发挥移动测速设备作用，在隧道出口光线充足位置设置移动测速仪，全天候开展隧道测速抓拍工作。2018年二支队辖区隧道出口抓拍上传超速数据22.8万余条，占超速数据总数的92.1%；辖区车流量总计为14227.3万余辆次，超速违法行为占比为2‰，与去年同期相比，超速违法率下降了7‰，隧道内车辆通行秩序得到明显改善，未发生死亡交通事故，收效良好。

二支队隧道超速治理

第七章　治理酒驾毒驾

酒驾毒驾对道路交通安全的恶劣影响不言而喻，虽然近年来通过严格执法和广泛宣传，酒驾毒驾行为一定程度上得到了遏制，却依旧不能根治，酒驾毒驾等违法犯罪行为仍然时有发生，甚至呈区域性、时段性高发态势。研究表明，酒驾比正常反应时间慢12%，毒驾则比正常反应时间慢21%。据统计，我省拥有机动车驾驶证的吸毒人员就达35万人，占在册吸毒人员的四分之一。吸食毒品后精神会极度亢奋，出现幻觉，驾驶能力被严重削弱，从而造成判断力丧失，易引发恶性交通事故，比酒驾醉驾危害更大。为切实维护高速公路良好的通行环境，全省各级高速公路交警部门以《刑法修正案（八）》"醉驾"入刑为契机，下猛药，出重拳，严厉打击酒驾毒驾违法犯罪行为。

一、多面布控，多措并举，从严打击酒驾毒驾

以"零酒毒驾"等创建活动为载体，进一步加大警力投入，坚持日常严管与专项打击、集中整治、区域联治相结合，坚持严格执法与广泛宣传、源头劝导、曝光惩戒相结合，坚持定点缉查与流动执法、滚动巡逻、精准拦截相结合，持续部署开展酒驾毒驾治理行动。同时，各地因情施策，采取错时执勤、昼夜巡查、定点查纠、分散设卡等方式，提高检查密度、频度和效率，确保午后、夜间、凌晨时段不失管、不失控，确保无盲区、全管控。建立完善酒毒同检、酒驾毒驾"三必查"勤务机制，即每个周末必查、重大节假日必查、大型活动安保期间必查。依托全省76处交警执法站，充分发挥缉查布控系统的作用，严格落实酒驾毒驾"逢嫌必查"和"逢嫌必检"的措施，特别是针对醉驾发案率高、吸毒登记人员较多、预警等级高的地方，确保做到逢疑必检、逢违必纠，努力营造酒驾毒驾整治无处不在、无时不有的

严管态势，形成连续攻势和规模震慑效应。

民警在曲阜东收费站开展酒驾毒驾违法行为集中整治

【《关于集中开展酒驾醉驾毒驾周末夜查统一行动的通知》节选】

根据部局"5.18"视频会部署的夏季事故预防四项措施要求，总队决定在全省高速公路集中开展酒驾醉驾毒驾周末夜查统一行动。

检查重点：

（一）重点违法：酒驾、醉驾、毒驾违法犯罪行为。实行"3+N"整治，各支队可结合实际自行增加突出交通违法犯罪行为。

（二）重点区域：涉酒涉毒事故易发多发点段。

（三）重点时段：周末晚20时至次日2时，特别是上合组织青岛峰会、世界杯足球赛期间。

整治措施：

（一）严管严查。每个高速交警大队（中队）要设立至少一处执勤站点，城乡统筹、高地联动、警队联勤，织严织密整治网络，做到联合整治同开展、全覆盖、无盲区。

（二）流动执法。要采取异地用警、交叉检查等方式，开展跨辖区整治行动，减少执法干扰。要组织执法机动队或小分队，将警力延伸，机动灵活开展整治。

（三）精准查缉。要充分运用大数据、云计算等技术，加强酒驾醉驾毒驾违法犯罪行为的分析研判，掌握辖区内酒驾醉驾毒驾人员出行时间、路线等规律，及时、高效、精准布控查缉。

（四）酒毒同检。要按照"重嫌必检"原则，对酒驾醉驾嫌疑人同步进行毒驾筛查。对唾液检测结果呈阳性的，要按照《关于进一步加强吸毒人员驾驶机动车治理工作的通知》（公传发〔2018〕98号）要求，立即通知或移送禁毒、治安、刑侦等部门进行检测认定。

（五）快侦快办。要协调检验鉴定机构、卫生部门同步建立值班制度或派出人员、车辆、设备组成"流动实验室"随警作战，需要检验驾驶人血液酒精含量的，当场提取血样、当场登记封装，快速送检、快速鉴定。要抽调法制、秩序、事故等部门业务骨干，成立查处醉驾刑事案件工作专班，统一立案标准，统一办案审查，及时办结，提高查处效率和办案质量。

（六）源头劝导。要扩大辖区内安全驾驶宣传，在辖区饭店、宾馆、酒吧、娱乐等涉酒场所发放倡议书，落实专人劝阻和举报制度，大力推行酒后代驾服务，从源头上预防酒驾醉驾发生。

（七）集中曝光。要通过邀请媒体记者随警作战、组织现场执法直播等方式，大力宣传酒驾醉驾毒驾夜查统一行动情况及整治战果，集中曝光一批典型涉酒涉毒交通违法和事故案例，提高执法震慑和惩戒力度。

（八）联动惩戒。对查处的酒驾醉驾毒驾违法犯罪行为，要及时通过互联网交通安全综合服务管理平台公开公示，并推送"信用中国"网，实施联合惩戒。对党员、国家工作人员酒驾醉驾毒驾违法犯罪行为，要通报纪检监察部门。

二、总结经验，准确查控，打造高效模式

经过不断摸索、思考和总结，形成了高速公路交警检查站酒驾、毒驾查处"八步"工作法。

1."选"，即选时和选点。在整治时间上，各检查站结合酒驾、毒驾行为发生的时间和规律特点，选择13时和20时之后作为酒驾和毒驾最突出的重点时段开展整治。

2."观"，即细心观察。通过观察车辆行驶轨迹和驾驶人的表情、眼神、面部特征等，初步判断驾驶人是否涉酒、涉毒驾驶，并根据对方车辆情况和现场环境，判断拦截时机和停车位置，有效避免驾驶人驾车闯关，最大限度保障自身安全。

3."查"，即实施检查。先查处其轻微交通违法行为，分散驾驶人的注意力，打消其伺机逃跑的念头；同时，查看车辆行驶证和机动车驾驶证，从中发现是否存在超期、伪造、变造、使用他人证件等违法行为，为下一步暂扣车辆或驾驶证、行驶证打下基础。

4."闻"，主要是闻其酒味。在示意停车接受检查时，在确保安全的前提下，执勤民警利用驾驶人打开车窗、面对面交谈等细微环节，探明车内驾驶员身上是否有酒气。另外有经验的民警也可通过嗅觉敏锐地发现吸毒工具和毒品的蛛丝马迹，并综合现场情况迅速作出科学判断。

5."测"，即酒精和毒品检测。对有酒驾嫌疑的，首先使用指挥棒式快捷酒精检测仪进行呼气酒精检测，显示为酒驾的则立即使用打印机式高级酒精检测仪重新检测，打印后让其签字确认。对酒精含量达到80mg/ml的，立即带至医院抽取血样，进行血液酒精含量检验鉴定，为追究其刑事责任打下证据基础。对有毒驾嫌疑的，立即由具备吸毒检测执法资格的民警采集尿液进行现场检测，对检测结论呈阳性的落实尿样A、B瓶收集保管措施。

6."控"，即现场控制。在查处酒驾、毒驾过程中，经常遇到部分驾驶员精神恍惚、情绪激动、恶语相加甚至阻碍执法等现象。民警坚持理性、平

和、文明、规范的执法要求，坚持全程使用执法记录仪，对拒不出示相关证件的，向其进行法律法规宣传，晓之以理动之以情；对故意装疯卖傻拉扯、推搡民警的，固定相关证据并迅速控制驾驶员，保护好自身安全并按规定向上级部门报告予以严肃查处。

7."教"，即宣传教育。在查处酒驾、毒驾过程中，民警不失时机地向交通违法嫌疑人、乘车人及现场围观群众宣传酒驾、毒驾的危害性，既争取群众的理解和舆论支持，防止出现被动局面，也可以使驾驶员能够主动认识到自己酒驾、毒驾的危害，消除对后续处罚的抵触情绪。同时，积极联合相关新闻媒体对酒驾、毒驾查处进行专题报道，扩大社会宣传覆盖面。

8."罚"，即依法处罚。严格执行法律规定，不管涉及哪个单位和个人均一视同仁严肃处理，对酒驾案件一律予以罚款、记12分、暂扣6个月驾驶证，对醉驾案件一律先吊销驾驶证后再移送人民检察院审查起诉。对毒驾案件，一律协调属地车辆管理所注销驾驶证，对相关吸毒人员一律移交属地派出所予以拘留、罚款。使酒驾毒驾真正成为司机不敢碰、不能碰、不想碰的高压线。

民警在京台高速公路开展酒驾、毒驾违法行为集中整治

三、曝光惩戒，强化宣传，整治成效突出

通过发放专题宣传海报、公开信和张贴警示画报，警示广大人民群众酒驾毒驾的严重危害性，是碰不得的高压线。通过邀请电视台记者随警作战、开通执法现场直播间等方式，加大打击酒驾毒驾的宣传攻势，广泛利用"两微一端"等新媒体途径曝光酒毒驾人员。公布酒驾毒驾违法犯罪举报电话，及时受理、查处、兑现奖励，发动群众参与、监督酒驾毒驾治理工作，推进酒驾毒驾社会共治。

治理行动中，全省高速公路交警部门共查处酒驾毒驾8261起，办理危险驾驶（醉酒）犯罪案件1275件，依法对酒后驾驶行为实施行政拘留127人，暂扣驾驶证5767个，吊销驾驶证1264个，一次记满12分驾驶5943人。随着治理持续深入，全省高速公路酒毒驾交通违法行为大幅减少，实现了全省高速公路涉酒驾毒驾较大道路交通事故的"零发生"，有力维护了高速公路行车安全。

民警在青银高速公路开展酒驾、毒驾违法行为集中整治

威海高速交警支队坚持24小时勤务，立足检查站，摸索出一套运行高效的打击酒醉驾和毒驾的工作模式。2014年7月24日挂牌成立后，不到半年时间查处酒驾308起，2015年查处酒后驾驶288起，2016年查处275起，2017年查处135起，从数字的变化可以看出，通行威海高速公路的酒驾人数下降趋势明显；2018年，威海高速支队查处毒驾案件7起，查处吸毒人员15人，查获毒品37.3克。威海高速两个公安检查站成为市民心目中查酒驾毒驾最严的地方，有效降低了由酒驾毒驾引发恶性事故的概率。

青岛高速公路交通管理部门对辖区执法点数据对比分析，深入研究、科学研判，摸清酒后驾驶高发时段、路段规律，集中兵力对九龙、大场、隐

珠、灵珠山等地点进行重点查控。面对夏季"吃烧烤、喝啤酒"群众增多的实际情况，尤其针对"宿醉"问题，每日清晨6点至9点在各个执法点开展晨查。同时，采取视频巡检与路面管控相互配合的方式，对辖区进行无缝隙巡查管控。指挥室开展24小时视频巡检，辖区6组巡逻警力实行2小时一报备，根据实际及时派警开展酒驾治理。治理行动中，累计查处数量占全省查处总量52%。

【省厅领导对高速交警酒驾、毒驾治理成果作出批示】

2016年6月28日，菏泽高速交警支队民警在例行过往车辆检查时，发现冀*****小型轿车有躲避检查的嫌疑，在要求其停车接受检查时发现驾驶人与其出示驾驶证上的照片信息不相符，通过查询和比对，民警发现并确定驾驶人曾因贩卖毒品于2012年9月7日被遵化市公安局逮捕，2016年6月13日因"逮捕在逃"被遵化市公安局实施网上追逃。民警迅速将其控制，并按照相关规定将其移交菏泽市公安局牡丹分局审查处理。7月4日，时任公安厅副厅长槐国栋在高速总队呈报的《菏泽高速交警抓获一名涉毒网上在逃人员》上批示："请菏泽市局对有功民警予以奖励。请禁毒总队关注涉毒案件的调查处理。"

2016年9月19日晚19时许，威海高速交警支队文登大队在荣乌高速北海收费站组织开展夜查行动，民警检查鲁*****号黑色轿车时，在该车后备箱查获冰毒1230.72克，并抓获贩卖、运输毒品犯罪嫌疑人2名。9月21日，时任公安厅副厅长槐国栋在高速总队呈报的《关于威海高速交警支队破获特大贩卖运输毒品案件的报告》上批示："请禁毒办依规进行褒奖，并通报全省。"

2016年11月22日5时许，泰安高速交警支队民警在京台高速北京方向461公里处理一起交通事故时，发现肇事车上的驾乘人员形迹可疑，在随后检查中，查获冰毒10.0839公斤，并抓获贩卖、运输毒品犯罪嫌疑人3名。11月29日，时任副省长、公安厅长孙立成在《山东公安信息快报》第707号《泰安市公安机关查获10公斤毒品》上作出批示："对泰安交警认真负责的工作精神应予肯定。"

第八章　治理危化品运输车辆违法

　　高速公路上行驶的危化品运输车常被称为"流动的炸弹"。我省是危险化学品生产经营大省，同时也是运输大省，每年合计运输总量近50万吨，危化品运输车注册数量达到7万余量，高速公路是其主要运输通道，日均通行量达到1.2万余辆次。从实际看，危化品运输车辆超速、超载、擅闯禁行区域、违法停车等违规违法行为多发，运输环节事故发生概率较大，时刻威胁着高速公路交通安全，尤其是在高速公路全封闭的交通环境下，一旦发生危险化学品泄漏、爆燃等情况，后果不堪设想，高速公路危化品运输车辆交通安全管理压力巨大。2012至2015年期间，我省高速公路上共发生涉及危化品运输

危化品运输车辆事故现场

车辆的道路交通事故148起，造成105人死亡。特别是济广高速"2012.12.14"事故（死亡7人）、长深高速"2013.9.15"事故（死亡9人）、荣乌高速"2015.1.16"事故（死亡12人），都是因危化品泄漏、爆燃引起的群死群伤恶性交通事故，影响恶劣、教训深刻。为彻底治理这个重大隐患，全省各级高速交警部门自2015年起全面开展专项整治，通过夜间禁行、"大额罚单"、约谈曝光等系列举措，不断加强对高速公路危化品运输车辆交通违法治理力度，大幅度减少了危化品运输车辆事故隐患风险。

一、制定实施高速公路危化品运输车辆夜间限行规定

高速公路夜间缺少照明设施，视线条件差，危化品运输车辆驾驶员无法

安装危化品运输车辆限行宣传牌

及时观察到周围行车环境，加之部分驾驶员为躲避检查或者受经济利益驱使多会选择在夜间连续开车，在疲劳驾驶、超载等因素影响下易发生交通事故，危化品本身具有易燃、易爆、毒害及腐蚀等特性，且高速公路交通封闭、车流易积压，一旦发生事故，往往造成群死群伤，给国家和人民群众的生命财产带来严重损失。据统计，19时至次日凌晨6时这一时段高速公路交通事故起数和死亡人数分别占总数的50.6%、55%。为彻底扭转高速公路较大事故夜间高发局面，高速交警总队根据危化品运输车夜间事故发生特点，结合其他省特别是相邻省危化品运输车夜间限行成功经

验，组织专班对我省实施夜间限制危化品运输车辆通行措施的必要性、可行性进行了深入的调查研究和分析评估，并与省安全生产监督管理局、交通运输厅等管理部门，以及山东高速集团等经营管理单位进行协商沟通，最终形成统一意见。报经山东省人民政府同意，自2015年11月1日起，全省高速公路禁止危险物品运输车辆夜间通行；遇有冰雪、雾等恶劣天气和重大节日、重要活动时，禁止危险物品运输车辆通行省内高速公路。夜间限行措施立竿见影、效果明显，实施的第一年，高速公路上涉及危化品运输车辆的事故起数下降了46.2%，死亡人数下降了56.4%。

【山东省公安厅、应急管理厅和交通运输厅联合下发《关于调整危险物品运输车辆通行山东境内高速公路限行时段的通告》】

为加强危险物品运输车辆交通安全管理，预防重特大道路交通事故，保障危险物品运输车辆通行高速公路安全畅通，根据《中华人民共和国道路交通安全法》《危险化学品安全管理条例》《公路安全保护条例》等法律法规的规定，结合省际收费站取消的实际情况，经山东省人民政府同意，山东省公安厅、山东省应急管理厅、山东省交通运输厅决定自2019年1月15日起，对危险物品运输车辆通行山东境内高速公路限行时段予以调整，特通告如下：

1. 本通告所称的危险物品，是指易燃易爆物品、危险化学品、放射性物品等能够危及人身安全和财产安全的物品。

2. 自2019年1月15日起，山东境内高速公路禁止危险物品运输车辆22时至次日凌晨6时通行。22时前已经驶入的危险物品运输车辆应当提前从就近收费站驶离，严禁在服务区或收费站广场停留。

3. 遇有冰雪、雨、雾等恶劣天气和节假日、重要活动时，禁止危险物品运输车辆通行山东境内高速公路。

4. 为服务区及路面施工工程运送油料的车辆，经目的地公安机关高速公路交通管理部门批准后，由就近收费站驶入及驶离高速公路。

5. 危险物品运输企业应根据限行管理规定，合理调整运输计划和路线，严禁危险物品运输车辆在高速公路入口附近停放或聚集等候。

6.违反限行规定的，由公安机关高速公路交通管理部门依据《中华人民共和国道路交通安全法》《山东省高速公路交通安全条例》《危险化学品安全管理条例》等相关法律法规的规定对驾驶人及运输企业予以处罚。

7.原山东省公安厅、山东省安全生产监督管理局下发的《关于限制危险物品运输车辆夜间限行高速公路的通告》（鲁公通【2016】214号）同时废止。

本通告自2019年1月15日起实施，有效期至2024年1月14日止。

【《关于做好危险物品运输车辆限行时段调整相关工作的通知》节选】

经省政府同意，我省危险物品运输车辆限行时段调整为22时至次日凌晨6时。为进一步做好危险物品运输车辆限行时段调整后的交通安全管理工作，预防重特大道路交通事故，现将有关要求通知如下：

① **做好宣传提示。**各支队要印制《关于调整危险物品运输车辆通行山东境内高速公路限行时段的通告》（附件一）相关资料，在收费站、服务区张贴、发放。要积极协调当地主流媒体，并利用好路面电子显示屏，广泛宣传限行时段调整和管理措施，发布相关政策解读通稿内容（附件二）。要充分利用微信、微博、头条号、抖音等自有新媒体平台扩大宣传覆盖面，确保辖区运输企业和驾驶人知晓。

② **加强路面管控。**要协调高速公路管理和经营单位，于1月15时22时前更新原有的禁令标志。未设置禁令标志的收费站、服务区须于月底前完成标志、标牌的安装工作。要加强限行时段的管控，调整监控设备的抓拍时段，每日核对集成指挥平台预警信息，对确属违反限行的车辆，24小时内录入平台。要加强恶劣天气下对危险物品运输车辆的管控，严格落实"七个第一时段"管控措施，提前对危险物品车辆进行限行、分流。

③ **明确处罚标准。**夜间违反限行的，按照"违反禁令指示标志"予以驾驶证记3分，罚款200元的处罚。遇有恶劣天气、节假日、重要活动时，危险物品运输车辆违反交通管制规定在高速公路上强行通行，不听劝阻的，对驾驶人处2000元罚款，对相关运输企业处5万元以上10万元以下罚款。

④ **做好政策解释。**根据前期限行工作中出现的问题，对此次发布的限行

管理措施进行了细化。一是22时前已经驶入的危险物品运输车辆应当提前从就近收费站驶离，严禁在服务区或收费站广场停留。二是限行时段解除前，严禁危险物品运输车辆在高速公路入口附近停放或聚集等候。三是车辆因发生道路交通事故或遇有道路拥堵，未能及时驶离高速公路的，不予处罚。各支队要严格按照通告解读稿的内容向企业和驾驶人做好解释工作，不得擅自做扩大解释范围。

二、强力推动危化品运输企业落实安全主体责任

进一步明晰思路，明确将源头治理作为主攻方向，将治理重点由驾驶人向运输企业转变，严把"源头关"，全力加强源头管控，用足用好法律手段，持续加大并保持整治的力度和声势。

坚持"大额罚单"。根据《危险化学品安全管理条例》，查处危化品运输车辆超载违法行为时，在处罚驾驶人的基础上，一律对运输企业依法处以5万元以上10万以下的"大额罚单"，按照"处罚、抄告、反馈"的程序，及时将危化品运输车交通违法、交通事故以及排查发现的安全隐患，向安监、交通运输部门通报，由各部门依法"叠加处罚"。特别是危化品超载运输、改型改装等违法案件处理完毕7个工作日内，要将违法信息抄告车籍地交通运输部门，以便实施"一方查处、多方处罚"，倒逼企业落实交通安全主体责任。

强化源头监管。开展隐患"清剿"行动，重点检查车辆技术条件、液体危险货物罐车安装紧急切断装置情况。对存在重大安全隐患的车辆，责令企业立即停止使用，隐患不消除不得上路。对照《化工和危险化学品生产经营单位重大生产安全事故隐患判定标准（试行）》相关规定，反复核查相关企业重大生产安全事故隐患排查和治理工作开展情况，督促企业全面开展风险评估，严格程序把关、严格风险辨识、严格防控措施，守牢运输安全底线，严禁危化品运输车辆带"病"运行。推动相关部门发挥行业监管作用，制定完善运输企业和车辆安全标准规范。督促企业健全内部安全管理制度，鼓励引导运输车辆升级换代，淘汰技术状况落后的老旧车辆，推广标准化危险货物

对危化品运输车辆违法行为进行处罚

被淘汰的危化品运输车

专用运输装备，提高车辆安全性、经济性、舒适性和环保性。

加强约谈曝光。用好曝光这把利剑，持续开展警示教育，达到"曝光一个、警示一批、教育一片"的效果。开展交通违法"大曝光"，定期召开新闻通气会和重点运输企业约谈会，通报危化品道路运输安全管理情况，曝光所属车辆交通违法多的企业，曝光严重违法的车辆和驾驶人名单，曝光危化品运输车道路交通事故典型案例，营造强大舆论氛围。开展安全运输"大教育"，结合驾驶人"两个教育"工作，深入重点危化品运输企业开展宣传教育，通过手机短信和微博微信等方式，向驾驶人推送安全提示、典型案例、安全常识。开展重点违法"大举报"，动员社会力量向危化品道路运输严重交通违法行为宣战，发动群众踊跃举报，落实奖励措施，形成全社会围剿危化品道路运输严重交通违法行为的强大攻势。

三、全面强化高速公路危化品运输车安全隐患治理行动

牢固树立路面管控主战场理念，在深度分析全省危化品运输车辆交通事故特点的基础上，研究针对性管控措施，多次召开全省视频会议，对科学做好危化品道路运输安全管理和道路交通事故预防等工作进行强调、部署。全省高速公路交警部门自2015年起全面开展专项整治以来，灵活采取异地用警、交叉检查等措施，依托定点执勤与流动巡逻相结合的勤务方式，加强对重点时段、重要路段的巡逻力度，共查处各类危化品运输车辆违法行为26万起。

严格执行限行措施。严格执行危化品运输车22时至次日凌晨6时和重大节假日、恶劣天气期间高速公路禁行措施，坚持深化异地用警、错时执法机制，坚持落实夜间勤务制度，依托交警执法站、治超站、收费站等站点关口，严查严处违法行为。

规范检查流程。制定下发《查处危险化学品运输车辆程序规定》，进一步规范处罚主体、办案流程，坚决做到从业资格必查、驾驶资格必查、车辆审验情况必查、通行证明必查、专用标识和安全标示牌必查、车身反光标识必查、车辆卫星定位装置必查"七个必查"。

加大科技力量投入。充分发挥智能交通安全系统和缉查布控系统的实时预警、动态监管、现场查处优势，加强对危化品运输车辆的科技监管，对高危车辆、高危驾驶人、假牌套牌、违法未处理、逾期未检和不按线路时间行驶的危化品运输车辆进行实时预警、动态监管、落地查处，提高工作的实时性、针对性、精准性。同时，加大视频巡查力度，及时发现、查纠危化品运输车辆占道行驶、违法停车等交通违法行为。

讲解高速安全行车常识

测量危化品运输车罐体

检查危化品运输车紧急切断装置情况

检查危化品运输车辆标识

【《关于组织开展夜间重点违法行为集中整治统一行动的通知》节选】

为迅速掀起"大排查、大整治"集中行动高潮，维护高速公路交通安全秩序，预防道路交通事故，总队决定组织开展高速公路夜间重点违法行为集中整治统一行动。

① **明确重点，迅速行动。** 各级高速公路交警部门要针对辖区夏季高速公路交通安全特点，打破常规，迅速采取针对性措施，制定辖区高速公路夜间重点违法行为集中整治统一行动工作方案，部署开展集中统一行动。重点查处长途客运车辆凌晨2时至5时运行、危险品运输车辆夜间通行高速公路、大货车疲劳驾驶、违法占用高速公路应急车道等交通违法行为。各级高速公路交警部门主要负责同志要亲自研究、亲自部署，带队上路检查，并形成工作常态。总队领导带队参加13日夜查统一行动。

②**大力宣传，广造声势**。要积极协调广播、电视、报纸、网络等媒体，广泛宣传有关法律法规和集中整治措施，宣传长途客运车辆凌晨2时至5时运行、危险品运输车辆夜间通行高速公路、大货车疲劳驾驶、违法占用高速公路应急车道等交通违法行为的严重危害性。要邀请媒体记者，随警作战，曝光典型案例，公布重点交通违法行为举报电话，开辟网上举报、短信举报、信件举报等多种渠道，鼓励群众举报重点违法行为，最大限度地营造全社会共同参与、共同关注的良好氛围。

③**严格执法，强化管控**。要调配警力、用足手段，针对辖区交通安全特点，研判交通违法行为易发多发重点区域，重点时段，采取针对性措施，大力加强路面管控。要依托全省高速公路智能交通管控平台，加强视频巡查力度，实现对重点交通违法的实时巡查，及时发现违法，及时布控拦截查处。要严格执行《交通警察道路执勤执法工作规范》，落实规范用语和执法程序，注意民警自身安全。

④**转变作风，落实责任**。各支队、大队要结合实际，成立工作专班，精心组织部署，加强督导检查，狠抓措施落实，及时上报工作战果。要立即派出由领导带队的工作组，深入一线，与执勤民警一同开展集中统一行动，督促各项措施落实。

【《全省高速公路"净化"系列交通秩序集中整治行动工作方案》节选】

为大力整治道路交通安全隐患，有效预防道路交通事故，积极营造高速公路良好的行车秩序，创造安全、畅通、有序的道路交通安全环境，总队决定在全省开展"净化"系列交通秩序集中整治行动，特制订本方案。

1.工作目标

以预防道路交通事故为核心，认真贯彻落实省委、省政府、公安部和省厅党委部署要求，紧紧围绕上海合作组织青岛峰会交通安保这条主线，坚持安全与畅通并行，突出严重交通违法查处，强化源头隐患排查治理，固化工作机制，加大管控措施，切实提升事故预防的针对性和路面管控的实效性，实现不发生重大以上道路交通事故；人车路交通安全隐患存量明显减少，显见性交通违法明显减少；交通事故死亡人数同比下降，交通事故受伤人数同比下降，较大道路交通事故起数同比下降"一个不发生、两个减少、三个下降"的工作目标，为上海合作组织青岛峰会交通安保工作奠定坚实基础。

2. 整治重点

① 重点车辆：大中型客运班车、旅游包车、危险物品运输车、小型面包车、中型以上货运车辆。

② 重点路段：京沪、京台、沈海、日兰、青银、长深、青兰、荣乌、济广高速公路。

③ 重点违法：超员、超载、客运车辆超速、不按规定车道行驶、疲劳驾驶、客车凌晨2时至5时违规运行、危化品车辆违反禁行规定、假牌套牌、酒驾、醉驾等。

3. 工作措施

① "净化一号"行动。开展危化品道路运输交通违法整治行动。加大对危化品运输车辆集中通行时段的管控力度，检查危化品运输车辆驾驶人驾驶证、从业资格证、车辆行驶证、通行证，有无押运员，液体危险货物罐车是否加装紧急切断装置等情况，严查超载、超速、疲劳驾驶、无押运人员运输以及不按规定的路线行驶、违反禁行规定等交通违法行为。针对危化品运输车辆集聚高速出入口问题隐患，强化现场执法管控，遇有危化品运输车辆集聚等候，第一时间进行疏导，劝其驶离；对拒不驶离的，严格依法处罚。

......

④ "净化四号"行动。在前三次专项集中整治行动的基础上，针对违法占用应急车道、倒车、逆行、假牌套牌、逾期未检验、已注销或达到报废标准仍违法上路行驶、酒驾、醉驾等重点违法行为，依托集成指挥平台，开展路面视频巡检、信息研判预警，充分发挥指挥中心、交警执法站作用，实现对重点交通违法实时巡查监控，有效布控拦截查处。

【《关于2015年危化品车辆违反高速公路夜间限行规定情况的通报》节选】

2015年11月1日起，我省高速公路禁止危险物品运输车辆在夜间19时至次日凌晨6时通行。截至2015年底，共查处危化品车辆违规运行707起，其中现场查处240起，非现场抓拍467起。淄博、东营、烟台、临沂、德州、聊城、滨州、菏泽、总队一支队等9个支队工作力度大，效果显著，其中德州323起、聊城140起、东营134起、滨州90起。

一是部分高速公路违规运行情况突出。全省共有11条高速公路存在危化品车辆违规运行行为，占全省高速公路总数的16.1%。其中存在违规运行情况较突出的高速公路有：荣乌高速212起、烟海高速140起、滨德高速138起、青银高速88起、济聊高速81起。

二是违规运行涉及面广，源头管控待加强。查处的707起违规运行危化品车辆归属地共涉及全国22个省（自治区、直辖市）；涉及我省14个市，共244起，占查处总量的34.5%。

三是企业违规运行现象严重。违规行为共涉及全国364家危化品运输企业，其中涉及我省企业135家。各地要进一步加大工作力度，切实做好路面管控工作，确保19时前已经驶入我省高速公路的危险物品运输车辆应选择就近收费站驶离高速公路，19时至次日凌晨6时，危险物品运输车辆不得停放在服务区、停车区、收费站内广场。同时，做好恶劣天气条件下禁止危化品车辆通行工作，确保高速公路安全畅通。

随着一系列治理措施的落实落地和深入推进，全省危化品高速公路运输领域的"保安全、防事故"效果逐渐凸显，尤其是危化品运输车辆夜间限行以来，危化品运输车辆事故起数明显下降，截至2018年12月份，全省危化品运输车辆交通事故总数、死亡人数与2015年相比，下降了52%、53%，自2015年荣乌高速段"1.16"重大事故后，再未发生涉及危化品运输车辆的较大道路交通事故，实现了经济效益、安全效益和社会效益的有机统一。

东营高速交警支队严格贯彻执行关于危险化学品安全管理的系列法律法规，对"超过运输车辆的核定载质量装载危险化学品的""使用安全技术条件不符合国家标准要求的车辆运输危险化学品的""未经公安机关批准进入危险化学品运输车辆限制通行区域的""不配备押运人员的"等违法违规行为，在处罚驾驶人的基础上，开创性地一律对运输企业依法处以1至10万元的罚款。同时，对查扣的车体尺寸明显不符车辆，凡发现"两套手续、大罐小标"的，一律对驾驶人一次性记满12分，通过降级提高驾驶人违法成本。对东营引领性、开创性的做法，公安部专门致信点赞，并在全国推广。

交通管理工作简报

第 26 期

公安部十七局编　　　　　　　　　　　　　　2015年5月4日

编者按：4月22日，人民公安报刊发《东营：严字当头治理危化品违规运输》，报道了山东省东营市公安交管部门治理危化品违规运输的经验做法。4月30日，许甘露局长致信山东省公安厅徐珠宝厅长、毕宝文常务副厅长，充分肯定东营市严格治理危化品违规运输的成效，为东营的做法点赞。现将该信全文刊载，供各地学习借鉴。

许甘露局长致山东省公安厅领导的一封信

欣读人民公安报4月22日刊发的《东营：严字当头治理危化品违规运输》一文，为东营公安机关严格治理危化品违规运输的成效所鼓舞，为依法大力推动行业、企业整改，加强源头治理和系统治理的做法点赞。

点赞东营交警敢于向顽疾痼疾宣战的担当精神。作为全国重要的油区之一，危化品运输行业为东营市经济发展做出了重要贡献。但受利益驱使，有的运输企业大罐小标、超载超限、不配备押运员甚至使用报废车运输危险品等违法违规问题突出，导致事故高发频发，严重危害广大群众的生命财产安全，由于涉及车辆人员众多，又关系到地方经济发展指标，治理难度大，成为道路交通安全管理的积弊沉病。面对难题，朱晨曦同志等班子一班人敢于向顽症痼疾宣战，市公安机关特别是广大交警严字当头，坚守执法底线，坚持严管、严查、严惩，短时间内使辖区危化品违法运输行为基本绝迹，体现了保一方

平安的责任感和使命感，体现了奋发有为的决心和勇气，体现了安全第一、生命至上、始终把人民群众根本利益放在首位的执法为民理念。

点赞东营交警善于运用法律武器破解难题的法治思维。多年的实践表明，道路交通安全管理的关键在于抓源头，抓源头的关键在于抓责任主体。落实主体责任到位，就把握了安全工作主动权。东营市治理危化品违法运输的成功经验就在于将治理重点由驾驶人向运输企业转变，通过全面、准确运用《危险化学品安全管理条例》等法律法规，20天内连续对运输企业开出13张大额罚单，倒逼运输企业落实交通安全主体责任，推动了全行业消除安全隐患，提升安全管理工作水平，取得了依法治理的显著效果。

点赞东营交警正人先正己的过硬作风。习近平总书记指出，领导要做守法的模范，带头遵守法律、执行法律，带头营造办事依法、遇事找法的法治环境。面对"说情风"的干扰，东营交警支队支队长周海林同志带头承诺领导班子成员要当好民警依法严管、严查、严惩的"挡箭牌"，建立了"说情登记制度"和重大案件媒体曝光制度，有效地将说情干扰挡在了门外。正所谓"善禁者，先禁其身而后人；不善禁者，先禁人而后身"，正是因为领导干部带头率法守法、秉公执法，才让托人情找关系才步履难行，管造了公正执法、严格执法的社会氛围。

部交管局已向全国推荐东营的好经验、好做法。

近年来，危化品运输车以年均20%的速度快速增长，全国危险品运输车保有量已达30万辆，道路运输危化品安全管理仍然是道路交通安全管理的重中之重。东营市乃至山东省是危化品道路运输的重点地区，相信在你们有力领导下，山东省道路交通管理工作将继续取得新发展，道路交通安全形势将持续保持稳定。

公安部领导对山东做法点赞

烟台高速交警支队以指挥中心"大脑"为作战龙头，充分发挥其信息研判、实战指挥、情报推送、检查监督等职能作用，依托"数据警务"引领下的"情指勤督"一体化合成作战现代勤务模式，全面构建重点车辆"及时发现、快速指挥、精准管控、科学评估"四位一体工作机制，实现了勤务效

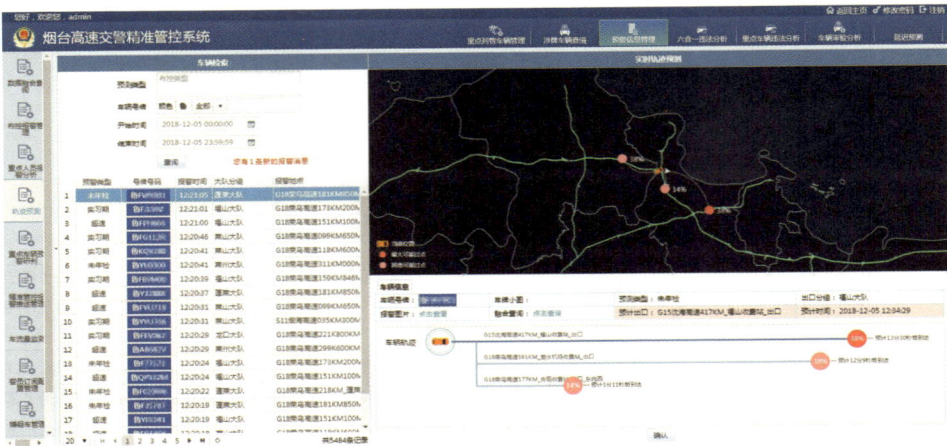

轨迹预测

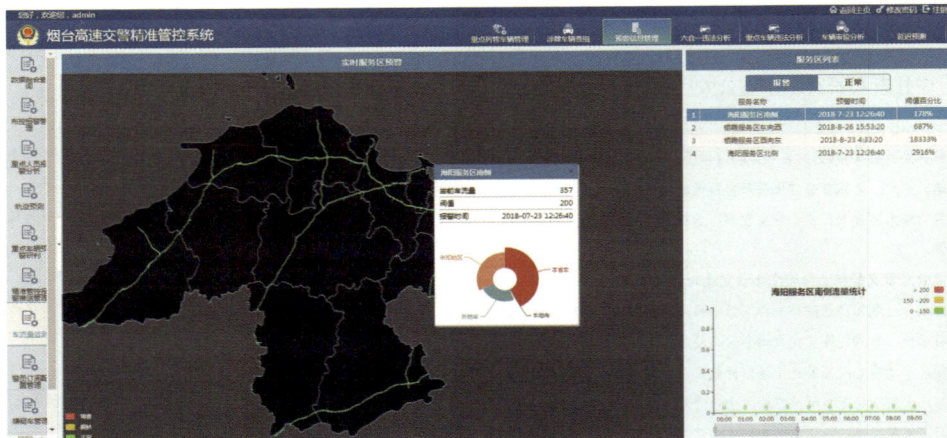

车流量监测

能的有力提升。一是建立统一的数据采集和数据服务接口。将"两客一危一货"数据、集成指挥平台卡口预警数据、车驾管数据、实时过车数据全部整合，构建智能交通数据中心。二是创新重点车辆发现预警机制。利用车辆车型、外观等二次识别技术，当"两客一危一货"等重点车辆或布控车辆进入辖区首个卡口后自动触发报警，并对经常通行辖区的车辆进行出口预测。三是加大巡逻发现力度。建立线上线下无缝巡逻机制，与高速公路经营和管理单位联合巡逻，及时反馈路面情况，使指挥中心掌握的信息更加全面。

第二编

除隐患——共治安全隐患

近年来，随着我国经济社会的高速发展，汽车和驾驶人数量迅速增加，公路货物运输量持续增长、旅游出行升温，"两客一危"重点车辆、护栏、隧道、恶劣天气等各类风险隐患交织聚集、叠加碰撞。曾经一段时间，全省连续发生与护栏或路外障碍等道路交通安全隐患相关的道路交通事故。据统计，2012年以来我省高速公路33.3%的较大以上道路交通事故与道路交通安全设施隐患有关，造成重大人员伤亡，教训十分深刻。高速公路安全防护的护栏拦不住客车、货车，空车和小车也拦不住，很多安全防护设施的标准无法满足现实需要，暴露出的问题十分典型、深刻、具体，迫切需要采取有力有效的措施进行干预和解决。隐患不除，安全难保。山东高速交警总队多方调研，坚持问题导向，从"因"着手，打准"七寸"，将隐患排查治理抓在手上，落实在行动上。各相关单位、部门目标一致，齐心合力，深度合作，持续推动，取得了积极进展。截至2018年底，全省高速交警部门共排查各类道路安全隐患8700余处，整改完成率98.4%，许多重点的安全隐患得到治理，高速公路交通环境不断改善。

为规范道路交通安全隐患排查工作，建立健全道路交通安全隐患排查治理常态长效工作机制，2015年5月6日，省公安厅下发了《关于建立道路交通安全隐患常态排查治理工作机制的指导意见》，明确了目标要求、排查重点、排查标准、隐患分级和动态排查的具体内容，有效地指导了高速公路交通安全隐患排查治理工作。

【《关于建立道路交通安全隐患常态排查治理工作机制的指导意见》节选】

（一）目标要求

按照"突出重点、动态排查、管控源头、综合治理"的原则，联合相关部门建立道路交通安全隐患常态排查工作机制，摸清辖区道路交通安全隐患底数和分布情况，建立基础台账，明确整改主体，落实治理责任，实行挂牌督办，分类分步实施。具体要求是：每半年对道路交通安全隐患进行一次梳理排查，根据排查出的道路交通安全隐患程度，按照省、市、县三级挂牌督办，落实责任单位，切实做到对道路交通安全隐患及时发现、及时报告、及时治理；每季度对道路交通安全隐患排查整治情况进行"回头看"，对已排查整治的安全隐患情况进行效果评估，重点对整改后又发生道路交通事故的原因进行分析研判，有针对性地强化措施，真正彻底消除隐患。

（二）排查重点

1. 事故因素

① 2012年以来公路500米范围内发生3起以上造成人员死亡道路交通事故的路段；

② 2012年以来公路2公里范围内发生1起以上一次死亡3人以上道路交通事故的路段；

③ 2013年以来连续发生3次以上同种类型一般道路交通事故的路段；

④ 1000米以上隧道、隧道群、与桥梁相连的隧道、客运车辆和货运车特别是危化品运输车辆集中的隧道、发生过死伤交通事故的隧道。

2. 设计因素

① 低于规定标准或虽符合规定标准但叠加、连续使用极限值设计的公路

急弯、陡坡、连续下坡、视距不良、路侧险要路段；

② 未建设中间隔离设施的双向四车道以上道路或中央隔离设施开口过多、不合理，严重影响行车安全路段；

③ 设计、渠化不合理的道路平面交叉路口。

3. 设施因素

① 交通标志标线、交通信号灯、安全防护设施缺失以及城郊结合部路口道路安全设施缺失的；

② 信号灯使用形状不正确、亮度不够或者设置位置、排列顺序和信号灯灯色、相位、配时不合理以及存在遮挡、与交通标志标线、交通渠化设计不配套，交通技术监控设置不规范、不合理和测速路段没有提示告知标志的；

③ 交通技术监控设置不规范、不合理，测速路段没有固定式提示标志的；

④ 国、省道平交路口未按规定设置指示、让行标志，以及穿越人口聚集城区的公路道路交通安全设施缺失或未按规定设置的；

⑤ 高速公路未按规定设置限速标志及限速值的；

⑥ 农村公路特别是山区公路急弯陡坡、临水临崖、连续长下坡等道路安全设施缺失的；

⑦ 学校、旅游景区周边道路，客运班线和接送学生车辆集中通行的重点道路以及弯道、坡道、隧道、桥梁等易结冰、易起雾、易积水路段道路交通安全设施缺失或未按规定设置的。

4. 环境因素

① 新建、改建、扩建道路中尚在建设施工，不具备安全通行条件的施工路段及未开通的；

② 因雨、雾、冰、雪、大风等气象、地质及自然因素，可能导致路面损毁、坍塌、滑坡、漫水、结冰、形成障碍、视线不良等影响交通安全的；

③ 管网、管线、树木、广告牌、跨路桥梁和道路防护及附属设施影响道路交通安全的；

④ 行人、自行车、摩托车、低速载货汽车、三轮汽车或周边环境对公路

行车造成安全隐患的。

（三）排查标准

道路交通安全隐患排查的主要技术依据包括：

1. 公路项目安全性评价指南（JTG/T B05—2004）

2. 公路工程技术标准（JTG B01—2014）

3. 公路路线设计规范（JTG D20-2006）

4. 公路路基设计规范(JTG D30—2015)

5. 公路隧道设计规范（JTG D70—2004）

6. 公路隧道设计规范（JTG D70/2—2014）

7. 公路隧道交通工程设计规范（JTG/T D71—2004）

8. 公路隧道通风照明设计规范（JTJ 026.1—1999）

9. 道路交通标志和标线（GB 5768—2009）

10. 城市道路交通设施设计规范（GB 50688—2011）

11. 道路交通信号灯（GB 14887—2011）

12. 道路交通信号灯设置与安装规范（GB 14886—2006）

13. 中小学与幼儿园校园周边道路交通设施设置规范（GAT 1215—2014）

14. 公路交通安全设施设计规范（JTG D81—2006）

15. 公路交通安全设施施工技术规范（JTG F71—2006）

16. 高速公路护栏安全性能评价标准（JT/T F83-01—2004）

（四）隐患分级

安全隐患分为重大隐患、较大隐患、一般隐患三个等级。重大隐患、较大隐患、一般隐患可以按照隐患的严重程度和治理难度，分别提请省、市、县级督办。

1. 重大隐患是指：严重影响道路通行安全，导致辖区事故频发，营运部门日常养护难以消除，需投入较大人力、物力、财力，县、市级地方政府无法解决，需上报省政府或行业主管部门审批拨付专项整治资金的道路安全隐患。该类隐患应列为省级督办隐患。

2. 较大隐患是指：影响道路通行安全，事故多发，营运部门日常养护难以消除，县级地方政府无法解决，需上报市政府或行业主管部门审批拨付专项整治资金的道路安全隐患。该类隐患应列为市级督办隐患。

3. 一般隐患是指：影响道路通行安全，营运部门日常养护可以消除的道路安全隐患。该类隐患应列为县级督办隐患。

（五）动态排查

1. 全面排查梳理

建立完善动态排查和复查机制，将道路交通安全隐患排查工作与公安机关日常执法管理相结合，每半年对辖区所有道路交通安全隐患路段开展一次全面排查梳理。

① 梳理排查。对照道路交通安全隐患台账，利用"全省道路交通安全隐患信息管理系统"，对排查出的道路交通安全隐患进行梳理，按照责任单位、完成时限，分类梳理排查出完成隐患整治数量、未完成隐患整治数量，对工作进展情况进行分析汇总。

② 研判会商。各级公安机关交通管理部门每半年与交通运输、安监部门对道路交通安全隐患整治情况进行会商研判，通报整治进展情况，分析存在的问题，研究推进措施，落实整治责任。对列入省、市、县挂牌督办，未按规定时限完成隐患整治的，提出处理意见，分别由市安委会（安监局）签字确认后，按照挂牌督办等级汇总后报市级人民政府和省安委会。

③ 效果评估。在半年梳理分类的基础上，按照隐患危险程度和风险等级，对交通安全隐患路段整治情况进行效果评估，形成安全隐患效果评估工作报告，向当地政府和上级安委会（安监局）写出专题报告。对达不到整治效果的，向责任主体部门下达道路交通安全隐患建议书，继续列为隐患路段。道路交通安全隐患建议书要做到基础事实清楚、原因分析到位、具体责任单位明确、整改措施切实可行，并做好上报留存。

④ 动态管理。落实公安机关交通管理部门大、中队领导和民警的管理责任。日常道路巡逻中要加大对隐患路段的安全管理，要定期分析研判辖区道

路交通死亡事故具体情况，及时发现、登记、梳理新的安全隐患。新发生道路交通死亡事故的路段，应当在事故发生三十日内完成隐患排查，认真登记隐患路段公路等级参数、路名路号、隐患类别、事故照片、事故数据，分类整理上报，由市级公安机关交通管理部门将道路交通安全隐患录入"全省道路交通安全隐患信息管理系统"。

2. 治理"回头看"

① 研判分析。道路交通安全隐患排查治理情况要实行一月一调度、一季度一总结制度，确保工作取得实效。省厅每季度利用"全省道路交通安全隐患信息管理系统"进行分析研判，下发隐患整治情况通报。各地根据省厅通报情况，对号入座，深入分析形势，研究提出对策。同时，对辖区道路交通流变化、交通死亡事故情况，进行个案剖析，研判形势，分析原因，找准问题，综合施策。

② 实地勘察。按照支队组织指导，大队领导包面，中队领导包片，民警包段的工作模式，每季度对已完成整治的隐患路段或正在整治隐患进行实地勘察，按照责任时限要求，密切掌握隐患治理进度，及时督促落实工作进度计划，确保如期完成隐患整治任务。

③ 督促落实。积极配合相关部门参与公路安全生命防护工程的规划治理和监督检查，及时通过新闻媒体向社会公布隐患路段分布情况和治理期间的管制措施、绕行线路等信息。每季度对未按计划治理或治理进度滞后的，要及时向政府相关部门通报情况，并提出意见建议，层层落实责任。要按照相关规定参加隐患治理工程及新建、改建、扩建公路工程验收，确保"三同时"制度严格落实到位。

④ 跟踪评估。配合相关部门对治理完成的安全隐患，按程序组织工程验收，确保隐患整改符合要求。积极参与省市县三级政府挂牌督办安全隐患治理的整改验收销号工作，对列入政府挂牌督办的安全隐患，在隐患治理完成后参与治理效果评估，对治理效果达不到规定要求的，仍发生道路交通死亡事故的，要继续落实责任，分级挂牌督办。

第一章 整治路侧障碍安全隐患

一、恶性事故暴露出路侧重大安全隐患

2015年6月25日1时许，一辆大型卧铺客车（核载36人，实载26人）行驶至泰新高速泰安方向46公里+200米处，因疲劳驾驶，致使车辆偏离原行驶路线，驶向路右侧，车辆右前部与跨线斜拉桥支撑臂碰撞，致使车辆受损，5人当场死亡，1人经抢救无效死亡，8人不同程度受伤。

泰新高速事故现场

2015年8月14日13时许，一辆大型普通客车（核载33人，实载28人），行驶至威青高速公路青岛方向139公里+112米处，因驾驶人注意力不集中，未确保安全驾驶，致车辆向右偏离驶出，与路右侧公路指示牌立柱

威青高速事故现场

相撞后侧翻，立柱插入车内，致使车内人员2人当场死亡、3人经抢救无效死亡，9人受伤，车辆和路产受损。

高速公路车速快，发生事故或其他意外情况后，失控车辆极易驶出路面。统计数据表明，近三成造成人员伤亡的交通事故是由于车辆驶出路面造成的。泰新高速"6.25"、威青高速"8.14"事故中，车辆分别撞击路侧桥墩和标牌立柱，除驾驶人疲劳驾驶、不按规定车速行驶等因素外，在路侧存在障碍物的情况下，事发路段行车道边缘和路肩均未设置振动标线对驾驶人进行提醒，桥墩和标志牌立柱等路侧障碍物未设置护栏或其他防撞设施进行防护，也未进行有效警示，车辆驶出路面后撞击障碍物，加重了事故后果，暴露出高速公路路外障碍存在严重交通安全隐患。

二、多措并举，分步实施，推进隐患排查整改

根据暴露出的问题，山东高速交警总队认真研究相关法律、法规和标准、规范，制定出具体排查标准和整改方法，明确警企共治的工作思路，分级督办，逐步推进。根据事故暴露出的问题，全省下发通知，安排部署排查隐患，全力预防事故；坚持协同共治，联合高速公路经营管理单位共同开展工作；加强监督检查，持续推进，彻底消除隐患。

泰安、烟台辖区高速公路两起涉及路侧障碍隐患的较大道路交通事故发生后，2015年9月2日，山东省公安厅下发了《关于切实加强高速公路交通事故预防工作的通知》，要求各市公安局针对当前季节特点和高速公路交通事故规律，深刻剖析事故原因，深刻汲取事故教训，深刻反思工作不足，切实采取更加有效预防措施，坚决遏制高速公路交通事故高发势头。

【《关于切实加强高速公路交通事故预防工作的通知》节选】

切实抓好隐患排查整改工作。今年以来发生的6起较大以上交通事故暴露出高速公路交通安全隐患排查治理不彻底。有的路段护栏防护能力低，起不到应有的防护作用；有的路段路侧桥墩、标牌立柱等障碍物隐患突出，路侧障碍物未设置护栏或其他防撞设施进行防护，加重了事故后果；有的桥梁等重点路段未增设遮挡板或防护网等安全设施，造成了事故次生危害。各级公安机关要在前期隐患排查的基础上，通过分析事故数据、邀请专家查勘论证等形式，全面排查道路交通安全隐患，按照危险程度和风险等级，提出挂牌督办和应急管理的意见建议，通报相关部门，报告当地政府。要建立动态排查和滚动复查机制，依托"全省道路交通安全隐患信息管理系统"，及时登记录入，做到整改一处、销号一处，确保交通安全隐患及时发现、及时报告、及时治理。同时，对发生的有重大影响的事故，要积极开展事故深度调查和个案剖析，结合责任倒查，认真查找路侧安全等方面的问题，及时通报高速公路业主和交通运输部门，报告当地政府，推动安全隐患综合治理，并发挥典型案例警示作用，举一反三，预防事故发生。

2016年3月11日，山东高速交警总队下发《关于排查整治高速公路路侧安全隐患的通知》，通报两起较大道路交通事故情况及暴露出的问题，进一步明确路侧安全隐患的排查标准及整治措施，并逐步建立起交通安全隐患排查长效机制。

【《关于排查整治高速公路路侧安全隐患的通知》节选】

"6.25""8.14"两起较大道路交通事故，均为车辆驶出路面、碰撞路右侧固定物的单车事故，事发路段均无护栏等防护设施，且均造成了严重后果。分析事故原因，除驾驶人问题外，事发路段存在突出路侧安全隐患也是加重事故后果、造成此类恶性事故的重要因素。事故发生后，泰安支队以问题为导向，立即协调高速公路经营管理单位排查整治此类安全隐患，于2015年底前完成了对辖区5处路侧安全隐患点铺设振动标线、加装波形防撞护栏、标识障碍物等整治措施，消除了安全隐患。但从全省范围看，其他高速公路路段也存在大量此类路侧安全隐患，均未得到及时整治，成为事故预防的短板。为举一反三，预防此类恶性事故，总队决定立即开展路侧安全隐患排查整治工作。

一是提高认识，高度重视路侧安全隐患排查整治工作。高速公路车速快，因驾驶人、车辆和天气等原因，车辆极易失控驶出路面，造成事故。国内外统计数据表明，30%左右造成人员伤亡的交通事故是由于车辆驶出路面造成的。我省近三年发生的单车事故中，车辆冲出路面，碰撞桥墩、直立杆或路灯柱、建筑物、树木、交通标识支撑物、山体、隧道口挡墙等固定物事故共计90起，造成72人死亡，90人受伤，分别占单车事故的32.65%、36.73%、25.78%，事故致死率较高。统计表明，存在路侧安全隐患的路段，一旦发生事故，会加重事故后果、造成严重人员伤亡。各支队要高度重视路侧安全隐患排查治理工作，将路侧安全隐患排查治理工作作为"对生命安全负责，向交通事故宣战"活动的一项重要内容，迅速部署、迅速排查、迅速整治，最大限度地消除事故隐患。

二是明确标准，全面排查路侧隐患。要对辖区交通事故历史数据（3～5年）进行分析，统计分析车辆驶出路面的交通事故情况，依据事故情况，并参考《公路交通安全设施设计规范》《高速公路交通工程及沿线设施设计通用规范》《公路安全生命防护工程实施技术指南》等规范或标准的相关规定，排查、确定路侧隐患。下列路段，无路侧护栏等安全设施、车辆驶出路面有可能造成单车伤亡事故或者二次一般以上事故的，应确定为路侧安全隐患路段：

1. 路堤高于2.5米、坡度过大的路段；

2. 路侧有江、河、湖、海、沼泽、航道等水域的路段；

3. 路侧安全净区内设有车辆不能安全穿越的照明灯、摄像机、可变信息标志、交通标志、路堑支撑臂、声屏障、上跨桥梁的桥墩或桥台等设施的路段；

4. 路侧边沟无盖板、车辆无法安全穿越的挖方路段；

5. 纵坡大于或等于现行《公路工程技术标准规定的最大值和连续长下坡路段》；

6. 用地范围内存在粗糙的石方开挖断面、高出路面30厘米以上的障碍物路段；

7. 发生过车辆驶出路面事故的路段；

8. 其他存在隐患的路段。

要联合高速公路经营和管理单位，按照以上标准对辖区开展一次全面的路侧隐患专项排查，切实做到不留死角、不留盲区。对排查出的路侧安全隐患，全部录入交通安全隐患信息管理系统管理。

三是因情施策，综合整治路侧安全隐患。对排查出的路侧安全隐患要分类登记，组织人员认真分析研究，根据具体情况，建议高速公路经营管理单位采取以下整治措施：

1. 合理设置标志、标线等设施，如设置轮廓标和线形诱导标，加强线性诱导；

2. 在容易发生因驾驶人疲劳驾驶等原因车辆偏离行车道的路段，在行车道边缘设置振动标线或者路肩振动带，提醒驾驶人驶回车道；

3. 采取减缓边坡坡度、改造边沟、拓宽路肩等措施；

4. 采取设置纵向护栏保护障碍物或者在障碍物前设置防撞缓冲设施进行防护；

5. 粘贴反光膜、涂反光漆、设路面标记等措施，进行提醒或者警告。

对排查出的路侧安全隐患和整治建议要书面通报高速公路经营和管理单位，必要时报告当地政府。要按照整治难易程度和危险等级，实行分级督办，明确整治完成时限，确保整治实效。

四是加强责任追究，落实排查整治措施。对车辆冲出路面发生较大及以上交通事故的，要积极开展事故深度调查，配合相关部门进行责任倒查，认真查找路侧安全等方面的问题，发现因路侧隐患整治措施不落实导致事故的，要坚决倒查追究相关单位和人员的责任，涉嫌构成犯罪的依法移交相关部门追究刑事责任。要加强追责案例的宣传，警示相关单位和人员，引以为戒，高度重视路侧安全隐患排查整治，积极落实隐患整治措施。总队将加强督导检查，对安全隐患排查不彻底、不上报，或只报简单隐患、不报复杂隐患等问题的，进行通报，情节严重的，追究相关人员的责任。

五是统筹兼顾，建立交通安全隐患排查长效机制。路侧安全隐患排查治理是交通安全隐患排查治理的重要部分，各地要按照隐患排查治理的总体要求，在日常巡逻执勤和分析研判辖区交通事故时，注意发现、梳理新的路侧安全隐患，坚持滚动动态排查治理，形成长效机制，预防事故发生。

山东高速交警总队与山东高速集团有限公司、齐鲁交通发展集团有限公司明确将路侧安全隐患治理作为工作重点，进一步加强警企联动合作，深化高速公路隐患治理协作机制，共同下发《关于进一步加强高速公路交通安全隐患排查治理工作的通知》，明确工作理念，统一目标与原则，并在安全形势分析、新技术应用以及督导检查、责任追究等重点方面提出具体要求，全力在隐患排查、认定、整改、跟踪、评估等多个治理阶段建立长效工作机制，深入推进全省高速公路路侧安全隐患排查整改。

【《关于进一步加强高速公路交通安全隐患排查治理工作的通知》节选】

要把高速公路交通安全隐患排查治理作为高速公路管理的一项重要工作，树立"安全第一"的理念，以"预防事故、减少伤亡、保障畅通"为目标，按照"动态排查、分工负责，分级分类、常态长效"的原则，切实做好高速公路交通安全隐患排查治理工作。高速公路车速快，因驾驶人、车辆和天气等原因，车辆极易失控驶出路面，碰撞路外桥墩、建筑物、交通标识支撑物、山体、隧道口挡墙等固定物，会加重事故后果，造成严重的人员伤亡。2015年我省高速公路发生两起较大道路交通事故，均为车辆驶出路面碰撞路侧障碍造成重大人员伤亡。各地要认真统计分析车辆驶出路面的交通事故情况，参考相关的规范、标准的规定，排查、确定路侧安全隐患，按照整治难易程度和危险等级，分级分类，逐步整改。

一是切实提高思想认识。高速公路交通安全隐患排查治理工作是公路安全生命防护工程的重要组成部分，是保障高速公路安全、畅通的基础性工作，是有效预防重特大道路交通事故的关键性措施。各单位要进一步提高思想认识，转变观念，强化领导，落实责任，确保隐患排查治理工作取得实效。

二是加强安全形势分析。随着经济和社会的发展，车辆的状况、驾驶人素质等都会发生变化，交通参与者对道路通行环境的要求不断提高，但道路及交通安全设施设计、建设的标准、规范往往存在滞后性。各单位要针对出现的新情况、新问题，不断加强分析研判，要以现实需要为根本，要以安全通行为目标，在现有标准、规范的基础上，对确实需要加强的薄弱环节采取切实有效的针对性措施，确保高速公路的安全、畅通。

三是加强新技术的应用。高速公路交警部门要充分依靠智能交通安全系统，加大对隐患路段的安全管控力度，在重点路段要合理设置警示、测速等设备。高速公路经营管理单位要积极研制、试用先进的安全防护设施，试点使用新型防撞护栏和新型标志、标线等，要加强新技术、新材料、新设备、新工艺的应用，不断提高高速公路交通安全防护能力。

四是加强督导检查和责任追究。各单位之间要加强沟通，互相配合，对排查出的隐患要共同制定整改措施，切实进行整改。上级单位将对下级单位的工作开展情况进行督导检查，对工作力度大、隐患整改成效突出的，予以表彰，并推广先进经验。对工作部署不力、隐患排查不彻底的，将全省通报批评。对已经发现事故隐患经有关部门提出后，仍不采取措施进行整改，造成严重后果，达到立案追诉标准的，要按照重大劳动安全事故罪、工程重大安全事故罪等罪名立案侦查，严肃追究相关人员的责任。

2016年10月13日，山东高速交警总队联合山东高速集团有限公司、齐鲁交通发展集团有限公司在泰安召开全省高速公路交通安全隐患排查治理工作推进会。会议观看了山东省高速公路重点道路交通安全隐患警示录，泰安高支队、总队二支队、山东省高速公路股份有限公司潍坊分公司、齐鲁交通发展集团有限公司泰安和烟台分公司负责同志分别作交流发言。会议要求深入开展高速公路交通安全隐患排查治理工作，着力推动高速公路交通安全设施更新升级，全面实现高速公路交通安全隐患排查治理常态长效。

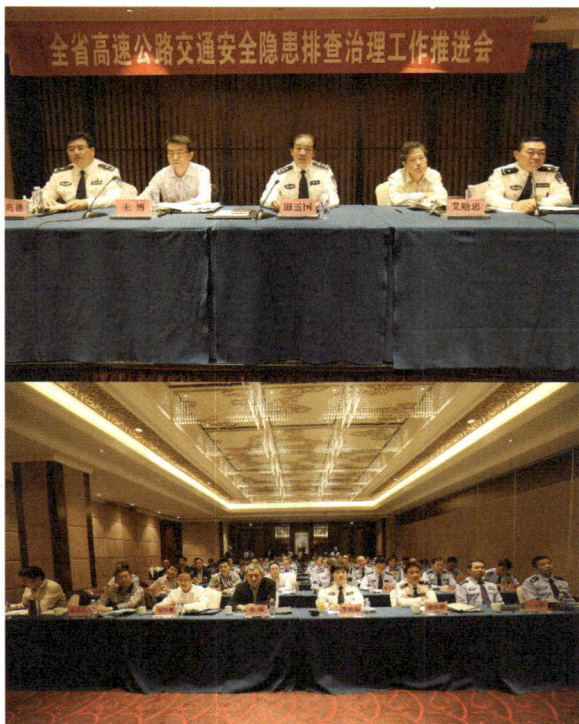

在泰安召开的全省高速公路交通安全隐患排查治理工作推进会

【《田玉国同志在全省高速公路交通安全隐患排查治理工作推进会上的讲话》节选】

把握标准，有效推进，深入开展高速公路交通安全隐患排查治理工作。道路安全隐患治理有两个关键环节：一是排查，全面、准确地找出隐患；二是整改，及时、有效地消除隐患。要实现这两个目标，就需要我们在道路安全隐患排查、登记、抄告、认定、整改、跟踪、评估等方面下功夫，把握工作要领和工作标准，切实提高隐患排查治理能力和水平。

狠抓隐患排查，确保全面彻底。要按照《道路交通安全隐患排查指南》《公路生命安全防护工程实施技术指南》等指导性文件要求，联合高速公路经营管理单位、安监等部门，在对辖区事故、违法、交通流量和环境等安全形势全面分析的基础上，突出道路设计、安全设施、道路环境等因素，对辖区高速公路开展一次拉网式、地毯式梳理排查，找准问题、不留盲区。要在提高排查广度和深度上下功夫，深挖细究道路安全隐患数据，找准"穴位"，特别要加大对临崖、临水、坡道、急弯、隧道、桥梁等重点路段的排查力度，定期组织力量开展巡查，及时排查和发现新增隐患，由表及里、由点到面、查缺补漏，最大限度消除死角。对排查出的道路安全隐患，要做好登记，按照"台账管理，领导包保，专人负责"的要求，根据道路安全隐患危险程度和风险等级，认真细致审核，科学梳理分类，逐一建立台账，全部纳入管理视线。

狠抓措施落实，确保治理到位。对排查出的隐患，属于职责范围内的，要责任上肩，勇于担当，落实整改；属于其他单位、部门法定职责的，要提出临时管理措施和整改建议，书面抄告后报当地政府，做好备案。要主动做好道路安全隐患认定对接工作，并按照《省交通运输厅省公安厅关于做好公路安全生命防护工程隐患排查台账建立工作的通知》中的道路安全隐患认定原则，将排查出的道路安全隐患及时与高速公路经营管理单位进行统一认定，形成治理共识。这里有一点提醒大家注意，《通知》中明确指出，对不符合《公路生命安全防护工程实施技术指南》安全隐患标准，但确属事故多发的路段，也要根据实际进行整改。要配合相关部门对道路安全隐患进行分析论证，积极参与道路安全隐患整改过程，需要提请省市县三级政府挂牌督办的，按照整改难易程度和危险等级，确定挂牌督办初步意见，并与安监等部门进行对接，确保整改一处、销号一处。

狠抓跟踪评估，确保整改效果。要通过新闻媒体及时向社会公布辖区隐患路段分布和治理期间交通管制措施、绕行线路等信息，跟踪掌握隐患整改进度，对未按计划治理或工作滞后的，要及时向政府及相关部门通报情况，并提出意见建议。对已整改的隐患路段要进行效果评估，重点看有没有再发生事故，占多大比例，原因是什么，最终形成评估材料。对达不到整改效果的，要继续列为隐患路段，向责任单位下达道路交通安全隐患建议书，并做好上报和留存。

突出重点，标本兼治，着力推动高速公路安全设施更新升级。护栏等防护安全设施标准低、路侧安全隐患突出、路口或匝道附近事故多发、可变限速标志建设应用缓慢是当前亟待解决的重点、难点问题。我们要以此为攻坚目标，瞄准症结、重拳出击，进一步加大工作力度，坚决实现工作突破。

……

深入推进路侧安全隐患排查治理。高速公路车速快，发生事故或其他意外情况后，失控车辆极易驶出路面。统计数据表明，近三成造成人员伤亡的交通事故是由于车辆驶出路面造成的。我省高速公路近三年发生的单车事故中，车辆冲出路面，碰撞桥墩、直立杆或路灯柱、隧道口挡墙等固定物事故分别占单车事故的33%、37%、26%，事故占比大致死率高。可以看出，存在路侧安全隐患的路段，一旦发生事故，会直接加重事故后果，造成严重人员伤亡。各支队要在前期工作的基础上，继续加大力度，持续深入推进路侧安全隐患的排查与治理，按照总队《关于排查整治高速公路路侧安全隐患的通知》要求，明确标准、因情施策，协调高速公路经营管理单位采取加强线形诱导、增设振动标线和路肩振动带、增加安全净区或加装防撞护栏、增加反光（发光）标志等措施，最大限度消除安全隐患。

……

健全机制，打牢基础，全面实现高速公路交通安全隐患排查治理常态长效。工作机制不健全，基础工作不顺畅，做好隐患排查治理就是一句空话。我们要把工作着眼点和着力点放到打基础、建机制上，进一步促协作、固流程、强监管，推动隐患排查治理工作常态长效。

健全完善隐患排查治理协作机制。各地在开展道路安全隐患排查治理工作时，要切实加强与高速公路经营管理单位的沟通配合，按照《省交通运输厅省公安厅关于做好公路安全生命防护工程隐患排查台账建立工作的通知》等文件精神，结合实施公路安全生命防护工程的有利时机，努力在隐患排查、认定、整改、跟踪、评估等各个治理阶段建立协作长效机制。要严格落实公路建设项目安全生产"三同时"制度，配合高速公路管理经营单位和安监部门，对新建、改建、扩建及安全隐患治理工程按照标准进行验收，达不到要求的坚决不予通车。

健全完善隐患常态排查治理机制。道路交通安全隐患并非一成不变，单次摸排肯定不能根除问题，排查治理应该是动态的，要着力健全完善隐患动态排查和复查机制，将隐患排查治理工作与日常勤务管理相结合，开展动态、滚动排查，做到有安全隐患能够及时发现、及时治理，不断查缺补漏，跟进消除隐患。每半年各地要对辖区交通安全隐患进行一次梳理排查，根据隐患程度，及时启动治理流程；每季度对隐患排查治理情况进行"回头看"，进行效果评估，有针对性地强化措施，推动道路交通安全隐患排查治理实现制度化、标准化和常态化。

健全完善隐患治理科技信息化管理机制。去年省公安厅研发启用了道路交通安全隐患排查治理信息管理系统，各地要切实利用好这个平台，提高录入质量，发挥数据分析、工作提醒、跟踪治理等功能，实现对辖区交通安全隐患的信息化、动态化管理。同时，各地要依托智能交通安全系统建设应用，综合运用信息诱导、雾区防撞、智能防冰除尘等新技术和信息化手段，提高对桥梁、隧道、临水临崖等事故多发、团雾多发等重点路段的科技监管水平。

强化责任，狠抓落实，确保各项措施落地见效。再好的目标，再好的举措，如果不沉下心来抓落实，也终将是镜中花、水中月。这次会议不是"面"上的一般性工作安排，而是针对当前我省高速公路涉及道路安全隐患导致交通事故多发严峻形势，着眼于暴露出的问题，对道路安全隐患排查治理工作和实施公路安全生命防护工程再深化、再推进。道路安全隐患治理能否见到成效关键在措施落实，工作不落实、治理不彻底就会出现问题，很多安全事故已经印证了这一点，教训也十分惨痛。坚持做好道路安全隐患排查治理是我们不可推卸的责任，各地务必要强化守土有责、守土尽责意识，进一步加强组织领导，明确任务及分工，层层落实责任制，将各项具体工作细化、量化到每个单位和个人，做到各司其职，各负其责。要强化督导检查，加大对重点路段、薄弱环节尤其是隐患排查治理落后单位的检查督导力度，及时发现问题，督促整改，确保各项工作部署落地生根。要进一步加强责任追究力度，今后在事故调查中，要同步开展责任倒查和追究，一旦发生因道路交通安全隐患整改不落实，特别是对存在的严重安全隐患视而不见、整改不力导致较大以上事故的，要严格按照公安部《关于在交通事故调查处理中充分运用刑事案件立案标准的通知》和《山东省道路交通安全责任制规定》的要求，依据《刑法》"工程重大安全事故案"（第137条）等条款的立案情形（建设、设计、施工、监理单位违反国家规定，降低工程质量标准，涉嫌以下情形之一的，应予以立案追诉：一是造成死亡一人以上或重伤三人以上的；二是造成直接经济损失五十万元以上的；三是造成其他严重后果的），开展交通事故深度调查，坚决追究相关单位和人员的责任，涉嫌构成犯罪的依法移交相关部门追究刑事责任。公安机关内部出现因道路安全隐患排查不彻底、不上报、失控漏管等问题引发事故的，一律按照"四不放过"要求依法依规追究责任，必要时进行组织处理。

2017年8月28日，山东高速交警总队下发《关于进一步排查整治高速公路路侧安全隐患的通知》，对存在的部分路段排查不全面、整改不彻底等情况，要求再次对路侧安全隐患进行一次全面排查，对前期已经排查整改的，要根据实际情况进行一次评估，对整改不到位、达不到安全需求的，继续列为隐患路段。对未进行整改以及整改不到位的，大队、支队、总队将三级联动，彻底督促整改。同时，文件还要求积极开展事故深度调查，对因路侧隐患整治措施不落实导致事故的，要坚决倒查追究相关单位和人员责任。

【《关于进一步排查整治高速公路路侧安全隐患的通知》节选】

总队下发《关于排查整治高速公路路侧安全隐患的通知》后，部署开展了高速公路路侧安全隐患的排查整改工作。据统计，排查整改以来车辆冲出路面碰撞桥墩、直立杆或路灯柱、建筑物、树木、交通标识支撑物等固定物的交通事故同比下降23.53%，未发生与路侧安全隐患有关的较大道路交通事故，排查整改工作成效显著。但近期巡查发现，部分路段仍存在排查不全面、整改不彻底等情况，并暴露出新的路侧安全风险。为彻底消除路侧安全隐患,总队决定进一步加强高速公路路侧安全隐患排查整改工作。

下列路段应确定为路侧安全隐患路段:

1. 边坡坡度大于1∶4或路堤高度2m以上，未设置路侧护栏的路段;

2. 临水、傍山以及桥头引道、隧道洞口连接线路侧护栏防护等级低于SB级的路段;〔SB级路侧波形梁护栏由三波波形梁板（506mm×85m×4mm）、立柱（130mm×130mm×6mm）和防阻块（300mm×200mm×290mm×4.5mm）等组成，高度为从地面算起至三波梁板中心的距离为697mm，立柱埋置深度不应小于165cm〕

3. 隧道洞口外护栏与隧道内壁之间未进行过渡连接的;

4. 路侧护栏端头未进行下延或外展处置的路段;

5. 路侧安全净区内设有车辆不能安全穿越的照明灯、摄像机、可变信息标志、交通标志、路堑支撑臂、声屏障、上跨桥梁的桥墩或桥台等设施，未进行有效防护和警示的路段;

6. 路侧边沟无盖板、车辆无法安全穿越的挖方路段;

7. 用地范围内存在粗糙的石方开挖断面、高出路面30cm以上混凝土基础、挡土墙或大孤石等障碍物，未进行有效防护或警示的路段;

8. 车辆驶出路面可能造成单车伤亡事故或者二次一般以上事故以及存在其他安全隐患的路段。

对排查出的路侧安全隐患应根据具体情况，建议高速公路经营管理单位采取以下整治措施:

1. 完善标志、标线等设施。如设置轮廓标和线形诱导标等;在容易发生因驾驶人疲劳驾驶等原因车辆偏离行车道的路段，在行车道边缘设置振动标线或者路肩振动带，提醒驾驶人驶回车道;

2. 增设、改造路侧护栏，提高路侧护栏的防撞等级，对护栏端头进行下延或外展处理;

3. 采取减缓边坡坡度、改造边沟、拓宽路肩等措施;

4. 设置防撞缓冲设施对障碍物进行防护;

5.粘贴反光膜、涂反光漆、设置路面标记、增设闪光灯等措施，进行提醒或者警告。

一是分类分级，彻底整改。各地要再次对路侧安全隐患进行一次全面的排查，对前期已经排查整改的，要根据实际情况进行一次评估，对整改不到位、达不到安全需求的，要继续列为隐患路段。对未进行整改以及整改不到位的，要大队、支队、总队三级联动，彻底督促整改。大队要全面排查，列出清单，确定整改方法，由支队立即函告高速公路经营管理单位，并填写《高速公路路侧安全隐患登记表》（见附件），于9月8日前报总队业务指导与特勤支队邮箱，总队将汇总整理后一并函告相关高速公路经营管理单位。对整改情况，各地要及时调查评估，确保整改到位、效果显著。

二是深度调查，落实责任。对发生一般以上事故，涉及路侧安全隐患的，要积极开展事故深度调查，认真查找路侧安全等方面的问题，发现因路侧隐患整治措施不落实导致事故的，要坚决倒查追究相关单位和人员的责任，涉嫌构成犯罪的依法移交相关部门追究刑事责任。

三是巡查督导，综合考评。总队将加强对路侧安全隐患排查整治的巡查督导，对属于路侧安全隐患排查内容未进行整改、也未登记上报的，将在市级公安机关考核项目隐患排查内容中扣分，并视情专项督办，情节严重的，追究相关人员的责任。

三、隐患整改，安全效果突显

专项整治中，全省排查出各类路外障碍1200余处。通过采用科学的方法和有效的手段，已排查的路侧安全隐患均得到有效整改，自2015年威青高速海阳段"8.14"较大事故后，未再发生涉及路侧障碍隐患的较大交通事故。

整改后实景

第二章　整治护栏安全隐患

一、护栏防不住，恶性事故频发

2012年10月7日11时许，王某驾驶小型轿车沿青银高速公路由东向西行驶至228公里+530米处，从右侧超越左侧车道江某某驾驶的大型客车时与客车右前侧发生刮擦。刮擦后，大型客车与中央护栏刮碰，撞开中央活动护栏驶入对向车道与周某某驾驶的大型客车左侧前部发生碰撞，致使周某某驾驶的大型客车向右穿过路侧护栏，仰翻于公路南侧边沟，车窗立柱从根部全部断裂，车顶部分与车体分离，造成6人当场死亡，8人抢救无效死亡，44人受伤。

"10.7"青银高速交通事故现场

2016年8月5日13时许，程某驾驶重型半挂车（空载）由东向西行驶至济聊高速公路95公里+800米处，因左前轮爆胎，车辆冲过中央分隔带护栏，与对向车道自西向东行驶姜某某驾驶的大型客车（核载49人，实载48人）相撞，致使客车翻入南侧路基下边沟内，造成5人当场死亡，4人在送医院途中死亡，27人受伤。

2017年6月6日9时许，高某驾驶大型普通客车由南向北行驶至沈海高速713公里+900米处时，因雨天路滑，操作不当，车辆冲出路面，翻于高速公路下穿道路上，造成大型普通客车乘车人7人当场死亡、1人经抢救无效死亡、25人受伤、车辆及高速公路设施部分损坏的道路交通事故。

"车行高速路，护栏保安全"，中央隔离带及路侧护栏是高速公路非常重要的安全设施，是保障高速公路行车安全、减少伤亡的最后也是最为关键的一道屏障。然而，我省高速公路40%的护栏执行的是1994年的安全设施标准，即便是2006年的安全标准也已经过去了10多年，随着经济的发展和社会的进步，道路通行车辆类型和车流量已发生较大变化，护栏已远远不能满足当前安全需求，并且存在护栏缺失、端头外漏等问题。据统计，2012年以来，我省发生的一次死亡5人以上较大道路交通事故中，车辆冲过护栏造成正面相撞或翻入边沟的占比达52.94%。护栏建设年代早，设计建设标准低，护栏防护能力弱，已不能满足现有高速公路通行车流量及车型的需要，急需提档升级。

二、分级分步，有序推进改造升级

根据交通事故暴露出的问题，为切实解决高速公路护栏隐患，深刻汲取事故教训，山东高速交警总队根据护栏的防护能力，结合道路路基线形及其他安全设施的实际情况，将护栏隐患分为高危、低危、一般三个标准，按照先高后低的顺序，有序推动护栏改造升级。

系列事故发生后，山东高速交警总队提请山东省道路交通安全综合治理委员会根据交通事故情况，立即在全省下发交通事故情况通报，传达领导批示精神，根据暴露出的问题提出针对性措施，全力预防此类事故再次发生。

【《山东省道路交通安全综合治理委员会办公室关于济聊高速公路"8.5"较大交通事故情况的通报》节选】

2016年8月5日13时27分许，济聊高速公路95公里+300米处发生一起较大交通事故。一辆重型半挂货车行驶至事故地点时，冲过中央护栏，与对向车道内行驶的一辆大型普通客车相撞，致使大型客车翻入路侧边沟，造成9人死亡、27人受伤的较大道路交通事故。

全省各级各部门要认真贯彻落实省委、省政府领导重要批示精神，充分认识到当前道路交通安全形势的严峻性和事故预防工作的重要性、紧迫性，认真吸取此次事故教训，引以为戒，举一反三，牢固树立安全生产理念，严格履职，大力加强源头防范和综合治理，全力保障人民群众生命财产安全。

① **着力把控暑期道路交通安全隐患风险点。** 当前正值暑期，公路特别是高速公路客货运输量增加，驾驶私家车旅行、学生集体出游、农村务工人员集中出行增多，车辆超速、货车超载、客车超员、车辆违法载人等违法行为易发、多发。有的驾驶人特别是货车、危化品运输车驾驶人为躲避高温，夜间上路运行容易疲劳驾驶，发生事故几率大。暑期高温炎热，车辆耗损大、机械故障多，特别是车辆爆胎、自燃情况多发。各级各部门要充分认识当前道路交通安全形势的严峻性，坚持问题导向，深入查找工作中的问题和不足，尽快补齐短板，坚决控制道路交通事故多发态势。

② **着力强化交通安全隐患排查治理。** 高速公路管理和经营单位要结合正在实施的公路安全生命防护工程，按照动态隐患排查治理的要求，加大隐患排查治理的力度，重点加强对高速公路中央护栏和路侧安全隐患排查整改，对排查出不符合防撞要求和超出使用年限的护栏，要立即更换整改。对存在路侧安全隐患的，要通过加强线形诱导、增设振动标线和路肩振动带、增加安全净区或加装防撞护栏、增加反光（发光）标志等措施，切实消除路侧安全隐患。要不断提高高速公路护栏的安全防护等级，提升高速公路护栏的安全防护能力。

③ **着力强化客危等重点车辆源头动态监管。** 交通运输部门要切实加强对交通运输企业的监管，督促落实企业安全主体责任。要按照《道路客运车辆动态监督管理办法》要求，加强对客危等重点运输车辆的动态管控力度，严格落实客运车辆和危化品运输车特定时段禁、限行措施。要及时排查运输企业所属车辆各类安全隐患，开展集中约谈，督促运输企业进行整改。

④ **着力强化恶劣天气交通管控。** 今年受超强厄尔尼诺气候影响，我省入

汛以来暴雨等强对流天气增多，对交通安全带来的影响要引起警惕。公安、气象、防汛等部门要加强信息沟通和预警，制定具体防范措施。公安、高速公路管理和经营单位要充分利用可变限速标志等科技设备有效控制车辆通行速度，发布提示信息，严格落实"降速、控距、亮尾"要求，确保行车安全。要及时根据路况及天气情况采取危化品运输车限行等交通管制措施，切实提高在暴雨等恶劣天气条件下对客危等重点车辆的交通管控能力。

⑤ **着力强化交通安全宣传提示**。宣传、公安、交通运输、高速公路经营管理单位要根据暑期交通隐患特点，充分利用电视、报刊等传统媒体和微信、微博等新媒体以及高速公路沿线电子显示屏、可变情报板等设备向广大驾乘人宣传超速、超员、疲劳驾驶、违法占用应急车道等违法行为的危害性，宣传安全行车知识，着力提升驾驶人特别是客运车辆驾驶人安全驾驶能力、突发状况处置能力和事故救援能力，努力减少事故及损害后果。

【《山东省道路交通安全综合治理委员会办公室关于沈海高速公路"6.6"较大道路交通事故情况的通报》节选】

2017年6月6日9时47分，沈海高速公路713公里+900米处发生一起较大道路交通事故。高某驾驶大型客车（核载39人，实载33人）由南向北行驶至事故地点，因雨天路滑，操作不当，车辆冲出路面，造成单方道路交通事故，致8人死亡，多人受伤。

入夏以来，我省高速公路连续发生多起涉及"两客一危"车辆的道路交通事故，充分暴露出当前道路交通安全工作中存在诸多薄弱环节，安全隐患多，安全风险高，安全形势严峻。从该起事故初步调查情况看，存在驾驶人雨天未保持安全车速，大客车站外揽客，事故发生地点安全护栏防护力不足等问题，同时，多数乘客未系安全带也进一步加重了事故的后果。各级各部门要认清当前道路交通安全工作面临的严峻形势，认真吸取事故教训，切实增强责任意识，牢固树立安全生产理念，依法、严格、充分履职，切实强化源头防范和综合治理，彻底堵塞工作漏洞，全力保障人民群众生命财产安全。

1. 切实强化道路交通安全源头管控

大型客车、重载货车、危化品运输车是造成群死群伤道路交通事故的重点车辆，而交通违法行为居高不下是导致交通事故频发的直接原因。经调查，此次事故车辆所属的某某市运输有限公司，共有车辆599辆，有交通违法行为874次，涉及车辆314辆，占该单位车辆总数的52.4%。该单位车辆自2015年以来共发生一般道路交通事故32起，造成5人死亡。其中，驾驶过该起事故车辆的驾驶人自2011年以来因严重交通违法行为共被处罚33次，并在2012年发生过致一死一伤的责任交通事故，这些问题充分暴露某某市运输有限公司管理混乱，安全主体责任不落实。各市交通运输、公安、安监部门要结合深化"道路运输平安年"活动，立即组织一次针对辖区客运企业的全面排查，督促客运企业建立健全交通安全质量管理体系，强化对车辆及驾驶人的安全管理。交通运输部门要对客运班线进行严格审核、监管，加强班线途经道路的安全适应性评估，合理确定营运线路、车型和时段。对营运车辆存在交通违法行为未处理的，公安部门要依法处理，做到全部清零。对于安全管理混乱、存在重大安全隐患的企业，交通运输部门要依法责令停业整顿，对整改不达标的按规定取消资质。安监部门要加大对本地区道路交通安全管理工作的指导、协调和监督力度，对存在重大道路交通安全隐患的县（市、区）政府，要及时下达整改指令书，限期整改。

2. 切实强化道路交通安全隐患排查整改

各级各部门要牢固树立"隐患就是事故"的理念，强化联动融合、责任共担、风险共治、安全共享意识，进一步健全和落实道路交通安全隐患排查治理机制，健全和落实安全风险隐患分析研判机制，提高排查治理与风险防控能力和水平。交通运输、公安部门要联合高速公路经营单位，以桥梁涵洞、临水临崖、急弯陡坡、团雾易发等路段为重点，对辖区道路进行一次拉网式排查。对排查出的问题和隐患，要立即落实整改措施，增设气象监控设备，设置振荡线、爆闪灯、标志牌等安全设施，设置交通诱导屏和可变限速标志，尽快消除安全隐患。同时，要督促高速公路经营单位按照交通安全设施标准（2006年版），对上述重点路段的安全系数不足的护栏尽快进行升级改造，提高防撞等级，增强防撞能力，降低交通事故的损害后果。交通运输、公安部门要将隐患排查治理与日常勤务管理结合起来，开展动态滚动排查治理，及时评估效果，不断查缺补漏，跟进消除隐患，切实提高道路交通安全隐患排查治理能力和水平。

3. 切实强化路面交通秩序管控

公安部门要结合正在开展的"百日整治"行动，全警上路，加大现场查处力度，严查严纠各类交通违法行为，整治通行乱象，以良好秩序保障夏季高速公路安全畅通。交通运输、公安部门要建立信息共享机制，对通行辖区的"两客一危"车辆卫星定位装置安装及联网、在线情况，以及企业落实24小时动态监控情况强化日常检查，实现对"两客一危"车辆的精准管控。要大力推行执法站勤务模式，省际执法站实行24小时勤务，其他执法站每天上勤不少于6小时，严查 "两客一危"车辆和驾驶人证件、驾驶时间、乘载人数、安全设施配备、车载卫星定位装置、紧急切断装置、驾驶人和乘客安全带使用等情况。对查出的问题，依法予以处罚或整改，确保隐患及时消除。交通运输、公安部门要加大监管力度，严厉查处站外揽客、高速公路上下客等严重违法行为。交通部门对两次以上违法揽客的营运客车，要暂扣其车辆营运证、从业资格证，情况严重的吊销车辆营运证、经营许可证或取消相应的班线经营权。公安部门要加大巡逻力度，严查高速公路上下客行为。对违法现象突出的路段，要责成高速公路经营单位完善隔离设施，阻止其进入高速公路。

4. 切实强化交通安全宣传警示曝光

各级各有关部门要高度重视交通安全宣传教育工作，通过充分利用各类媒体，宣传交通安全法律法规和安全出行常识，引导广大交通参与者自觉遵守交通法规，做到安全文明出行。要切实加大严重交通违法行为和典型交通事故曝光力度，依托互联网综合服务平台、手机短信平台、"双微"平台，将严重交通违法和典型事故案例推送给重点车辆驾驶人，开展点对点的提示和曝光。广电、公安部门要协调主流媒体每月集中公布一批严重违法驾驶人，公告一批终生禁驾人员名单，曝光一批主体责任不落实的运输企业，揭露交通安全隐患和交通违法的危害，形成强大的震慑力。公安部门要落实对严重交通违法行为公开、公示制度，特别是对涉及"两客一危"车辆的严重交通违法行为，应当公开、公示的及时录入、审核，推动企业落实安全主体责任。

5. 切实强化道路交通安全工作督导检查

各级各部门要切实增强责任意识，把预防道路交通事故，稳定交通安全形势，牢牢抓在手中，时刻警钟长鸣。要认真梳理本地区、本系统道路交通安全工作责任清单，逐条逐项、从严从细抓好落实，切实负起管理责任。各部门要按照职责分工，层层落实责任制，将工作责任细化、量化到每个单位和具体人员，做到各司其职，各负其责。领导同志要带头深入一线，靠前指挥，到安全隐患多、事故多发的重点地区、重点企业、重点道路进行督导检查，发现问题，督促整改，确保不留死角。安监、公安、交通运输、教育、工商、质监等相关职能部门要监督社会单位履行的道路交通安全责任，对措施不落实导致发生大的交通事故的，坚决追究并严肃处理有关部门及相关责任人。

山东高速交警总队与山东高速集团有限公司、齐鲁交通发展集团有限公司针对护栏突出隐患问题，聘请相关专家学者进行会审，在剖析涉及护栏隐患道路交通事故的基础上，提出治理思路和措施，列出整改计划，并在全省联合下发通知，全面部署开展护栏安全隐患排查整改工作。各地以有效提升护栏防护能力为工作目标，进一步细化、明确护栏隐患突出表现形式以及分类标准，确定治理方案，增强工作合力，着力完善常态化排查、隐患联合会商、通报挂牌督办、跟踪效果评估等工作机制，按照危险程度分级、分类、分步开展整改，隐患突出路段限期整改，全力推进护栏安全隐患治理取得实效。

【《关于进一步加强高速公路交通安全隐患排查治理工作的通知》节选】

按照动态排查的要求，根据出现的新情况、新问题，在前期工作的基础上，重点加强以下几方面的隐患排查治理工作：

······

116

民警排查护栏安全隐患

　　② **护栏安全隐患**。高速公路护栏对预防二次事故、减少伤亡具有重要的作用，护栏能否有效地发挥对碰撞车辆的阻挡、缓冲和导向功能是隐患排查的重要内容。近3年，我省高速公路发生的一次死亡3人以上的较大道路交通事故中，34.78%的事故为车辆穿过中央护栏或者碰撞边护栏坠沟。各地要认真排查护栏缺失、护栏端头外漏、防撞能力不足等隐患情况，分析车辆碰撞护栏驶出路外对事故后果的影响程度。要对现运行高速公路的护栏开展一次彻底的排查，摸清护栏设计、施工执行的标准、规范情况，对存在安全隐患的，要根据对交通安全的影响程度，按照高危、低危、一般的标准，建立隐患整改台账，列出整改计划，分步进行整改，真正发挥护栏在高速公路交通安全防护中应有的作用。

　　山东高速交警总队与山东高速集团有限公司、齐鲁交通发展集团有限公司联合召开全省高速公路交通安全隐患排查治理工作推进会，要求全省对辖区护栏情况进行一次全面的摸排，必要时邀请专家或权威机构进行鉴定，找出隐患点段，分清轻重缓急，并按照高危、低危、一般的标准，制定整改计划，参照2006版《公路交通安全设施设计规范》标准逐步进行更

联合检查护栏整改情况

新或整改。对短时间不能治理的，研究防范措施，采取增加警示措施、强化管控力度、降低限速值等临时性措施，最大限度减少、遏制越过或冲过护栏事故的发生。

【《田玉国同志在全省高速公路交通安全隐患排查治理工作推进会上的讲话》节选】

全面推动护栏更新换代实现提档升级。在济聊高速"8.5"较大事故中，造成死亡9人、伤27人严重后果的直接原因，就是大型货车越过中央护栏与大型客车迎面发生相撞。肇事货车是在空载的状态下与中央护栏发生的接触，但中央护栏并没有发挥应有作用，没有改变这辆货车的行驶方向，导致失控货车冲入对向车道。在泰新高速"8.10"事故中，肇事大型客车在穿过中央护栏后，冲入对向车道，又与路侧护栏发生碰撞，结果再次穿过路侧护栏，最终冲下路基，撞到涵洞旁的树上，没造成重大人员伤亡纯属万幸。在高速公路上，如果肇事车辆越过中央护栏，与对向车辆发生碰撞，在巨大相对速度的作用下，后果非常严重，一旦涉及大型客车或者危化品运输车，后果更是不堪设想！据统计，2005年以来全国高速公路共发生一次死亡10人以上重大交通事故64起，其中车辆冲过护栏造成正面相撞或翻入边沟的交通事故41起，占比64%。就我省而言，2010年以来共发生一次死亡5人以上重大交通事故15起，其中车辆冲过护栏造成正面相撞或翻入边沟的交通事故8起，占比53%。防撞或拦阻能力差、碰撞导向和缓冲作用不足、埋地深度或路基强度不够是护栏隐患的主要表现。究其原因，主要是护栏安全标准就低不就高，这反映在两个层面：一是建成后的护栏未能按新标准及时更新，仍然沿用1994年的老标准；二是虽然符合2006年新的安全标准范围，但部分护栏只就下限标准却不就上限标准。目前，我省高速公路特别是10年前建成的路段，护栏安全标准大多不符合2006版《规范》要求，仍执行的是1994版《规范》标准，但此规范已废止近10年，安全标准已远远不能满足当前交通安全需求，况且即便是2006版《规范》，也已经过去10多年，不得不引起我们反思。各地要针对这个问题，深刻吸取事故教训，对辖区护栏情况进行一次全面的摸排，必要时可以邀请专家或权威机构帮助鉴定，看一看辖区护栏的使用年限和安全等级，找出隐患点段，分清轻重缓急，按照高危、低危、一般的标准，研究制定整改计划，参照2006版《规范》标准逐步进行更新或整改，也可根据实际对护栏进行改造升级，原则是确保安全、预防事故。短时间不能治理的，要与有关部门研究防范，必要时采取增加警示措施、强化管控力度、降低限速值等临时性措施，最大限度减少、遏制越过或冲过护栏事故的发生。同时，要严格审查新建、改建、扩建高速公路护栏的安全标准，对于不达标准的，一律不得验收通车。

2016年10月25日，山东高速交警总队向省政府安委会办公室提交了《关于提高高速公路护栏标准的建议》，详细说明了我省高速公路护栏的基本情况及存在的问题，建议按照政府领导、业主负责、分步实施、协调配合的原则，切实提高我省高速公路护栏的防护等级、增强护栏防护能力。

【山东高速交警总队向省安委会办公室提报《关于提高高速公路护栏标准的建议》】

为有效预防高速公路二次事故，减少群死群伤事故，降低事故损失，建议提高我省高速公路护栏标准，具体内容如下：

1. 护栏的基本情况

（1）公路护栏的概念。公路护栏是指设置于公路行车道外侧或中央分隔带的一种带状吸能结构，车辆碰撞时通过自体变形或车辆爬升吸收碰撞能量，从而降低乘员伤害程度。

（2）公路护栏的功能。公路护栏是对失控车辆进行安全防护的重要交通基础设施，要具有阻挡功能、缓冲功能和导向功能。具体地说应实现以下功能：一是阻止车辆越出路面或穿越中央分隔带闯入对向车道；二是防止车辆从护栏板下钻出，或将护栏板冲断；三是护栏应能使车辆恢复到正常行驶方向；四是发生碰撞时，对乘客的损失程度较小；五是能诱导驾驶人的视线。

（3）公路护栏设计建设的标准及防护等级。

①《高速公路交通安全设施设计及施工技术规范》（JTJ074-94，下简称《94版规范》），交通部于1994年1月发布，1994年6月起实施，2006年9月1日废止。路侧护栏防护等级有：A、S两级，中央分隔带护栏防护等级有：Am、Sm两级。

②《公路交通安全设施设计规范》（JTG-D81-2006）、《公路交通安全设施施工技术规范》（JTG-F71-2006）（以下简称《06版规范》），交通部于2006年7月7日发布，2006年9月1日起实施。路侧护栏防护等级有：B、A、SB、SA、SS五级，中央分隔带防护等级有Am、SBm、SAm三级。

③《高速公路交通工程及沿线设施设计通用规范》（JTG-D80-2006），交通部于2006年8月17日发布，2006年10月1日起实施。高速公路路侧护栏最低防护等级为A级，中央分隔带护栏的最低防护等级为Am级。

④《公路护栏安全性能评价标准》（JTG-B05-01-2013），交通部于2013年10月31日发布，2013年12月1日起实施。护栏标准段、护栏过渡段和中央分隔带开口护栏的防护等级按设计防护能量划分为C、B、A、SB、SA、SS、HB、HA八级。

2. 我省高速公路护栏存在的问题

据了解，目前，我省高速公路通行里程已达5438公里，其中约2/3的路段是2006年前设计建设的，也就是说我省有2/3的高速公路护栏等安全设施设计、建设是依据的《94版规范》。《94版规范》是依据《公路工程技术标准》（JTJ01—88）有关原则和规定，在1988—1992年期间制定的，当时我国高速公路建设刚刚起步，限于当时的条件，交通安全设施建设以经济、实用为原则，《94版规范》对护栏的碰撞条件规定偏低，已不能适应目前交通条件的需求。现行的《06版规范》也过去了10年，加之设计、建设护栏也多是依据标准的下限执行，已难以适应当前的交通安全形势。2010年以来我省高速公路发生一次死亡5人以上交通事故中，其中53%的事故为车辆冲过护栏造成正面相撞或翻入边沟。2015年以来发生的一次死亡3人以上的交通事故中，50%的事故与护栏等安全防护设施没有发挥应有的作用有关，加重了事故后果。特别是2012年青银高速"10.7"事故，车辆穿过中央护栏与对面车相撞，造成14人死亡，44人受伤，中央活动护栏及路侧护栏防护能力不足是造成群死群伤的重要原因。

高速公路护栏暴露出防撞或拦阻能力差、碰撞导向和缓冲作用不足、埋地深度或路基强度不够等问题。究其原因，主要是护栏安全标准就低不就高，一是建成后的护栏未能按新标准及时更新，仍然沿用《94版规范》的老标准；二是虽然符合《06版规范》的安全标准范围，但就下限标准却不就上限标准。目前，我省高速公路特别是十年前建成的路段，护栏安全标准大多不符合《06版规范》要求，仍执行的是《94版规范》标准，但此规范已废止近10年，安全标准已远远不能满足当前交通安全需求，即便是《06版规范》，也已经过去近10年。因此，护栏等安全设施的更新换代、提档升级已迫在眉睫。

3. 提高高速公路护栏标准的建议

根据我省实际，建议按照政府领导、业主负责、分步实施、协调配合的原则提高我省高速公路护栏的防护等级，增强护栏的安全防护能力。

（1）对我省现运行高速公路的护栏进行一次彻底的排查，对仍沿用《94版规范》的护栏，以及虽然符合《06版规范》的要求，但采用最低标准，不能满足安全要求的，分高危、低危、一般三级，按照《06版规范》的上限，分期分批更换，实现提档升级。

（2）新建、改建、扩建高速公路的安全设施要严格落实"三同时"的规定，对护栏等安全设施的设计、建设情况要在通车以前提前介入，对设计、建设标准低的，要督导更改设计、追加预算，对不能满足安全要求的不得验收通车。

（3）对计划建设的高速公路，护栏等安全设施的设计报告要经过安监、公安等部门审核通过。

（4）建议修改《06版规范》，提高护栏等安全设施的设计、建设标准，增强安全防护能力。

2017年8月28日，山东高速交警总队起草了《关于进一步加强高速公路交通安全设施建设管理的函》，发送给省内14家高速公路经营管理单位，建议高度重视交通安全设施建设管理工作，严格落实"三同时"制度，积极实施交通安全设施提档升级，并将《高速公路交通安全设施设计建设要求》作为附件一并函告，要求强化责任落实，对存在严重安全问题的道路交通事故，严肃追究相关人员责任。

【山东高速交警总队向高速公路经营管理单位制发《关于进一步加强高速公路交通安全设施建设管理的函》节选】

为严格落实《国务院办公厅关于实施公路安全生命防护工程的意见》（国办发〔2014〕55号）、《山东省实施<道路交通安全法>办法》和《山东省高速公路交通安全条例》等法规、规定要求，切实消除道路安全隐患，有效预防和减少交通事故，需进一步加强高速公路交通安全设施的建设管理工作，现将有关意见函告如下：

......

3. 积极实施交通安全设施提档升级。据统计，交通安全设施按照《高速公路交通安全设施设计及施工技术规范》（JTJ074-94）设计、建设的高速公路占到总通车里程的54.3%，限于当时的条件，交通安全设施的建设以经济、实用为原则，其建设标准明显偏低，已经远远不能适应当前的安全需求，急需改造升级。按照《高速公路交通工程及沿线设施设计通用规范》（JTG D80-2006）设计、建设的高速公路也已10年，交通安全设施陈旧、损坏、缺失现象不同程度存在，需要及时维护、更新和提升。所以，应当对现运行高速公路进行全面梳理分析，认真查找交通安全设施方面的安全隐患，并根据安全隐患的危险程度，分高危、低危和一般，按照"先高后低"的原则分步改造升级。对建设标准低且运营时间长、临水临崖、高填方、路侧存在障碍物及团雾易发、交通流量大、交通事故易发等路段，优先改造升级，对其他交通安全设施存在隐患的路段及时改造升级，力争3年时间全部完成。对原有标清视频监控设备，应按照《山东省高速公路交通安全条例》的规定，同步改造升级为高清视频监控设备。

【函附件：高速公路交通安全设施设计建设要求】

为充分发挥高速公路交通安全设施的作用，切实预防道路交通事故，根据《国务院办公厅关于实施公路安全生命防护工程的意见》（国办发〔2014〕55号）、《山东省高速公路交通安全条例》等法规和规定，结合我省实际，高速公路交通安全设施的设计、建设除符合国家有关标准、规范外，还应符合以下要求：

……

3. 提高高速公路护栏的防护能力

（1）在标准、规范的基础上，逐步对现有护栏进行提档升级。

（2）对路侧存有河道、湖泊等水域或者车辆不能安全穿越的照明灯、摄像机、交通标志、上跨桥梁的桥墩等障碍物的安全风险较高的路段，应提高路侧护栏的防撞等级。

（3）提高中央活动护栏的防撞和阻挡能力，宜选用具有和中央分隔带护栏相同防撞能力的新型活动护栏。

三、护栏升级，保安效果明显

2017年，济聊高速德州段、泰新高速等390公里护栏完成了提档升级；2018年，济聊高速聊城段、日兰高速临沂段等505公里高速公路护栏进行了升级改造，新开通的高速公路全部按照2017年标准进行设计建设和验收，大桥以上桥梁护栏进行了升级改造，护栏防护能力全面提升。2018年，我省高速公路发生的涉及护栏设施的交通事故同比大幅下降，未再发生因护栏防护不到位而造成群死群伤的道路交通事故。

改造升级后的护栏

第三章　整治隧道安全隐患

一、环境特殊，事故严重，隧道安全引关注

随着我国经济快速发展，公路隧道数量和长度迅速增加。有关数据表明，我国共有公路隧道15181处，总长1403.97万米，是世界上隧道建设数量最多、里程最长的国家。截至目前，我省高速公路共有隧道23对（46条），总里程45.82公里，占全省高速公路通车总里程的0.76%。隧道在缩短行车距离、提高车速、保护环境等方面发挥了积极作用，取得了良好的社会和经济效果，但隧道内封闭的特殊通行环境，易导致道路交通事故，其中，一些恶性事故损失惨重，教训深刻，影响恶劣。

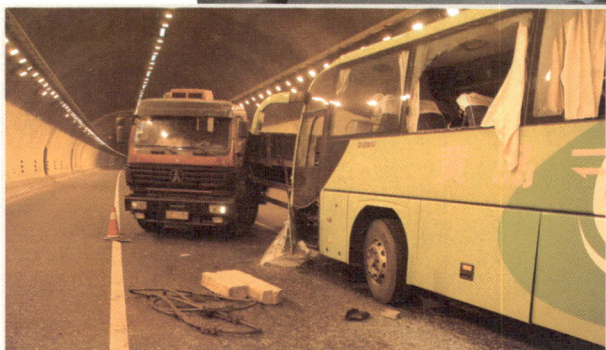

隧道交通事故现场

2009年11月21日11时许，翟某驾驶大型客车沿济莱高速公路由东向西行驶至7公里+530米蟠龙隧道内，因未保持安全间距，与李某驾驶的重型货车发生追尾，后客车又撞至蟠龙隧道内紧急停车带墙体上，造成4人死亡。

2010年4月11日14时许，杨某驾驶大型客车沿青兰高速公路青岛方向行至181公里+200米黄家峪隧道内，追尾碰撞到吴某驾驶的重型半挂车尾部左侧，造成客车乘车人2人当场死亡，3人经抢救无效死亡，4人受伤。

2014年3月1日14时许，晋济高速公路山西晋城段岩后隧道内，一辆山西铰接列车追尾一辆河南铰接列车，造成前车装载的甲醇泄漏，后车发生电气短路，引燃周围可燃物，进而引燃泄漏的甲醇，并导致隧道内其他车辆被引燃引爆，共造成40人死亡、12人受伤和42辆车烧毁，直接经济损失8197万元。

回首隧道恶性交通事故的惨景历历在目，多少生命在事故中消失，多少家庭支离破碎。事故暴露出隧道内照明、通风设施不完善，标志设置不规范，隧道洞口护栏衔接不畅或未设置防撞垫，隧道洞口遮光棚缺失以及应急处置难等方面的问题。而且与开放路段相比，隧道具有封闭、视线差、空间小、救援困难等特性，一旦发生交通事故，整个隧道段的通行能力和安全性都将受到影响，对过往群众生命财产安全的威胁更大。

二、学习借鉴，对标先进，切实推进隧道隐患排查整改

高速公路隧道的交通运行环境较为特殊，道路形态、路面抗滑性不好，容易形成交通事故黑点，阴雨天气隧道水泥路面潮湿，导致隧道摩擦系数降低，车辆在行驶过程中容易产生打滑、侧翻，引发交通事故，尤其是长隧道，阴雨天气，事故频发。同时，隧道路面沿线提示、警示标识标牌、电子显示屏等安全警示设施少，难以发挥远程诱导、提示提醒的作用。隧道内行车交通环境差，亮度低，白天隧道内外往往是黑白两重天。此外，隧道内环境噪声大，容易造成驾驶人头脑眩晕，影响正常思维判断和反应能力。洞内一氧化碳和烟雾浓度也较大，易发生火灾等意外事件。

隧道内交通事故主要有如下特点：

隧道事故施救空间受限，损害后果加重。大多隧道内只有两条通行车道而没有应急车道，发生交通事故后极易造成交通堵塞，救援车辆不能及时赶到，清障救援难度大、时间长。

隧道事故损害后果一般比较严重，事故现场情况复杂，调查事故成因难度大，证据收集困难。隧道内相对封闭，光线条件比较差，特别遇到多车相撞等复杂事故现场，路面刹车痕迹错综，现场散落物遍布，现场还原和证据收集难度大。

隧道事故处置不当或不及时极易引发二次事故，甚至造成大面积长时间的交通拥堵，后果严重，影响恶劣。此类事故发生在隧道内，由于受到视野限制后来车辆不能对隧道内情况及时掌握，如果车速过快，极易引发二次事故。如果隧道事故较复杂，现场滞留事故车辆一时难以清除，不及时采取分流措施势必造成交通拥堵、影响范围扩大的严重后果。

结合我省隧道实际情况和事故特点，积极学习借鉴外省先进经验做法，明确了改善隧道内通行条件，减小洞内外环境差异，进而减小对驾驶人影响的治理思路。2014年6月13日，山东高速交警总队联合省公安厅消防总队、山东省高速公路股份有限公司在莱芜市召开了高速公路隧道事故预防和处置工作研讨会。会议通报了近年来多起典型高速公路隧道事故并进行了剖析，传达了交通运输部、公安部《关于开展全国公路隧道安全隐患排查治理专项行动的通知》，与会各部门围绕高速公路隧道事故预防与处置工作分别做了经验介绍，先后分析了当前工作中存在的问题并对今后重点工作进行了部署。

高速公路隧道交通事故预防与处置工作研讨会

【《左明亮同志在隧道事故预防与处置工作研讨会上的讲话》节选】

分析研究如何做好高速公路隧道内事故的预防和处置工作，探讨解决隧道交通安全管控难题的有效办法，对于积极应对处置隧道因危险化学品泄漏、自然灾害以及交通事故等引发的突发事件，提升隧道交通安全管控的能力水平，更好地保障生命和财产安全，具有非常重要的意义。

刚才，我们听取了以上各位领导和同志们的情况介绍，一起研讨了高速交警总队起草的《高速公路隧道内事故处置规程》，大家围绕隧道事故预防与处置工作各抒己见，提出了一些很好的工作思路和办法，相信一定会对我们的高速公路隧道事故预防和处置工作起到很好的指导借鉴作用。

1. 高速公路隧道通行安全问题至关重要，必须引起高度重视

去年，全省高速公路累计通行机动车2.8亿辆次，日平均车流量71.7万辆，如此巨大的车流量给高速公路交通安全管理带来了严峻的挑战。作为交通运输的大动脉，高速公路一旦发生重大道路交通事故或长时间长距离的交通堵塞，其负面影响不容忽视。近年来，从全国范围看，高速公路交通事故频发，特别是山区隧道路段交通恶性事故时有发生，像山西晋济高速岩后隧道特大交通事故后果非常严重，一次造成40人死亡，12人受伤，42辆货车及货物被烧，直接经济损失8197万元，教训十分惨痛。高速公路隧道出事往往都是大事，出事就会形成舆论热点。因此，加强对隧道的管控和事故预防，减少灾害损失显得尤为重要。

2. 加强经常性的隐患排查治理与交通秩序管控，提高重点治理的能力

今年5月4日，交通运输部与公安部联合印发了《关于开展全国公路隧道安全隐患排查治理专项行动的通知》，部署利用一年时间，分四个阶段，深入开展隐患排查与治理工作。要求立足辖区隧道，将地质地形条件复杂的隧道、特长隧道、危化品运输车辆较为集中的隧道、运行十年以上的隧道和发生过死亡3人以上及火灾事故的隧道列为隐患排查治理的重点，严格排查高速公路隧道内业资料、土建结构、机电和附属设施及日常养护管理制度存在的安全隐患。改造隧道内照明及反光设施，升级监控抓拍系统，增设震荡减速带和遮阳棚，特别是不能满足现行需要和影响应急救援工作开展的部分要重点整改。要通过排查治理专项行动，力争达到提升隧道土建结构安全水平、完善隧道内机电和附属设施、规范隧道内交通秩序、提升隧道突发事件应急处置能力的工作目标，保障高速公路安全、有序和畅通。

全省高速交警部门要认真履职，科学安排勤务，寓防范于严格管理之中，不断强化隧道交通秩序管控，逐步增设违法抓拍系统，努力加大巡逻密度和重点时段管理，严查隧道超速、疲劳驾驶、违法停车、违法变更车道、不按规定车道行驶等容易引发交通事故的违法行为。加强对客运车辆、危化品车辆等重点车辆的检查频率，及时发现和消除安全隐患。

3. 加强协作配合，提升整体应急处置能力

高速公路应急救援工作涉及地方政府、高速公路经营管理、高速交警、消防以及医疗、安监、环保、路政等诸多部门，如何做到协作配合、协调一致，提高各救援参与部门联合应急处置能力，以便快速有效地处置高速公路隧道交通突发事件，是当前高速公路交通安全管理工作面临的一个重大课题。道路交通安全实行的是地方行政首长负责制，高速公路隧道事故处置也应坚持政府统一领导、各部门协调联动、全社会共同参与的原则，进一步完善隧道事故应急救援信息共享、协同配合、统一指挥领导等工作机制。坚持例会制度，按期召开联席会议，及时通报情况，研究解决实际问题。各相关部门应当强化协作配合意识，整合各部门应急资源，各司其职，整体联动，努力做到应急处置工作反应迅速、协调有序。必要时，应当组织进行实地模拟演练，以探索总结实战经验。

4. 加强舆论引导，提高舆情控制能力

全民信息化、自媒体是当今信息社会的一大特点。高速公路隧道重大安全事件已经成为社会各界、媒体、群众关注的焦点。能否做好舆情控制、处理好可能出现的舆情危机，也是我们应当着重考虑的重要因素。所以，要有舆情控制预案，要根据需要形成新闻通稿，采用授权发布、接受采访等形式适时发布信息，主动引导；参与处置的各部门要有政治敏锐性，在接受采访前要相互通气，统一信息发布口径，立足事实，正面宣传，力戒口径不一，各执一词，造成舆论混乱，更要防止恶意炒作造成负面影响。

5. 做好参与处置人员的自身安全防护，提高防止次生灾害的能力

要高度重视参与处置人员的安全防护问题，防止在处置事故过程中引发二次灾害。参战人员要有自我安全防护意识和防护能力，相关部门要加强对安全防护等执勤执法装备的配发和检查维护，装备不足的要及时补充，损坏的要及时修复或更新，以保障实际工作需要。

2017年6月，山东高速交警总队与齐鲁交通发展集团有限公司、山东省高速公路股份有限公司组成联合调研组，赴山西调研学习高速公路隧道交通安全管理工作经验。其间，调研组对山西省高速公路隧道交通安全管理工作进行了深入细致的考察，总结学习了山西省隧道交通安全管理的先进经验做法，有效指导了我省高速公路隧道交通安全管理工作的开展。

考察学习山西省隧道交通安全管理经验

【调研组《关于调研学习山西省高速公路隧道交通安全管理工作情况的报告》】

1. 山西省高速公路交通管理基本情况

（1）高速公路基本情况。山西省高速公路通车里程5231公里，收费站312个，服务区105对。全省高速公路共有隧道673条，其中中隧道（500米—1公里）169条，长隧道（1公里—3公里）144条，特长隧道（3公里以上）90条，其中10公里以上的特长隧道8条，最长的隧道为太古高速公路的西山隧道，长13.6公里，为亚洲第二长隧道。全省隧道总长941公里（双向），占总里程的9%。全省高速公路桥隧比26%以上（我省约12%），高速公路通行条件复杂。

（2）高速交警情况。山西省交警总队下设高速公路管理处，对全省高速公路交通管理工作进行业务指导。交警总队直属四个高速公路交警支队，共有1328名民警，管辖全省高速公路。

（3）**应急管理工作情况**。高速公路经营管理单位在全省设置了64个隧道应急处置小分队，负责隧道的应急处置工作。应急处置小分队24小时值班备勤，进行专业的消防、急救等知识的培训，增强应急处置的专业性。高速公路隧道管理处配备专用的消防车辆，随时应对突发事件。每个高速交警大队每年至少举行一次应急处置演练，总队适时在特长隧道举行应急处置演练。

2. 山西省高速公路管理经验做法

山西省高速公路科技建设相对滞后，70%的道路不能实现监控覆盖。在道路通行条件复杂，智能化水平低的情况下，山西高速交警依靠人力，不断探索改革勤务管理模式，取得了不错的效果。

（1）**全省统一限速**。山西高速公路隧道限速值在设计车速的基础上降低10公里，限速70公里/小时。隧道外分车型限速，小型车辆100公里/小时，大客车80公里/小时，大型货车70公里/小时。

（2）**限行危险化学品车辆**。在特长隧道及隧道群等部分路段全时段限行危险化学品运输车辆，22时至次日5时，全省高速公路禁行危险化学品运输车辆和客运车辆。

（3）**管住隧道出入口**。在隧道入口设置红绿灯和起降杆，离隧道入口500米左右安装有红绿灯，同时，在隧道入口处安装可远程控制的起降杆，隧道内发生交通事故时，亮红灯同时，落下栏杆，防止发生二次事故。隧道出口安装路灯，防止晚上发生追尾事故。

（4）**隧道内其他安全设施比较完善**。隧道入口设立隧道标牌（标明隧道名称和长度）、限速标牌、禁止超车标牌和禁止停车提示牌。隧道洞口粘贴显示洞口轮廓的反光标识，隧道内涂刷反光的车道分界实线，路面标明限速值，隧道出口设置解除限速标志。将隧道内的水泥路面改换成沥青路面，提高摩擦系数。

（5）**恶劣天气管控重点车辆**。恶劣天气时，在收费站禁止重点车辆上高速的同时，重点管控主线上的重点车辆，在进入隧道前必须分流下去。有的客车没有其他路可走，采取警车带路或教育签订承诺书后再让上路。

（6）合理设置勤务模式。根据大队辖区内的道路特点，围绕如何预防交通事故，合理设置勤务模式，做到24小时不失控。一支队四大队巡逻中队每晚巡逻四次，上半夜三次、下半夜一次。四支队一大队设置隧道中队，长年驻守在路上，推出了"三段六点"的勤务管理模式。

3. 我省隧道交通安全管理的建议

我省高速公路隧道相比山西省数量少，长度短，道路线形相对简单，但交通安全管理工作不容小视。经过调研学习山西省的经验做法，结合我省的实际情况，建议加强以下几方面的工作。

（1）加强隧道应急管理队伍建设。根据隧道实际情况，对1公里以上的长隧道，建立专门的应急管理队伍，加强对消防、急救等方面的培训，增强应急管理的专业性。

（2）加强隧道交通安全隐患排查及整改力度，加强交通安全设施建设。以安全为原则，进一步排查隧道交通安全隐患，督促高速公路经营管理单位坚决落实整改。在隧道出入口设置遮阳板，减轻进出隧道的黑洞、白洞效应。在隧道内车道边缘设置自发光的轮廓标。在标准、规范的基础上，根据隧道的实际情况，提高安全设施标准，增强安全防护能力。

（3）加强隧道内科技设施的建设和应用。增加监控的密度，实现隧道内及出入口处监控全覆盖。在隧道内安装闪光警示及喊话设施，增加点测、区间测速、变道抓拍、违法停车抓拍等违法查证设施，提高隧道的科技化管理水平。

（4）加强隧道内通行车辆的管控工作。建议全省统一隧道限速值，可分车型限速，对小型车辆限速80公里，对大型客车、货车限速70公里。

（5）对危险化学品车辆限行。对危险化学品运输车辆隧道内禁止通行。

2017年6月21日，山东高速交警总队组织召开高速公路隧道安全管理座谈会。会议听取了滨州高速交警支队关于公路隧道智能交通安全防护系统解决方案的详细介绍及济南、淄博、莱芜、二支队对辖区隧道管理现状、问题短板及工作打算的分析报告，通报了山西省隧道安全管理的先进经验做法。

高速公路隧道安全管理座谈会

【《田玉国同志在高速公路隧道安全管理座谈会上的讲话》节选】

隧道作为山区高速公路的重要组成部分，不仅事故易发、多发，而且往往导致严重后果。近期相继发生的我省"5.9"陶家岙隧道客车燃烧事件及河北"5.23"张石高速浮图峪隧道燃爆事故，都暴露出隧道安全管理和应急处置方面的风险隐患，大家要高度重视，引以为戒，将隧道安全管理工作当作重中之重，针对隧道路面摩擦系数不足、光线反差大、车速过快和救援不及时等突出问题，深入研究整改，拿出具体措施，切实提升高速公路隧道交通安全管理水平。

要坚持问题导向，强化底线思维，增强责任担当，找问题、定措施、抓整改，以尽职尽责、攻坚克难的担当精神和先进超前的科技手段，推动隧道安全管理工作上水平、上台阶。一是深入调研隧道安全管理现状。要严格按照公安部交管局、交通运输部公路局联合印发的《关于开展隧道安全联合调研的通知》等文件要求，彻底摸排辖区隧道安全运行管理现状，全面掌握安全风险隐患，研究提出整改措施。二是及时整改到位，补齐漏洞。要针对各类安全隐患，明确任务、细化措施、狠抓落实，协调高速公路经营管理单位，按照最新隧道建设标准，逐一改造升级，同时主动申请专项资金，上设备、上手段，通过现代化科技设施不断优化隧道管理模式。三是加强隧道日常管理。要将隧道列为重点监管路段，结合辖区实际加强勤务部署，定人定岗定责，通过视频巡查、路面巡逻、警示引导、安全宣传等措施，对隧道交通事故等突发事件做到早预防、早发现、早处置，最大限度管控安全风险隐患。四是完善隧道应急处置预案。要针对危化品燃爆、大范围拥堵、多车相撞等突发情况，分门别类制定隧道应急处置预案，协同相关部门定期开展演练，着力推动疏导分流、安全警戒、伤员处置等工作逐步形成联动快速、衔接流畅、处置得当的高效运转机制，提高应急预案的针对性和实效性。

2017年11月，为进一步推进高速公路交通安全隐患排查整治，全面消除道路交通安全隐患，切实预防交通事故，山东高速交警总队邀请山东警察学院、山东交通学院和省交通规划设计院专家教授组成隧道隐患排查工作组，对济青南线14对隧道进行了隐患排查。专家组逐一实地察看了支队辖区隧道相关设施，对隧道入口

会同专家排查隧道安全隐患

LED显示屏、灯光、墙壁反光、禁停标志、声光报警、人员逃生通道等进行了详细排查。实地排查后，组织召开座谈会，对二支队辖区隧道安全隐患集中进行了深度分析，提出整改意见和建议，并形成书面报告送交相关高速公路经营管理单位进行整改。

【山东高速交警总队向齐鲁交通发展集团有限公司和山东高速集团股份有限公司送发《关于完善隧道交通安全设施提高交通安全水平的函》节选】

由于隧道的特殊封闭性和内外环境的差异性，交通事故多发，而且隧道内紧急疏散和救援难度大，一旦发生事故往往后果比较严重，所以始终是运营管理和安全管理的重点、难点。去年以来，青银、济广高速公路济青段和滨莱高速公路改扩建施工，造成京沪高速公路济莱段车流量激增，交通安全形势异常严峻。

前期，高速公路交警大队已对隧道安全隐患进行了排查，并函告了相关高速公路经营管理单位，现已有部分问题得到整改，但仍有大量交通安全隐患存在。为此，我总队有关业务人员会同山东警察学院、山东交通学院、山东省交通规划设计院的3位专家组成专家工作组，对京沪高速公路济莱段隧道逐一进行了交通安全状况的现场勘查调研（报告附后），发现在交通标志和标线、交通信号灯、护栏、照明、视线诱导等设施设置、隧道养护管理以及应急管理等方面存在不少问题，亟待完善提升。

现将相关问题函告贵公司，望予以高度重视，尽快研究解决办法，提升隧道安全通行条件，提高运营管理及应急管理工作水平，为隧道通行安全做出贡献。

三、设施改造，管理跟进，隧道交通安全整体提升

全省高速公路共排查隧道安全隐患280余处，并全部得到整改，隧道交通安全设施得到全面更新提升。同时，全省各级高速交警部门从管理措施发力，将隧道列为重点监管路段，结合辖区实际加强勤务部署，定人定岗定责，通过视频巡查、路面巡逻、警示引导、安全宣传等措施，对隧道事故做到早预防、早发现、早处置，最大限度降低隧道安全风险隐患和事故损失。针对"两客一危"车辆、燃爆、大范围拥堵、多车相撞等突发情况，分门别类地制定隧道应急处置预案，协同相关部门定期开展演练，推动疏导分流、

安全警戒、伤员处置等工作逐步形成联动快速、衔接流畅、处置得当的高效运作机制，隧道突发事件应急处置能力实现较大提升。整改后隧道内未再发生严重的道路交通事故。

安全设施治理提升后的青兰高速公路隧道外景

第四章 整治出入口安全隐患

一、高速公路出入口变速变道多发，成为交通事故预防重点路段

据美国21世纪初开展的一项统计研究，高速公路立交桥或匝道总长度不到高速公路总里程的5%，但发生的事故数量却占高速公路上事故总数的18%，致死事故占11%，而83%交通事故发生于高速公路出入口。其中，又有约一半的事故发生于出口区域，36%发生于入口区域，16%发生于相连路段上。2010年全国高速公路事故统计资料显示，追尾、变道、侧翻及违反交通标志的驾驶行为多发生于高速公路出入口，尤以出口区域为甚，即分流区、分流区上下游一定距离内及出口匝道。2010年至今，全国有4起重特大交通事故发生在高速公路出入口位置，造成94人死亡。近3年来，我省高速公路出入口和匝道处发生的交通事故起数和死亡人数分别占高速公路事故总数的17.8%、16%。

2016年4月7日9时许，在青银高速进入长深高速的出口匝道处，一辆轿车因不熟悉道路，紧急变更车道，其后一辆运输天然气的危化品运输车紧急刹车，随后另一辆危化品运输车行至此处躲闪不及，撞到天然气运输车尾部，致使所载天然气泄漏。经过4个多小时的紧急救援，事故现场才得到妥善处置，若稍有疏忽，后果将不堪设想。

2016年12月17日11时许，在京沪高速公路上海方向638公里出口处收费站待交费车辆挤压至主线，许某某驾驶重型集装箱半挂货车行驶至此处，与前方减速行驶的乔某某驾驶的小型普通客车发生追尾碰撞，小型普通客车被撞失控后与前方顺行减速行驶的赵某某驾驶的重型仓栅式货车追尾碰撞，重型仓栅式货车被撞失控后又与前方顺行减速行驶的杨某某驾驶的半挂车追尾碰撞，事故造成7人死亡、1人受伤。

连环追尾车祸事故现场

　　这些典型事故暴露出收费站站口少，收费能力弱，在车流量大时待缴费车辆易压车到主线，存在严重交通安全隐患。同时，高速公路匝道与主线连接的出入口处标志、标线设置不清晰、不连续、不明显，驾驶人往往会因行驶路线不明或错误而紧急刹车或变道，甚至会倒车、逆行，极易引发交通事故，严重威胁高速公路交通安全。

二、加强事故警示，完善安全设施，多措并举防范出入口路段交通事故

　　在高速公路出口分流区内，主线上直行车辆保持原车速行驶，行驶速度相对较高，与转向驶出驶入车辆之间的运行速度差值较大，故在高速公路出入口匝道分流区行车安全性大幅降低。特别是在出口前置指路标志设置距离不当的情况下，如标志距出口分流鼻端太近，等到驾驶人看到标志时，已经来不及采取正常驾驶行为，保守的驾驶员为了避免事故可能会放弃在该出口驶入匝道；而对于具有"攻击性"、急躁的驾驶人，可能会紧急制动、突然提速超车或突兀地变换车道以驶入匝道。变道、制动过程中，后方车辆无法及时避让，极易发生追尾事故。

　　因此，完善出入口区域指示标志和标线设置，强化驾驶人安全风险意

识，广泛应用先进预警技术，确保驾驶人文明、安全、有序驶进驶出，是预防出入口交通事故的关键。

京沪高速公路"2016.12.17"较大交通事故发生后，山东省道路交通安全综合治理委员会立即对全省下发通报，通报事故基本情况，传达领导批示精神，并对下一步事故预防工作提出具体的要求。

【《山东省道路交通安全综合治理委员会办公室关于京沪高速公路"12.17"较大道路交通事故的情况通报》】节选

2016年12月17日11时07分，京沪高速公路638公里+150米处发生一起较大道路交通事故，致7人死亡、1人受伤。

当前正值年终岁尾，元旦春节即将来临，道路运输车辆增多，雾霾、冰雪等恶劣天气多发，给道路交通安全带来诸多不利影响。各地要认真贯彻落实省领导的重要批示精神，全力抓好各项工作措施落实，努力防范恶性道路交通事故发生，确保全省道路交通安全形势稳定。

1. 切实加强源头监管，从严查处违法行为。各级各部门要充分认识当前道路交通安全形势的严峻性，坚持问题导向，深入查找工作中存在的问题和短板，努力遏制道路交通事故的多发态势。公安机关要结合冬季事故发生的规律和特点，按照"警力跟着警情走"和"交警要上路、上路要管事、管事要得法"的要求及时调整勤务模式，加强重点时段、重点路段的巡逻密度，适时掌握道路通行状况。对超速、超员、超载、疲劳驾驶、酒驾、毒驾等重点违法行为，要坚持"零容忍"，发现一起查处一起，发挥法律惩戒的震慑和教育作用。交通运输部门要切实加强对交通运输企业和驾驶人的监管，督促落实企业安全主体责任。要按照《道路客运车辆动态监督管理办法》要求，加强对客运车辆、危化品运输车等重点运输车辆的动态管控力度，严格落实其特定时段的禁、限行措施。对排查发现的各类安全隐患，要督促运输企业限期整改。高速公路管理和经营单位要制定安全隐患整改路线图、时间表，一时难以整改到位的，要通过加强线形诱导、增设振动标线和路肩振动带、增加安全净区或加装防撞护栏、增加反光（发光）标志等措施，最大限度地降低事故发生的机率。

2. **切实加强预警和应急管理，严防发生次生事故**。各级各部门要高度重视冬季恶劣天气预警防范工作，加强研判、提早准备、积极应对，做到组织发动到位、预案力量到位、协调处置到位、措施落实到位。遇有恶劣天气等特殊情况时，公安机关要增加警车上路，加大路面巡逻管控力度，提示过往车辆降速控距。要充分利用高速公路智能交通安全系统加强视频巡逻，一旦发现大雾和路面积雪、结冰等情况，要视情采取间断放行、分车型放行等措施，引导车辆有序通行。对于出现大雾能见度低、道路严重结冰等无法确保安全通行情形的，要果断采取交通管制措施。高速公路管理和经营单位要提前备好盐、沙、草垫、融雪剂等应急物资和大型专业机械设备，一旦遇到低温、冰雪等恶劣天气，要迅速采取融冰、防滑等措施，同时加强部门协作，开展宣传提示和分流管控。特别是要加大对节假日、春运及日常特殊时段车流量高峰时的收费站、匝道的监控力度，开足出入通道，及时疏堵车辆，严防车辆拥堵、滞留和人员被困，严防发生重特大事故和多车相撞事故。

3. **切实加强警示宣传，营造舆论氛围**。宣传部门要将"12.17"事故情况在省级主流媒体曝光，警示广大交通参与者严格遵章守法。公安、交通运输部门要在春运前采取约谈会等形式通报典型事故和运输企业车辆违法情况，督促运输企业重视冬季交通安全管理，及时排查风险隐患，落实安全主体责任。同时要通过互联网综合服务平台、手机短信平台、"双微"平台和交通广播等载体，适时向公路客运、旅游客运、危化品运输等重点车辆驾驶人推送交通安全提示信息，提示冬季驾车注意事项，以及遇到雨雪、雾霾天气科学应对的知识，增强驾驶人的安全意识和应急处置能力。

4. **切实加强督导检查，确保工作措施落实**。元旦前，各级各部门要根据职责分工，组织专门力量，在全省迅速开展一次事故预防大检查。对工作组织推动不力、措施责任不落实、问题隐患得不到及时整改的单位负责人，要进行约谈通报。各级领导干部，要牢固树立"率先垂范、以上率下"的工作理念，带头上路检查，层层传导压力，全力打好2016年事故预防收官之战，为全省的道路交通安全管理工作尽职尽责做出新贡献。

2016年9月27日，山东高速交警总队联合齐鲁交通发展集团有限公司、山东高速集团有限公司下发《关于进一步加强高速公路交通安全隐患排查治理工作的通知》，明确与高速公路经营管理单位联合排查整改出入口处标志、标线设置问题，将互通立交以及短距离内同时存在收费站、服务区等多个出入口的路段作为排查整治重点。

【《关于进一步加强高速公路交通安全隐患排查治理工作的通知》节选】

出入口安全隐患。高速公路匝道与主线连接的出入口处标志、标线设置不清晰、不连续、不明显，驾驶人往往会因行驶路线不明或错误而紧急刹车或变道，甚至会倒车、逆行，极易引发交通事故，成为重要的道路交通安全隐患。据统计，近3年来我省高速公路出入口和匝道处发生交通事故350起，造成72人死亡。2010年以来，全国有4起重特大交通事故发生在高速公路出入口位置，造成94人死亡。各地要认真排查出入口处标志、标线的设置情况，重点要对互通立交以及短距离内同时存在收费站、服务区等多个出入口的地方进行排查，对标志、标线设置不清晰、不连续、不明显，容易让驾驶人引起歧义的要彻底进行整改，防止驾驶人因道路不明而出现停车问路、倒车、逆行等违法情况。同时，要对在高速公路上停车问路、倒车、逆行等违法行为进行严厉打击，维持良好的行车秩序，预防交通事故。

民警排查安全隐患

2017年4月25日，山东高速交警总队下发《关于排查高速公路出入口安全隐患的通知》，对之前工作"回头看"，并再次集中排查出入口处标志、标线的设置情况，重点对互通立交以及短距离内同时存在收费站、服务区等多个出入口的地方进行排查。

【《关于排查高速公路出入口安全隐患的通知》节选】

为预防交通事故，确保道路安全、畅通，总队决定集中排查出入口处安全隐患。

排查范围为高速公路主线与收费站、服务区、互通立交匝道连接区域，以及互通立交匝道与匝道连接区域。

排查标准为：

1. 出口未按标准提供三级预告标志的；

2. 指路标志指示不清或前后存在矛盾的；

3. 出口指示标志距离出口过远或过近的；

4. 出入口处未设置导向箭头、路面文字标记、车道指示标志等对交通流进行有效诱导分流的；

5. 标志和标线表达内容不一致的；

6. 相邻互通立交间距过近或同一互通立交近距离连续多个出口，指路标志指示不清，容易出现误行现象的；

7. 匝道几何线形急剧变化，引起运行速度突变的；

8. 违法变更车道、停车、倒车、逆行等违法行为多发，以及交通事故多发的出入口处。

2017年8月，山东高速交警总队向省内14家高速公路经营管理单位发送《关于进一步加强高速公路交通安全设施建设管理的函》，明确提出要完善出入口预告标志，合理地选取远程标志和近程标志相结合的指路标志。建议在出口主线最右侧两条行车道施划白色实线和纵向减速标线，提前连续设置导向箭头和路面文字标记；在出口的护栏端头（分流鼻）处设置醒目的冲撞缓冲设施。同时，建议建设、开通足够的收费道口，满足车辆安全、快速通行的需要。

三、改建改造与管理并重，出入口安全性明显提升

截至2018年底，全省已改扩建高速公路收费站50余处，改造出入口标志

标线200余处，出入口安全隐患得到有效整改。各级高速公路交警部门在匝道口安装违法抓拍设备1000余处，有效规范了高速公路出入口路段交通秩序，安全性明显提升。自京沪高速"12.17"事故后，出入口处未再发生较大以上道路交通事故。

收费站出入口改造后的图片

第五章　整治桥梁等特殊路段安全隐患

一、特殊路段安全风险突出

桥梁、坡道、弯道等高速公路特殊路段，通行环境与普通路段存在差异，特别是冰雪等恶劣天气条件下，极易引发恶性交通事故。

2012年12月14日8时许，在济广高速菏泽方向115公里+400米至600米处，一辆装载活鱼的货车碰撞护栏后，造成部分活鱼和水散落在桥面上并迅速结冰。之后，两辆轿车行驶至此发生碰撞护栏事故，后方200米范围内的来车在相互避让时，又接连发生连环相撞事故，导致其中一辆半挂车起火，另有一辆装载20吨溶剂油的油罐车罐体被撞漏，引燃大火，事故共造成9人死亡、2人重伤、14人轻伤、53人轻微伤，其中两辆长途客车上共有43名乘客受伤。事故中，烧毁12辆汽车，高速公路桥体严重损坏。

2015年1月16日17时许，曹某驾驶小型面包车沿荣乌高速公路由西向东行驶至305公里+449.13米处(饮马池大桥)，因桥面结冰，小型面包车失控，与中央隔离护栏碰撞后停在应急车道上。之后柳某驾驶重型罐式货车（装载汽油）行驶至此处，车辆发生侧滑，后尾部与桥南侧水泥护墩发生碰撞刮擦，向前行驶中撞到小型面包车左后尾部，货车的左前部与中央隔离护栏刮擦侧滑失控，之后行驶至此的王某驾驶的大型普通客车侧滑失控，右前侧与重型罐式货车的左后尾部发生碰撞，造成罐式货车卸油口损坏，所载汽油泄漏。之后，李某驾驶小型越野客车行驶至此，右前部撞到大型普通客车左侧中前部，撞击产生的火花引起爆燃，引燃4辆事故车辆，共造成12人死亡、6人受伤。

典型事故说明，桥梁作为特殊路段，当路面的检测、预报、处置措施跟

荣乌高速交通事故现场

进不到位，对地面温度、天气状况等异常信息无法有效预警时，特别是对气温较低、易结冰的桥面缺少除冰、防滑措施，相关警示标志等设施不足时，极易引发交通事故。基于此，全省各级高速公路交警部门将桥梁、坡道、弯道等路段安全隐患作为整治的重点，持续展开系统治理。

二、设施提升，科技配合，全力保障特殊路段安全

完善高速公路标志标线等各类交通安全配套设施，在易结冰、易发团雾、易发事故等桥梁、坡道、弯道前端，选择合适地点设置龙门架电子显示屏进行安全诱导提示，通过LED可变情报板实时播放路况信息，利用爆闪警示和喊话器进行语音提示。特别是通过在团雾多发路段安装气象监测设备、道路监控设备和预警信息发布装置等措施，实现了对团雾的早发现、早预警、早防范。

坚持"以事故防事故"的理念，强力开展交通事故深度调查工作，坚决追究相关企业及管理部门的责任，倒逼安全责任落实。荣乌高速公路"2015.1.16"重大道路交通事故中，共有7家责任单位和34名责任人员依法受到追究，其中，8人被检察机关批准逮捕、2人被公安机关采取取保候审强制措施、24人被给予不同程度的党纪、政纪处分。

【《山东省人民政府关于荣乌高速"1.16"重大道路交通事故责任调查报告的批复》节选】

省政府同意荣乌高速"1.16"重大道路交通事故责任调查组(以下简称事故调查组)提交的《荣乌高速"1.16"重大道路交通事故责任调查报告》(以下简称《调查报告》)。经研究，现批复如下：

事故调查组召开会议

1. 事故调查组的组成和工作程序符合《生产安全事故报告和调查处理条例》（国务院令第493号）和《山东省生产安全事故报告和调查处理办法》（省政府令第236号）等有关规定。事故调查组坚持"四不放过"和"科学严谨、依法依规、实事求是、注重实效"的原则，查明了事故发生的经过、原因、人员伤亡和经济损失等情况，认定了事故性质和责任，提出了对事故责任者的处理建议，总结了事故教训，提出了事故防范和整改措施。事故责任调查工作客观、公正、实事求是。

2. 同意事故调查组对事故的原因分析和责任认定。荣乌高速"1.16"重大道路交通事故是一起道路交通生产安全责任事故。

3. 同意事故调查组对有关责任人和责任单位的处理建议。

4. 同意事故调查组提出的事故防范和整改措施。有关单位要认真吸取事故教训，严格落实《调查报告》中提出的各项防范和整改措施，并举一反三，推进安全生产工作，确保安全生产形势稳定。

5. 济南、东营、烟台、威海、德州市政府要组织有关部门，依照法律、法规规定和权限及程序，抓好对有关责任人和责任单位处理意见的落实，处理结果向社会公布。事故处理落实情况要及时向省监察厅、省政府安委会办公室报告。

桥梁、坡道、弯道等特殊通行条件路段易受恶劣天气影响，交通安全隐患风险突出，交通事故、拥堵等事件易发多发，严重威胁高速公路的安全与畅通。近年来，随着工作不断深入，有效开展特殊路段隐患治理、加强应急管控已成为各级高速交警部门和高速公路经营管理单位的共识。为进一步推进特殊路段安全隐患协同共治，完善滚动排查、分级治理工作机制，形成综合治理合力，山东高速交警总队与山东高速集团有限公司、齐鲁交通发展集团有限公司联合下发通知，明确"通过事故分析查找安全隐患"的排查方法和"高于一般标准"的整改目标，全面部署开展桥梁、坡道、弯道等特殊路段隐患排查整改工作，推动特殊路段安全设施提档升级，全力消除风险隐患，维护高速公路交通安全畅通。

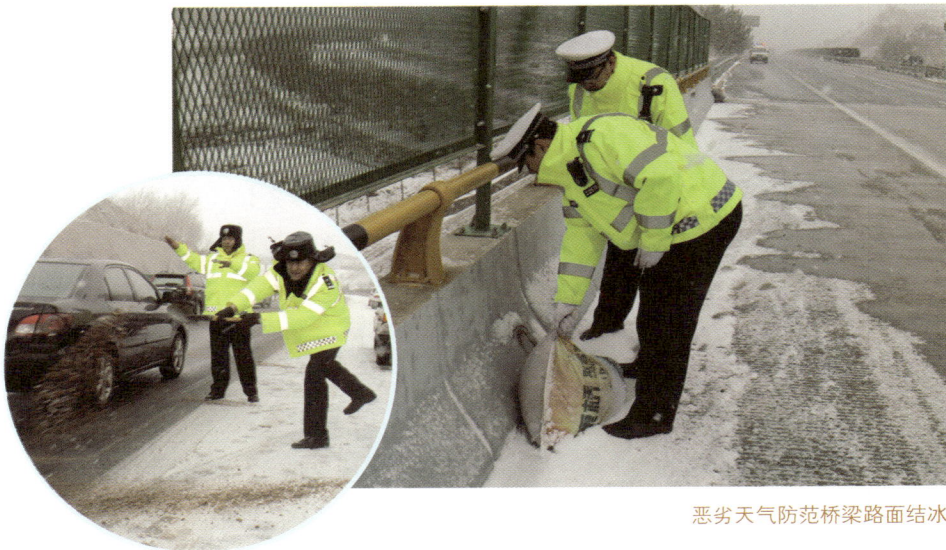

恶劣天气防范桥梁路面结冰

【《关于进一步加强高速公路交通安全隐患排查治理工作的通知》节选】

治理特殊路段安全隐患。高速公路交警部门要联合高速公路经营管理单位认真统计分析辖区内的交通事故情况，对多次发生规律性交通事故的路段作为重点排查路段，要认真分析事故原因，查找、治理道路方面的安全隐患，从源头预防事故发生。对桥梁、坡道、隧道、临水临崖等特殊路段，要在标准、规范规定的基础上，加强标志、标线和安全设施的设置，进一步提高安全防护能力，确保特殊路段的通行安全。

恶劣天气应对过程中，始终紧盯桥梁、坡道、弯道等重点路段，提前摆放防滑沙、融雪剂等物资，随时做好应急处置工作，一旦出现恶劣天气，第一时间采取应急管控措施，最大限度降低恶劣天气带来的影响，全力预防交通事故。

三、全面整改，成效显著

目前，全省高速公路大桥以上桥梁护栏全部进行了升级改造，重点路段增设交通安全标志、振荡标线等设施。部分桥梁及坡道车道分界线设为实线，禁止超车。经过排查整改，"1.16"荣乌高速事故后桥梁等特殊路段未再发生较大以上道路交通事故。

升级改造后的桥梁路段

第三编》》》

强基础——深化智能交通安全系统建设与应用

科技强警是大数据时代下提升交通管理水平、解放交通警力的必由之路。2013年以来，山东高速交警总队指导全省高速公路交警部门，坚持科技引领、科技兴警，着眼基层基础建设，勇于担当、敢于创新，紧紧围绕基层实战化需求，以问题为导向，提出以科技信息化建设带动提升高速公路交通安全管理科学化、专业化水平的工作目标，省市两级迅速联动推进，职能单位高效通力协作，不断深化智能交通安全系统建设与应用，全力打造"智能高速、平安高速"品牌。截至目前，建成并投入使用各类科技设备11545套，其中执法取证类设备2539套、视频监控类4169套、卡口类设备1686套、诱导提示类设备2974套，全省联网视频、联网执法设备、联网卡口、汇总数据均名列全国前茅，已逐步形成路面可视化、轨迹精准化、指挥扁平化、降速诱导体系化及违法采集智能化的高速公路智能交通安全系统，实战应用规模及效果走在全国前列。

第一章　高速公路智能交通安全系统建设全面铺开

一、高位谋划，部署有力

2013年年初，山东高速交警总队对全省公路监控系统建设情况进行了集中调研论证，形成初步建设思路，并在智能交通安全系统建设起步较早的德州市先期试点。2014年7月，为全面提升高速公路交通安全管理水平，落实《国务院关于加强道路交通安全工作的意见》（国发〔2012〕30号）和《山东省人民政府关于贯彻国发〔2012〕30号文件进一步加强道路交通安全工作的意见》（鲁政发〔2012〕36号）的要求，实现保畅通、保安全、保民生、促发展的目标，专门研究制定《山东省高速公路智能交通安全系统建设规范（试行）》（下文简称《建设规范》），进一步规范全省高速公路智能交通安全系统建设，对建设目标、建设内容和建设要求进行明确规定，对关键数据标准、接口协议和设备设置进行规范统一。《建设规范》在高速公路智能交通安全系统建设全过程中起到了纲领性、指导性作用。

全省高速公路智能交通安全系统建设应用推进会

【《山东省高速公路智能交通安全系统建设规范（试行）》节选】

建设目标

建立全省统一的路况信息监测发布体系、车辆速度控制诱导体系、车辆违法抓拍查处体系、指挥调度体系、重大事件应急处置体系等五大智能交通安全体系。

山东省高速公路智能交通安全系统建设规范（试行）

1. 路况信息监测发布体系

通过路况监测可视化、车辆监测全程化、事件监测智能化、环境监测快速化，使用路况监测设备采集路面车流量、车速、拥堵、事故、道路施工、气象等数据信息，通过有线或无线的通讯方式将数据传至平台，平台对数据进行处理和汇总，为道路交通管理和领导决策提供数据依据，并通过LED诱导屏、交通广播网、互联网和短信等方式向公众发布实时路况信息。

2. 车辆速度控制诱导体系

通过设置系列可变限速标志和LED道路交通诱导可变信息标志，根据路况信息，实时设置车辆行驶限速值，降低车辆速度并进行行驶诱导，避免在恶劣天气情况下和发生突发事件时车辆追尾相撞，保证车辆行驶安全，并最大限度减少封路情况。

3. 车辆违法抓拍查处体系

通过固定取证个性化、区间取证数字化、动态取证人性化，实现高速公路交通违法取证手段的多样化，实现对车辆超速、违法停车、违法占道、违法停车上下客、不系安全带等违法行为的抓拍和上传，通过系统布控，在收费站或服务区进行报警、拦截和处罚，使机动车交通违法后能及时得到处理，起到即时警示教育作用。同时实现通行机动车辆的缉查布控和行驶轨迹分析，为侦查破案提供线索。

4. 指挥调度体系

通过350M、视频会议、移动指挥车、无线视音频、网络信息、电话、短信等实现对各级交警指挥中心、事件现场和路面值勤民警的扁平化指挥调度，发生重大交通事故及重大突发事件时，及时通知相关单位及交通参与者，做到上级指令在最短时间内下达到实战单位、一线民警和交通参与者。

5. 重大事件应急处置体系

通过建立各类事件处置预案，实现与交通运输、高速公路经营管理、医疗卫生、消防等部门的联勤联动和协作配合机制，实现对重大交通事故及重大突发事件的快速高效处置。

建设原则

1. 省市两级分工协作原则

系统建设采用省市两级高速交通管理部门分工协作的方式推进。厅交管局负责编制《建设规范》，指导全省高速公路智能交通安全系统建设，统一开发省、市两级高速公路智能交通安全管理平台软件，并建设省级管理平台；各地高速公路交通管理部门遵循《建设规范》，因地制宜推进基础系统和地市高速平台的建设，兼顾与本地智能交通管理系统的对接互通，并按照数据标准与接口要求接口标准，向省级管理平台实时传输相关信息。

2. 信息共享原则

系统建设要充分利用现有设备和交通、气象等部门的资源，实现共享共建。

3. 分步实施和重点先行原则

系统的设备数量、点位分布应结合路网和流量情况来布局和分步实施，同时遵循重点先行的布点思路。

4. 先进性与实用性并重原则

系统建设中，硬件设备/系统应遵循国家和部颁标准，兼顾先进性和实用性原则。在遵循标准的前提下，尽可能选用最新高性价比技术和产品。各智能交通安全设备的访问控件SDK包、Web Service接口或接口表，都必须采用统一的接入规范。各市根据实际情况，在技术工期符合条件基础上，可采用"云计算、大数据"技术，提高系统整体运算能力和未来可扩展性，加快系统开发部署时间，促进先进技术在科技建设中的发展和应用。建设全省统一的违法抓拍查处平台，规范全省高速公路交通违法取证、审核、录入等业务流程，实现全省高速公路交通违法车辆布控、报警、拦截和处罚的一体化流程。

建设内容

综合利用"云计算、大数据"等先进技术，采用省市两级高速公路交通管理部门分工协作模式，建设高速公路八大智能交通安全系统。省厅交管局统一开发省、市两级高速公路智能交通安全管理平台软件，各地也可根据实际情况自行开发建设市级平台，必须与省级平台对接。

1. 视频监控系统

遵循《安全防范视频监控联网系统信息传输、交换、控制技术要求》（GB/T 28181）标准，新建辖区内视频监控系统，共享高速公路管理和经营部门的视频监控资源。按接口规范，构建辖区内统一的高速公路交通视频监控平台，实现视频资源的实时浏览、回放和集成，并与省级视频监控平台实现对接。

2. 路况信息管理系统

建设路况信息采集系统，并集成现有交警、交通、气象等部门的路况信息，实现对高速公路主干断面的车流量、车速、拥堵等交通流信息，以及事故、道路施工、气象等环境信息的监控、采集、处理，并进行诱导和发布。按接口规范，将各市高速路况信息实时上传省级平台，实现全省高速公路路况信息发布的联动和集成。

3. 违法抓拍查处系统

建设全省统一的高速公路机动车违法抓拍查处平台。各地可因地制宜建设测速取证、机动车区间测速、视频取证等交通违法监测记录系统，对各类车辆违法行为进行抓拍、取证，并及时上传至全省统一的违法抓拍查处平台，实现全省高速公路交通违法车辆布控、报警、拦截和处罚的一体化流程。

4. 车辆速度控制诱导系统

通过在重点路段设置连续的可变限速标志、LED道路交通诱导可变信息标志和区间测速设备，实现分车道、分路段的车速限制、调控和诱导。按接口规范，各市车辆速度控制诱导系统联网至省级平台，实现全省高速公路车速控制诱导的联动和集成。

5. 卡口信息管理系统

通过在高速公路省际市际交汇处、主线互通立交汇合点、服务区、收费站等位置建设前端卡口系统，对过车信息进行采集，上传至卡口信息管理系统，实现机动车通行轨迹分析和违法车辆的查缉、布控、比对报警和拦截。

6. 指挥调度集成系统

以GIS为基础平台，整合各子系统的交通管理信息，打造"平战结合"的省市两级指挥调度集成系统，实现对辖区高速公路的日常实时监控、综合研判分析和扁平化指挥，建立各类突发事件处置预案和高速公路职能部门联勤联动、协作配合机制，实现对重大突发事件的应急联动指挥调度。

7. 重点车辆动态监管系统

通过信息现场采集和共享建立重点车辆基础台账，对前端设备采集的重点车辆信息进行分析研判，实现对辖区内高速公路通行重点车辆的事前、事中和事后全面监管。

8. 社会化服务系统

建立全省统一的社会化服务系统，通过互联网等多种媒体提供路况信息发布、交管信息查询、交通违法告知处理等服务功能，进一步提升便民利民服务水平。

2014年12月26日，公安部交管局在德州召开现场推进会，实地观摩京台高速公路德州段交通安全防控体系建设和应用情况，交流推广经验，部署进一步推进公路交通安全防控体系建设。时任公安部交管局局长徐甘露充分肯定了我省在高速公路智能交通安全系统建设过程中的经验做法和取得的突出成效，更加坚定了全省继续深入推进科技信息化建设工作的决心。德州现场推进会指出，我省各级高速公路交警部门按照公安部交管局山西现场会和《国家主干公路交通安全防控体系建设三年规划》部署，积极向党委、政府

德州现场推进会

"对生命安全负责，向交通事故宣战"动员部署会

和公安厅局党委汇报，争取领导重视、支持，结合本地实际，认真组织开展需求调研，科学编制工作计划和具体建设实施方案，明确时间表、路线图，有力推进了公路交通安全防控体系建设，取得阶段性成效。

2015年4月，省公安厅党委作出年底前建成全省高速公路智能交通安全系统的重大部署，为全省加快系统建设进度注入强大动力，给予有力的组织保障。

2016年至2017年，山东高速交警总队结合科技信息化发展趋势和新技术新设备的不断更新换代，调整高速公路智能交通安全系统建设方向，引进试用先进科技成果，着力开展重点设备建设。省公安厅下发《关于高速公路增设可变限速标志有效管控车速的通知》（鲁公传发【2016】13号）和《关于加快推进高速公路雾区诱导防撞系统建设的通知》（鲁公传发【2017】780号），并对《建设规范》进行补充完善，明确可变限速标志和雾区诱导防撞系统的建设目的、要求和标准，为此类设备的规范化、规模化建设提供依据，为提升高速公路智能交通安全系统建设水平提供重要参考。依靠可变限速标志、雾区诱导系统等科技设备，可以有效降低车速，优化道路通行环境，平滑交通流，降低恶劣天气条件下交通事故发生概率。

【《关于高速公路增设可变限速标志有效管控车速的通知》节选】

2015年10月份以来，沈海高速青岛段、荣乌高速东营段、青银高速高唐段、济广高速梁山段等多起多车相撞事故，直接原因是车辆进入雾区或冰雪路段后无法降到安全行驶速度。对于控制车速，国外一些高速公路建设的做法特别是使用可变限速标志已成为比较成熟的经验。当高速公路某一处发生交通事故、交通拥堵、维修道路或路面积雪结冰等异常情况时，指挥中心接到报警后，通过"可变限速板"分段设置车辆最高限速值，第一时间告知在行驶过程中的驾驶人，前方道路有情况，车辆速度应按"可变限速标志"标定值行驶。当遇到冰雪、雾霾等恶劣天气时，通过"可变限速标志"限定车辆最高行驶速度，有效控制车速，减少或避免交通事故的发生。

要强化门架式可变限速标志建设，通过深化智能交通安全系统的完善和应用，切实加大路面门架式可变限速标志建设，确保2016年所有省际收费站进入我省的20至30公里内、所有进入市际的10至20公里内，每隔3至5公里设置一处门架式可变限速标志。辖区内特大桥、绕城高速、机场以及团雾多发路段两侧也要安装门架式可变限速标志。新建门架式可变限速标志要同时配齐超速抓拍等装置。要强化移动可变限速标志配备，结合工作实际，购买配备充足的移动可变限速标志，发生恶劣天气或交通事故后，确保在涉及路段

可变限速标志

前方能够设置足够的移动可变限速标志，及时提醒车辆降速。要在特种专业技术车辆配备固定式可变限速标志，在一般执法执勤车辆配备便携式可变限速标志，在强化巡逻和应急处置的同时，随时设置最高限速值，提高管控效果。要强化工作落实，要把可变限速标志建设作为高速公路智能交通安全系统充实完善的一项重要内容，进一步提高思想认识，争取资金支持，抓好规划设计，积极协调督促高速公路管理和经营单位投资建设。要列出时间表、路线图，加快建设进度，确保年内全面完工。省厅将对可变限速标志建设和配备工作定期进行检查督导，对落实不力的地方进行通报约谈。

【《关于加快推进高速公路雾区诱导防撞系统建设的通知》节选】

高速公路发生大雾或团雾时，能见度降低，驾驶人视线受阻，无法第一时间识别交通标志、路面设施和感知前方及周围情况，极易造成对车距、车速估计不准确，产生犹豫、疏忽甚至错觉而引发追尾交通事故。尤其是当遇到前方停车或者拥堵时，由于雾气导致前方目标轮廓清晰度下降，加之行车惯性和视觉疲劳，驾驶人采取措施不及时而引发连环相撞交通事故。2015年"10.16"事故、2017年"3.29"事故、河南"4.1"等事故，都是因团雾引发的多车相撞事故，损失惨重，教训深刻。雾区诱导防撞系统能够实现低能见度环境下的道路轮廓引导、前车尾迹跟踪预警等功能，有利于提高驾驶人对车速和车距的相对可控性，通过提示及时调整，避免和减少一次或二次事故的发生。针对推进高速公路雾区诱导防撞系统建设，副省长、公安厅厅长孙立成曾批示："省交警和高速总队要针对团雾易发路段，逐一采取有效措施，防止事故再次发生。"时任分管副厅长王金城批示："切实从中吸取教训，下决心在全省高速公路推行雾区防撞系统建设，要逐市明确建设任务，定期调度，按期完成今年任务。"

为切实达到恶劣天气条件下车辆降速、控距的目的，有效遏制多车相撞交通事故发生，要全面推进高速公路团雾易发路段雾区诱导防撞系统的建设。要明确规划部署和建设要求，结合辖区实际，抓紧制定系统建设整体规划，明确建设任务和重点，按照需求的轻重缓急，顺序推进，务必在2018年底前完成剩余109处团雾易发路段系统建设并投入使用，2017年底前要完成50处至少100公里的建设任务，加强对气象监测、视频监控、高音喇叭、执法取证等设备的综合应用，形成多设备整体联动效应。要加强系统应用和维护，在系统建设过程中要积极应用当前的一些新产品、新技术，创新团雾易发路段的安全防范和管控手段。对已经建成并投入使用的雾区诱导防撞系统，要加强系统运维工作，确保设备正常运行。同时要借鉴滨州的经验做法，根据实际应用需求对原有系统进行升级改造，全面提升综合应用效能。要强化组织领导和工作落实，把雾区诱导防撞系统建设作为高速公路智能交通安全系统补充完善的一项重要内容，进一步提高思想认识，明确责任领导，组成工作专班定期调度进展和督促推进。要积极争取相关部门政策和资金支持，全面提速系统建设进度，确保按时完成省厅确定的工作目标。要积极协调高速公路管理和经营单位进行投资建设。省厅将对雾区诱导防撞系统建设和应用工作定期进行检查督导，对工作不力、行动迟缓的市将进行通报批评和约谈诫勉。

雾区诱导防撞系统

【《关于印发山东省高速公路智能交通安全系统建设规范（试行）有关修改完善内容的通知》节选】

"车辆速度控制诱导体系"修改为：

车辆速度控制诱导体系——通过设置门架式可变限速标志、LED道路交通诱导可变信息标志和雾区诱导防撞系统，根据路况信息，实时设置车辆行驶限速值，降低车辆速度并进行行驶诱导，避免在恶劣天气情况下和发生突发事件时车辆追尾相撞，保证车辆行驶安全，并最大限度减少封路情况。

"车辆速度控制诱导系统"修改为：

车辆速度控制诱导系统——通过在重点路段设置门架式可变限速标志、LED道路交通诱导可变信息标志和区间测速设备，实现分车道、分路段的车速限制、调控和诱导。恶劣天气易发路段设置雾区诱导防撞系统，实现恶劣条件下车辆的诱导防撞。按接口规范，各市车辆速度控制诱导系统联网至省级平台，实现全省高速公路车速控制诱导的联动和集成。

"车辆速度控制诱导系统"修改为：

车辆速度控制诱导系统——车辆速度控制诱导系统通过在高速公路重

要路段设置连续的可变限速标志、LED道路交通诱导可变信息标志和测速设备，实现分车道的车速限制、调控和诱导。系统可根据道路状况，利用分段设置的可变限速标志和LED道路交通诱导可变信息标志，随时改变高速公路某一路段最高限速值，及时诱导控制车辆速度，有效预防车辆追尾和多车相撞事故。在恶劣天气易发路段设置雾区诱导防撞系统，实现恶劣条件下车辆的诱导防撞。

"**系统组成**"修改为：

1. 门架式可变限速标志：在高速公路重要路段和交通敏感路段连续设置可变限速标志，实现车速限制、调控和诱导。系统可根据道路状况，利用分段设置的可变限速标志，随时改变高速公路某一路段最高限速值，及时诱导控制车辆速度，有效预防车辆追尾和多车相撞事故。高速公路发生特殊情况时对车速的有效限制、调控和诱导，可实现少封路，甚至不封路，既方便群众，又确保安全，进一步为高速公路的交通安全和畅通提供了保障。门架式可变限速标志主要有门架式可变信息标志、可变限速标志、控制器和电源灯部分组成。可变限速标志通常用LED发光二极管制作，可变限速标志可显示从20公里／小时至120公里／小时的不同车速及简单的警示标语，以指示驾驶员把车速定位在与最大交通量相适应的水平上，提高对行车环境的警觉，平滑交通流量，发挥高速特性。尤其在大雾、下雪、结冰的气候条件下，可变限速标志可以提供限速实时信息、防止事故发生、保证公路畅通。

2. LED道路交通诱导可变信息标志：LED道路交通诱导可变信息标志在作为车辆速度调控诱导使用时，形状通常为矩形，安装在龙门架上，每2～3km设置一个。当高速公路某一处发生交通事故、交通拥堵、维修道路或路面积雪结冰等异常情况时，可通过连续的LED道路交通诱导可变信息标志分段设置车辆最高限速值，在第一时间告知行驶中的驾驶人前方道路有情况，车辆应该按"可变限速标志"标定速度值行驶。LED道路交通诱导可变信息标志可依据实际情况与门架式可变限速标志配合使用。

3. 超速抓拍：正常情况下具体参见"5.3违法抓拍查处平台"章节下的

"5.3.1 超速抓拍"。当道路通行条件改变，限速值调整时依据《道路交通安全违法行为图像取证技术规范》（GA/T 832—2014）。

4. 区间测速：正常情况下具体参见"5.3违法抓拍查处平台"章节下的"5.3.2 区间测速"。当道路通行条件改变，限速值调整时依据《道路交通安全违法行为图像取证技术规范》（GA/T 832—2014）。

5. 雾区引导及防撞系统：当能见度突然降低后，系统自动启动安装在道路两侧的边缘标、轮廓标和突起路标，以强化低能见度环境下的路形轮廓线形显示，同步的主动线形发光闪烁，确保行车驾驶员在遇到低能见度（团雾）情况下也能有清晰的道路走向，有利于提高行车驾驶员对车速相对的可控性或者提示调整车速，避免和降低一次或者二次事故发生率。

可变限速标志与雾区诱导防撞系统建设图

二、引导助推，强化协作

争取省级补助资金。为鼓励、引导各市加大高速公路智能交通安全系统的建设投入，缓解地方资金压力，积极协调省财政厅共同研究制定《全省公路智能交通安全系统建设省级补助资金管理办法》。文件印发后，有效加强了全省公路智能交通安全系统建设经费筹集及管理，推动各市积极协调相关财政部门，争取政策及资金支持，最大限度发挥经费保障助推作用，进一步加大高速公路智能交通安全系统建设推进力度。省财政3年已累计投入2.3亿元，用于奖励、补助各市建设高速公路智能交通安全系统。

【《全省公路智能交通安全系统建设省级补助资金管理办法》节选】

第一章　总则

第一条　为加强对全省公路智能交通安全系统省级补助资金的管理，提高资金使用效益，根据《中华人民共和国预算法》、《山东省省级财政专项资金管理暂行办法》、《山东省省级财政支出绩效评价管理暂行办法》、《山东省高速公路智能交通安全系统建设规范》（试行）、《山东省国省道智能交通安全系统建设规范》（试行）等法律法规和部门规章，制定本办法。

第二条　本办法所称全省公路智能交通安全系统建设，是指全省5000公里高速公路、2.5万余公里国省道和重点县乡道的视频监控、路况信息管理、车辆速度控制诱导、机动车违法信息采集、机动车违法抓拍查处、机动车缉查布控、指挥调度、重大事件应急处置、卡口信息管理、重点机动车动态监管和社会化服务等系统建设。

第三条　项目建设责任：省级负责省直管高速公路智能交通安全系统和全省公路智能交通安全系统平台建设；各市负责制定本级及所辖县（市、区，含省财政直接管理县，以下简称"省直管县"）系统的建设方案，并由各级负责筹措项目资金、组织招标、实施和日常维护管理。

山东省财政厅
山东省公安厅　文件

鲁财行〔2015〕32号

关于印发《全省公路智能交通安全系统建设省级补助资金管理办法》的通知

各市财政局、公安局：

为加快我省公路智能交通安全系统建设，根据《中华人民共和国预算法》、《山东省省级财政专项资金管理暂行办法》、《山东省省级财政支出绩效评价管理暂行办法》、《山东省高速公路智能交通安全系统建设规范》（试行）、《山东省国省道智能交通安全系统建设规范》（试行）等规定，我们制定了《全省公路

全省公路智能交通安全系统建设省级补助资金管理办法

第四条　本办法所称省级补助资金，是指由省级财政安排用于补助全省公路智能交通安全系统建设的项目资金。

第二章　资金补助原则及范围

第五条　资金补助坚持公开透明、绩效优先、扶贫补困、奖补结合、规范使用的原则。

第六条　全省公路智能交通安全系统项目建设资金以同级财政投入为主，各市根据当地建设方案先行建设。

第七条　省级财政自2015年起，按照考核周期，连续三年对项目建设方案制定科学合理、资金保障到位、实施进度快的市、县（市、区）予以奖励补助；对财政困难县、省直管县予以定额补助。

深入合作共建共享。通过与山东交通规划设计院沟通交流和深入合作，一改以往各自为战的建设模式，在高速公路设计之初，即开始统筹规划经营单位和交警部门科技设备建设，按照合理选点、均匀布点、按需建设的理念，充分共享利用网络、电力等基础设施，提升警企合作水平，避免重复建设，打造高速公路智能交通安全系统升级版。

强化协作沟通配合。经与省交通运输厅公路局、山东高速股份有限公司、齐鲁交通发展集团有限公司负责人交流座谈，多次讨论修改完善后，分别与3家单位联合印发了《关于全省高速公路智能交通安全系统建设有关问题的通知》等3个通知文件，指导各市高速公路交警部门与高速公路管理和经营单位加强沟通联系，确保智能交通安全系统建设过程中各种资源的充分共享，缩短手续审批时间，有效提升系统建设效率。

【山东高速交警总队与山东高速股份有限公司联合下发《关于全省高速公路智能交通安全系统建设有关问题的通知》节选】

系统建设资金采取各市承担为主，省政府设立专项资金予以补助，山东省公安厅直管高速公路系统建设资金由省级财政承担，系统建设主要由公安交警部门负责。智能交通安全系统建设是提升我省高速公路交通安全管理工作的重要举措，涉及全省高速公路，范围广、时间紧、任务重，公安交警部门

智能交通安全系统建设多部门联动协作交流会议

和高速股份有限公司有关部门要高度重视，全力协作，加强沟通协调，强化协作配合，及时解决建设中遇到的问题和困难，积极落实各项措施，全力推进智能交通安全系统建设，确保早日投入使用。智能交通安全系统建设涉及前端设备安装、通讯线路敷设、后端存储安放等多个方面，公安交警部门和高速股份有限公司有关部门要加强合作，在确保高速公路正常运行、管理和设备安全的前提下，实现资源共享。智能交通安全系统建设期间，涉及高速公路前端设备安装地点的勘测选定、路面施工（挖掘地面、切割地感线圈、立杆、敷设线路等）、取水、引电等基础施工工作。公安交警部门和高速股份有限公司有关部门要加强施工中的相互配合，确保施工安全、规范、高效。

【山东高速交警总队与齐鲁交通发展集团有限公司、各参控股公司等高速公路经营管理单位联合下发《关于共同推进全省高速公路智能交通安全系统建设有关问题的通知》节选】

为确保工程进度和建设质量，要本着"统一规划、资源共享、密切合作"的原则，全力实现高速公路交通管理资源共享。智能交通安全系统建设涉及前端设备安装、通讯线路敷设、后端存储安放等多个方面，公安交警部门和高速公路管理运营单位要加强合作，在确保高速公路正常运行、管理和设备安全的前提下，实现资源共享。智能交通安全系统建设期间，公安交警部门和高速公路管理运营单位要加强施工中的相互配合。要加强安全意识。相关职能部门要严格审核施工交通组织方案，保证质量的前提下做到快审快批，对施工人员进行入场前的安全教育，制定相关工作预案，防止安全事故的发生。要加强监督检查。明确施工现场负责人，强化施工现场巡查，做好交通疏导，排除安全隐患，最大限度保证施工路段道路的安全畅通。要加强施工保障。共同做好现场安全防护等施工建设保障工作。要加强宣传提示。通过广播、电视、互联网、微博、微信、短信、LED显示屏等，加强安全宣传和信息发布，提示行经施工路段的车辆注意安全，减速慢行。

保障系统运行稳定。始终坚持"运行维护是科技应用重要基础保障"的理念，进一步完善运维管理制度，对运维过程形成闭环管理，推进运维管理平台建设，加强对运维人员的考核监督，实现对设备运行状态的实时监控，提高各类故障解决效率。坚持将视频和卡

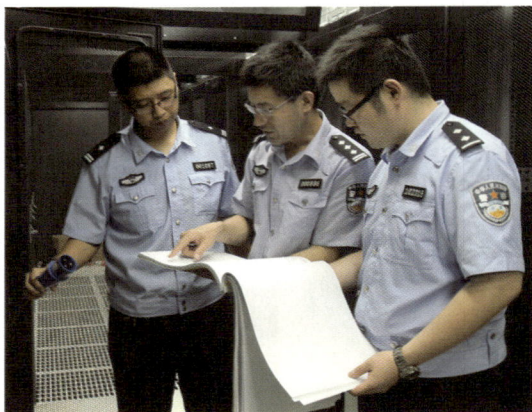

系统维护

口两大类主要设备运行情况作为评价智能交通安全系统建设应用工作的重要指标，保障各类设备工作稳定，确保系统应用效能。

三、扎实推进，深化完善

及时召开推进会议。先后在临沂、聊城、德州组织召开现场推进会，总结工作，交流经验，及时高效、有节奏地对高速公路智能交通安全系统建设应用工作进行部署推进。分片区召开高速公路智能交通安全系统建设应用观摩交流会，相互学习借鉴好的经验和做法，取长补短、共同提高。

部分市高速公路智能交通安全系统建设推进会

【《田玉国同志在2015年全省高速公路智能交通安全系统建设应用推进会上的讲话》节选】

大家都知道，高速公路智能交通安全系统建设是公安信息化建设的重要组成部分，是我们高速交警向科技要警力要战斗力的重要措施，也是我们提高交通安全管理水平和工作效率的重要手段，更是我们加强执法规范化建设的必然要求。自2014年全省高速交警管理体制调整以来，高速公路智能交通安全系统建设进入了快车道，去年12月份，公安部专门在我省召开了全国公路交通安全防控体系建设推进会，推广了德州经验。特别是今年4月份以来，厅党委将高速公路智能交通安全系统建设作为"对生命安全负责、向交通事故宣战"工作的三大样板之一，列入年内工作任务进行部署提出要求。可以说，从公安部到省厅都高度重视这项工作，各地也是快马加鞭，全力推进，系统建设工作呈现出前所未有的良好局面。截至目前，德州、临沂、枣庄、济宁、潍坊、威海、日照及直属一、二支队智能系统已基本建设完毕并投入使用。智能交通安全系统的建设和应用，有力促进了公安交通管理工作勤务模式的改革，提高了工作效率和管理水平，顺应了孟建柱同志在全国厅局长大连座谈会上强调的"要着眼能力建设，创新体制机制，加强和改进新形势公安工作和公安队伍建设，不断提高社会治理效能和服务群众水平"的要求。

回顾总结今年以来全省高速公路智能交通安全系统建设工作，总体情况是提速快，效果好。一是领导重视，上下齐心。各地不等不靠，迅速行动，有的市政府召开专题会议研究部署，从市领导到公安局长再到交警支队长，都是高度重视、齐心协力，为工作顺利开展提供组织保障和经费保障。二是协调有力，方法得当。万事开头难，这项工作的开展绝非高速交警一家能办到的。大部分市都发挥主观能动性，学先进、想办法、讲策略，采取超常规手段，顺利协调好有关部门给予大力支持，有力服务了系统建设工作的大局。三是注重应用，效果显著。全省智能交通安全系统建设使用以来，故意遮挡号牌、违法占用应急车道等严重违法行为查纠数量明显增多，不仅能够及时发现，也能够及时查处，既教育了违法驾驶人，又一定程度上减少了交通事故，从而促进了交通秩序的好转，收到了良好的社会效果。下面我讲四点意见。

1. 全面启动，持续发力，全省系统建设应用工作成绩斐然

一是，资金投入规模空前。从全省总体情况看，截至目前高速公路智能交通安全系统建设投资总额和平均每公里投资额，基本完成计划任务。二是，系统建设突飞猛进。年内，全省高速公路新增固定测速305套、区间测速96套、大车占道抓拍222套、视频监控1064套、交通诱导屏209块，分别是2014年底的设备总数的1.7倍、8倍、4.4倍、4倍、6.5倍。三是，平台对接进展顺利。总队高速公路智能交通安全系统管理平台已于8月20日正式启用，德州、枣庄、聊城、临沂、威海、日照、潍坊、莱芜、烟台、济宁、青岛等11市已建设市级高速公路智能交通安全系统管理平台，前9市已实现与省级平台对接，泰安、淄博、东营、滨州4市市级平台搭建工作正在快速跟进，"全省一张网"建设实现了良好开局。四是，应用效果初显。2014年以来，全省高速公路非现场拦截查处交通违法行为427万余起，占交通违法查处总量的73%。系统查处违法量大幅增加，惩戒教育功能发挥作用，事故起数大幅下降，都与智能交通安全系统应用效果密切关联。

2. 找准问题，正视不足，准确把握当前系统建设和应用的着力点

孟建柱书记在全国社会治安防控体系建设工作大连座谈会上强调，"完善立体化社会治安防控体系，是维护公共安全的骨干工程，是建设平安中国的基础工程。要注重统筹设计，推动各类基础设施互联互通，推进各类数据集成应用，打造立体化社会治安防控体系升级版"。尽管我省智能交通安全系统建设起步较早，走在了全国前列，但与新形势、新任务、新要求仍然存在差距：

一是，个别市系统建设工作进展迟缓。部交管局在肯定德州先进做法的同时，也对山东省智能交通安全系统建设提出了期望，毕宝文常务副厅长、槐国栋副厅长多次听取工作汇报，进行实地调研，对系统建设提出了具体要求。跑在头的临沂、德州等支队系统建设不仅超额完成了任务，而且在应用方面已经取得了实效，尝到了甜头，但也有原地踏步走的支队，目前仍停留在立项审批、财政招标等阶段。对于这项工作，厅党委有部署，省财政有补助，地方党委政府大力支持，广大民警普遍拥护，而且省内就有可学习可复制的现成模板，可以说是天时地利人和，不管什么原因，工作推不动是说不过去的。全省高速公路交叉相连，互为一体，智能科技手段是大数据时代条件下提升管控水平、解放交通警力的必由之路。系统建设一张网，一旦有一处出现短路，就会影响全省"一盘棋"工作的顺利开展，降低整体效能。在平台建设方面，省厅下发的《山东省高速公路智能交通安全系统建设规范》对平台的搭建和对接作了明确规定，我们也反复强调平台建设对接的重要性，说它是联通外场设备的纽带和桥梁，是指挥调度的望远镜和指南针，也是全面完成智能交通安全系统建设任务的前提和条件。但有的支队对此至今没有充分的认识，仍在打自己的"小算盘"，要共享全省违法信息，又不想上传本地违法数据，缺乏大局意识。

二是，应用效能不高。高速公路智能交通安全系统建设中，系统是基础，管理是保障，应用是生命。目前，全省高速公路智能交通安全系统应用整体还处在初级阶段，管理信息系统互通、共享还不够规范，信息资源种类不全、总量不足，深度研判水平不高，预警能力不强，传递渠道不畅，响应机制不灵等问题，直接影响信息引领警务作用的高效发挥。有的地方仍停留在建设层面，路上有设备，但平台是空白，整体还是空架子，没有数据支撑，距离联网应用这个基本目标仍然差距甚远，实际上是巨大浪费。有的地方忽视维护保养，设备出现异常不能及时发现，问题不明了，维保单位工作效率低、程序不规范，造成设备长时间不能正常运行，特别是有的质保期过后，甚至出现设备常年缺乏维护等情况，设备成了摆设，应用也就成了空谈。有的虽然系统已经开始运转，但在使用上缺乏科学高效的机制，科技手段变化了，管理手段和勤务模式不适应，也导致应用效果不够明显。

三是，科技人才紧缺。目前，全省高速公路新增的设备和技术在全国均是领先水平，引入的气象监测、雾区诱导等系统，以及基于分布式数据库构架搭建的大数据平台、干线光缆敷设等都达到了现代前沿标准，但是其网络结构、信息传输方式、数据库等核心技术都掌握在科技公司手中，而高速交警内部却没有相应的专业人才，导致操作应用过分依赖科技公司，高速交警对先进设备的拥有与科技人才紧缺的矛盾愈发突出。

3. 拉高标杆，乘势而上，强劲推进系统建设和应用上水平

智能交通安全系统建设是属于立竿见影、立即见效、事半功倍的举措。全省高速公路全覆盖是省厅党委提出的既定目标，年内必须完成，这是刚性要求，决不能打折扣。同时在确保"建起来、连起来、用起来"的同时，要主动作为，全面推进系统应用上水平。

一是，要进一步提高认识，增强责任感和紧迫感。当前城市当中的智能交通安全系统可以说是比较完善，一些明显的交通违法行为明显减少，广大交通参与者大都能做到遵章守纪。而我们高速公路的应急车道，虽然现在舆

论媒体高度关注，我省也加大了查处力度，在全国查处量也名列前茅，但现在从根本上还没有解决，而城市当中的公交车道，基本上没有车辆占用，这说明关键还是手段问题。我省高速公路有的地方管理手段粗放滞后，单纯靠几个警力、几辆警车的威慑作用微乎其微，交通违法行为多发已成为普遍问题，如此下去，秩序混乱，事故高发的乱象无法从根本上得到治理。而且当前高速路在延伸，车流量在增长，新手上路在增多，使其与落后管理方式的矛盾日益加剧，这就倒逼我们必须创新管理手段，向科技要警力要战斗力，在当前"互联网+"时代下建设和使用智能交通安全系统这种全时空全方位管控高速公路的新方法。因此，要切实意识到建设智能交通安全系统的必要性，建好先进系统，用好现代科技，实现"探头站岗、鼠标巡逻"，让交通参与者在高速路上时时刻刻都能感到自己被管理，被约束，被监督，被服务，遵章守纪自然会成为常态，我们的工作也自然会得到应有的回报。

二是，要进一步明确底线，迅速把智能交通安全系统建起来。要从讲政治、讲大局的角度，进一步明确目标任务和当前面临的严峻形势，努力克服时间紧、任务重以及冬季施工难度加大等困难因素，摒弃按部就班、不疼不痒的消极落后习惯，缩短流程周期，充分借鉴临沂、德州、济宁等市的先进经验，采取非常规的手段和方法开展工作。要把平台建设和对接作为核心工作来抓，有条件的要先搭建平台。已经建成的地方，要在11月底前全面实现省市两级平台过车、违法、视频监控等数据的互联对接，还未完成平台搭建工作的市，要采取搭建与对接同步进行的方式，年底前务必把视频监控信号接入省级平台，这也是硬目标、硬任务。

三是，要进一步强化应用，尽快形成全省高速公路管控"一张网"。交通管理的基础信息涉及人、车、路、环境，我们工作的重点是对这些管理要素的基本信息进行采集、整理、录入，难点是各类信息资源的整合共享，最终的目标是深度应用、精确制导、服务实战。一要遵循"边建边用、快建快用"的原则，装一个设备，就要把这个设备采集的数据传回来并处理好，争取建几个就能有几个发挥作用。二要特别重视指挥中心这个枢纽大脑的作用，特别是支队这一级要结合辖区高速公路实际，尽快建立健全扁平化指挥调度体系，有效整合资源，在强化科技巡查的同时，加强对信息的综合处理、集中调度和分析研判，指导一线调整勤务，不断提升情报主导、准确预警、精确打击、主动防控水平。三要依托科技支撑，改革现有管理模式，调整好路面巡防警力和指挥中心、执法站的警力部署，着力形成通过流动巡逻现场发现与监控系统巡查取证、指挥平台调度指挥、执法检查站拦截处罚的"四位一体"的勤务运行机制。同时要充分发挥"E高速"平台作用，同时在社会广泛宣传，让更多的人了解、使用，引导群众合理安排出行。四要明确专门的运行维护厂商，建设专门的设备运维管理系统负责设备的维修维护保养，并加强对设备运维厂商的监督管理，确保系统的运转效率。

四是，要进一步强化培训，储备科技人才。要针对民警不会用的情况以及应用中存在的问题，组织专题培训和实战演练观摩，使民警尽快熟悉智能交通安全系统的功能，熟练利用系统开展视频巡查，发现违法及时指挥巡逻民警或执法站民警拦截处罚的工作流程及操作步骤。要结合本次会议贯彻，采取以会代训、以训代会等方式，尽快培养一批骨干，带动所有民警懂操作、会应用。要针对专业科技人才紧缺等问题，完善科技人才管理方法和思路，以全面提高科技人才素质为重点，通过内部挖掘、培养，外部招录等方式，有效利用公安系统内外部资源，同时完善学习培训机制，鼓励民警学习科技知识，掌握科技手段，使用科技设备，在运用高速公路智能交通安全系统管理交通、创造安全这个大舞台上发挥大作用。

4. 真抓实干，勇于担当，切实加强组织领导

坚强的组织领导是推动工作的根本保障。特别是智能交通安全系统建设工作，在座的各位支队长一定要有这个责任意识和担当精神，一定要把握好这个重中之重。刚才讲了，这项工作年底前必须完成，厅党委早就部署了，而且也向省政府表了态，总队也是逢会必讲，也开了约谈会，厅里还下了督察令，到了年底省政府要考核省厅，省厅要考核市局和总队，完不成任务没法交代，孰轻孰重大家掂量掂量。所以我们不能麻木不仁，等闲视之，工作

上不去，关键在领导，希望落在后面的地方，务必想尽一切办法，采取一切超常规手段把这项任务完成好，坚决不能拖全省的后腿。会后，各地要迅速把这次会议精神向市局主要领导汇报，进一步争取重视和支持，

研究智能系统建设应用

各市高速交警部门主要负责同志要切实负起责任，强化执行力，对省厅党委决定的事项、作出的部署，要严肃警纪，不折不扣地认真落实，坚决贯彻执行，决不允许敷衍塞责或拖着不办、顶着不干。

完善考核通报机制。自2015年以来，定期调度各市资金投入、各类设备建设、平台搭建及对接等情况，固化形成通报机制，及时全面掌握全省高速公路智能交通安全系统建设进度，发现问题、了解困难、加强指导、提供支持。同时，对各市建设情况进行排名，进一步明确差距、树立典型，表扬先进、督促后进，加快各市建设步伐。

考核通报

积极组织培训学习。紧跟部交管局、省厅最新工作部署和智能交通科技发展前沿技术，抓重点、贴实战，多次组织开展全省高速公路科技信息化培训班，学习大数据、人工智能、机器学习等前沿技术在高速公路交管工作中的实际应用，分享系统建设过程中的经验做法，共同研究讨论设备取电、数据传输、网络构架等难点问题，明确部署省市两级平台研发和对接工作，推进集成平台推广应用，提升高速公路智能交通安全系统建设水平。

深入广泛开展系统应用培训

实地督导确保落实。山东高速交警总队成立6个督导小组，分别由总队领导及部门负责人牵头，划定区域、明确分工、专项督导，形成定点联系督导机制。各督导组先后百余次前往各市，就资金投入情况、外场设备施工、平台搭建与对接等情况进行深入考察，全面保证施工质量，并充分了解建设过程中遇到的各项困难，形成经验材料，少走弯路错路。

实地督导

第二章　高速公路智能交通安全系统建设硕果累累

一、全省数据互通汇聚

结合业务需求和道路现状，建设省级高速公路智能交通安全管理平台，实现与各市级平台的对接，汇聚高速公路的视频监控、路况、过车、交通违法等基础信息，构建起视频监控、路况信息管理、违法抓拍查处、车辆速度控制诱导、卡口信息管理、指挥调度集成、重点车辆动态监管、社会化服务八个应用系统，全省高速公路管控"一张网"格局初步形成。

系统组成架构图：

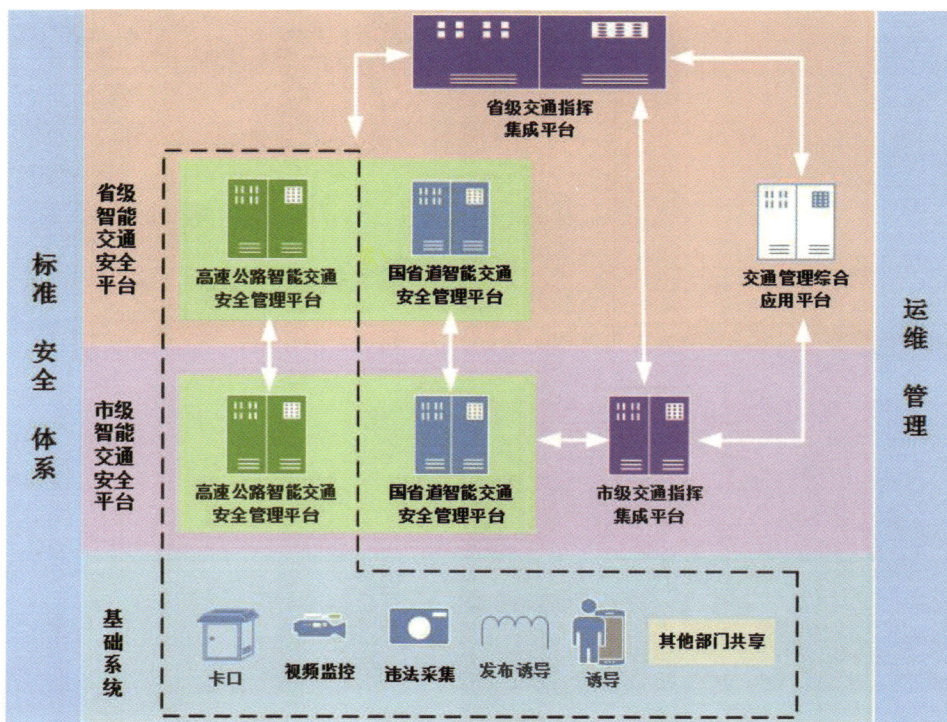

系统逻辑关系图：

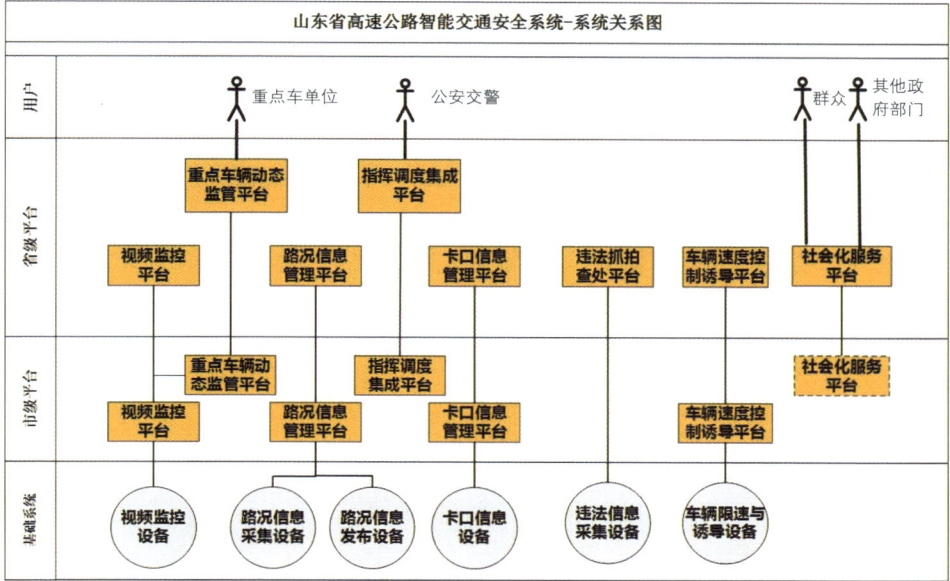

山东省高速公路智能交通安全系统-系统关系图

数据流程图：

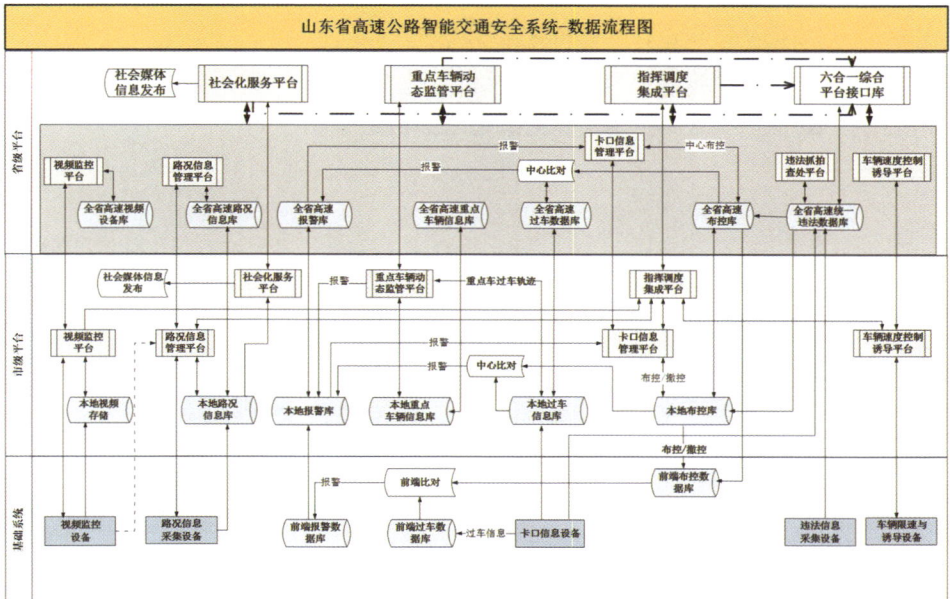

山东省高速公路智能交通安全系统-数据流程图

二、管控设备遍地开花

将高速公路外场科技设备按照5大类19小项进行细化分类，共建成并投入使用执法取证类设备2539套，其中固定测速563套、区间测速126套、大车占道抓拍659套、占用应急车道抓拍1191套；监控类设备4169套，其中普通监控4014套（5853个摄像头）、高空瞭望155套；诱导提示类设备2974套，其中可变限速标志1375套（门架式634套、立杆式741套）、雾区诱导防撞系统268套（467.5公里）；卡口类设备1686套，其中主线卡口883套（2520个相机）、服务区卡口124套（236个相机）、收费站拦截卡口417套（1770个相机）、其他卡口262套；其他类设备332套，其中气象观测设备173套、应急广播设备159套；另外敷设干线光缆4117公里。

各类前端设备

【卡口信息管理系统应用】

主要由前端卡口系统和中心管理平台系统组成。利用在高速公路重点位置设置视频抓拍设备记录公路车辆的过车图像和文本信息，实现联动应用和数据共享，一点布控、全网响应。前端卡口系统，在数据标准一致的基础上，由各地建设、改建或利旧，实现对车辆特征照片、车牌号码与颜色、车身颜色、司乘人员面部特征以及详细过车记录等信息的采集，并完成图片信息识别、车辆速度检测、超速判别、数据缓存以及网络传输、存储等功能。后端管理子系统通过与前端固定卡口子系统（包括主干卡口、服务区卡口、收费站卡口等）的联网、前后端数据的实时交互、布控报警，实现整合式的现场拦截处理。中心管理平台通过与前端卡口系统及本地缉查布控系统核心版的对接，实现实时的过车记录、车辆查缉、布控报警和现场拦截。

1. 前端卡口系统

（1）车辆过车和图像记录。卡口能准确采集通行车辆的特征图像和全景图像（高清），全景图像中标明车辆信息，并记录车辆通过时间（精确到0.1s）、地点、通行方向、车速、车辆号牌、号牌颜色等详细过车信息。

（2）违法抓拍记录。车辆通过时，高清抓拍摄像机能准确拍摄包含车辆正面全貌、车牌的照片，并在照片上叠加车辆通行信息。每张图片应能叠加有交通违法日期、地点、方向、图像取证设备编号、防伪等信息。用于拍摄机动车交通安全违法行为的图像应清晰记录机动车交通安全违法行为过程，记录的图片应能清晰辨别机动车车型、车身颜色、号牌号码等基本特征，图像质量应满足至少24位真彩图像，单幅图片尺寸不应小于768×576个像素点。图像采集应符合《道路交通安全违法行为图像取证技术规范》（GA/T 832—2009）。

（3）图像记录防篡改功能。高清抓拍摄像机输出的JPEG图片具有防篡改功能，当篡改了图像内容实体后能够发现数据被损伤。图像文件遵循《道路交通安全违法行为图像取证技术规范》（GA/T 832—2009）要求：每幅机动车交通安全违法行为图片应包含管辖区域内的上一级公安部门认定的原始防伪信息，防止原始图片在传输、存贮和校对过程中被人为篡改。

（4）车辆号牌识别。抓拍及识别处理单元可自动对车辆牌照进行识别，包括车牌号码、车牌颜色的识别。在环境无雾、车牌悬挂规范、无污损且有过车情况下，白天车辆号牌识别准确率应不小于90%，夜间车辆号牌识别准确率应不小于80%〔《公路车辆智能监测记录系统通用技术条件》（GA/T497—2009）〕。号牌颜色识别率应不低于90%，号牌结构识别率应不低于95%。〔《机动车号牌图像自动识别技术规范》（GA/T 833—2009）〕。

（5）车身颜色识别。抓拍及识别处理单元可自动对车身深浅和颜色进行识别，可供用户根据车身颜色来查询通行车辆。

（6）车型判别功能。抓拍及识别处理单元能区分小型车、中型车、大型车、重型车等不同长度的车辆类型。

（7）全景视频监控。拍摄前端卡口现场1个方向的所有车道，全景摄像机具有强光抑制、日夜模式自动转换等功能，以实现24小时全天候不间断的高质量图像视频信息采集。

（8）前端数据存储。系统提供大容量高速SD卡存储（内置于高清抓拍摄像机中）或工控机存储，可根据具体存储需求及外场应用环境灵活配置，实现自动循环覆盖的数据存储机制。

（9）数据自动上传与断点续传。系统实时监测记录网络传输子系统的工作状况，正常状态下，前端卡口系统实时将车辆通行数据信息自动上传至中心平台的应用服务器。当网络故障导致数据传输中断后，系统继续在存储硬件中临时存储数据，并在网络恢复后自动断点续传，以防止数据丢失，保证前端采集数据的完整性。

（10）前端设备管理和维护。卡口前端子系统应预留时间校正接口、参数设置接口、运行情况的诊断接口和恢复接口，可通过C/S或B/S两种模式对前端设备进行设置、调试及维护。管理员可通过网管界面实时查看前端设备的运行状态。

（11）现场防盗报警功能。前端卡口系统选用的卡口机箱具有防盗报警功能。当机箱门被非法打开或异常震动时（如连续敲击），能现场报警，同时可将报警信号上传至后端管理平台，能够在日常运维过程中有效防止对前端卡口系统的人为破坏，保障前端系统能够长期稳定安全的运行。

（12）远程管理和自动更新。系统支持对前端高清抓拍摄像机等主要设备的远程程序更新和操控，并具有批量更新和自动更新功能。

（13）限速同步及设置。固定卡口抓拍系统的前端必须支持后台限速信息的自动同步功能。前端设备需支持按车道进行大车标志限速、大车实际限速、小车标志限速、小车实际限速的多样设定。

（14）时间同步及设置。固定卡口必须支持与时间同步服务或时间同步服务器的同步设置，系统要求24小时内的计时误差不超过0.1s，移动测速设备可通过手工方式进行时间同步设置。时间格式统一为yyyy-mm-dd-HH24:mi:ss.s格式，24小时制。

2. 中心管理平台系统

（1）车辆轨迹查询。车辆轨迹查询提供在辖区范围内完成对通行车辆的网上追踪、查询，查询获取系统全时间范围内的过车记录，并关联获取省内机动车辆登记、历史布控撤控、历史报警等信息。

（2）布控管理。能对黑名单、白名单进行人工或自动布控管理。自动布控包括从省级黑名单数据库中直接同步黑名单（盗抢等）数据，每日可设定自动同步时间，不需要人工干涉；人工布控包括多次违法未处理、肇事逃逸、报废、超速、未年检等相关车辆，布控记录到系统黑名单数据库。

（3）实时比对。通过机动车过车记录与布控数据库的实时比对，生成准确的报警信息。系统应同时支持中心比对和前端比对。

（4）报警管理。支持多种报警策略和报警通道的设置，将报警信息实时推送给相关部门、人员和报警终端，报警管理需要提供报警信息查询等功能。

（5）撤控管理。制定撤控管理机制，对布控生效的车辆进行撤控操作，撤控成功表示布控结束。车辆完全撤控后，该车辆从布控名单中转入布控历史名单。

（6）拦截处理。通过与报警管理系统的无缝连接，第一时间对违法车辆进行拦截，在收费站等卡口现场进行机动车交通违法处理。对于由其他警种布控的报警信息，可以通过短信报警功能，第一时间联系布控人，或由业务部门授权后，先行拦截处理。对于由交通民警布控交通违法报警信息，现场执勤民警根据口令和权限登录系统，告知当事人违法事实和处罚依据并为当事人打印违法处罚决定书，进行相应的违法处理流程。

三、省级双平台并行

2016年6月，根据公安部交管局下发《关于印发〈公安交通集成指挥平台推广应用工作方案〉的通知》精神，山东省高速交警总队作为全国第一批试点单位，结合现状，充分调研，确定了省级集中部署、各市接入应用的建设模式，优先部署搭建了平台，全力推动各级高速交警部门接入应用。目前，集成指挥平台共对接视频监控2680路、卡口938个、执法取证设备2918套，设备接入量约占全国高速交警系统四分之一。根据公安交通集成指挥各项业务模块，全面对已建成并成熟应用的省级高速公路智能交通安全管理平台进行调整优化，充分发挥不同平台优势，实现功能互补，数据互通，双平台协作应用模式。

外省前来交流学习

【《关于加快推进公安交通集成指挥平台联网和应用工作的通知》节选】

公安交通集成指挥平台在现有全国机动车缉查布控系统基础上升级而成，是公路交通安全防控体系"三位一体"建设的重要内容，也是公安交警部门科技信息化规划建设的四大信息平台之一。部交管局在全国开始推广使用，高速交警总队是第一批推广应用单位。要充分认识建设和应用集成指挥平台的重要性，把公安交通集成指挥平台联网和应用工作作为当前一项重要工作来抓，统筹安排，密切配合，上下联动，尽快完成集成指挥平台各项建设任务，尽快发挥平台功效，推进集成指挥平台使用进程，提升现场查处交通违法效率，提高高速交警执法能力和水平。要加快完成现有外场设备在集成指挥平台的备案和联网工作，协调相关开发公司和集成商全力做好配合，并确定专人负责备案、接口改造和试运行工作，按照谁备案、谁负责的原则，严把设备备案信息录入质量关。要全面推进集成指挥平台的实战应用，务必要把非现场违法数据全部接入，把部分具备拦截条件的收费站或主线卡口接入，进行操作流程培训和测试，按照边联边用的原则，推进卡口拦截功能的实战运用。

【《公安交通集成指挥平台联网和应用工作实施方案》节选】

（一）平台介绍

集成指挥平台核心版软件发布在公安内网内。核心版平台管理的功能主要有：道路交通基础信息管理、交通监控视频联网、交通状态监测管理、机动车缉查布控、非现场交通违法管理、交警执法站管理、应急指挥调度、勤务管理及监督考核等。

（二）实施分工

1. 省级

（1）搭建全省高速交警统一应用的公安交通集成指挥平台软硬件运行环境，完成数据库及核心应用软件安装调试工作。

（2）督导各市实现高速公路智能交通安全管理平台与集成指挥平台的各项数据对接。

（3）制定统一规范的前端设备基础信息备案标准，指导各市开展前端设备在集成指挥平台的备案工作。

（4）适时召开联网和应用工作推进会，组织各市系统管理员开展系统应用培训，指导各市完成平台对接应用工作。

2. 市级

（1）根据方案要求完成本支队智能交通安全管理平台与集成指挥平台的对接。

（2）按照总队统一规范的备案标准完成道路交通技术监控设备位置、数量、类型、管辖区域、数据传输及存储等基础信息采集备案，保证备案信息质量。

（3）完善视频专网与公安网安全接入边界建设，按照规范标准进行视频及数据的安全接入。

（4）建立统一时钟同步服务，确保前端设备的时钟统一一致。

（5）组织开展系统建设应用培训。

（6）按照工作职责、岗位分工要求，配备所需人员，开展应用工作。提炼勤务管理、指挥调度、路面车辆拦截处置、视频巡查、信息分析研判、业务工作考核评价等工作技战法。

（三）对接要求

1. 违法数据接入及处理。非现场交通违法的审核传输及现场处罚等功能将纳入集成指挥平台统一管理。各市按照公安交通集成指挥平台信息接口规范改造完成后通过统一信息接口，将交通违法取证设备采集的各类交通违法信息传至集成指挥平台，在集成指挥平台中完成信息审核后，再传输交换至公安交通综合应用平台。交通违法取证设备统一在集成指挥平台中进行备案。各市自行开发的非现场交通违法信息审核外挂软件功能将不再使用，公安交通综合应用平台将不再提供交通违法信息写入接口。

2. 过车等数据传输管理。各市车辆轨迹、交通流量、气象等信息按照公安交通集成指挥平台信息接口规范改造完成后，按照统一的信息接口通过高速公路智能交通安全管理平台进行数据上传。信息接口使用按照相关规定要求，按流程进行审批。

四、降速诱导体系形成

在省际收费站入省的20至30公里内、市际入市的10至20公里内，每隔3至5公里设置可变限速标志。在全省184处团雾易发路段建设雾区诱导系统。截至2018年底，已建设并投入使用可变限速标志1375套（门架式634套、立杆式741套）、雾区诱导防撞系统268处（468公里），基本完成既定目标。多级平滑降速、多维度警示和视廓提示诱导的高速公路新型降速诱导体系初步形成。

限速诱导体系

五、全程监控形成规模

全省高速公路视频覆盖率达85%，各市高速公路视频监控覆盖率均达80%以上，其中潍坊、临沂、菏泽等市已超过90%，山东省高速公路全程监控已初具规模。

山东高速交警总队指挥中心大屏

临沂支队指挥中心

六、全省建设亮点

滨州打造恶劣天气设备联动工作升级版。滨州高速交警支队谋创新、求突破，成功研发了雾区全自动诱导防撞系统，形成"一检测、两同步、两修改"的多设备联动相应机制。2016年7月该系统获得国家实用新型专利。2016年8月底，参加了在广州举办的第八届中国国际道路交通安全产品博览会，受到了与会观摩者的广泛关注和一致好评。

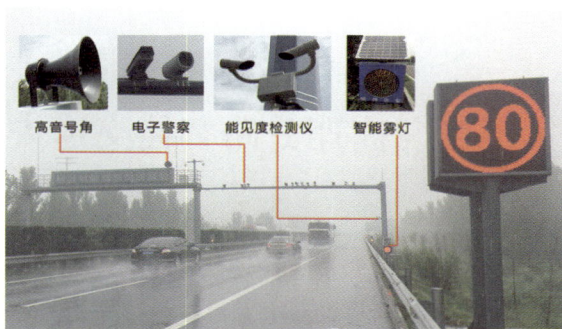

滨州雾区全自动诱导防撞系统获得国家知识产权局实用新型专利

聊城"科技管理科技"发挥新成效。聊城高速公路交警支队提出"科技管理科技、科技服务科技"的创新理念，利用科技系统来管理科技系统，在高速公路智能交通安全系统全面建设的同时，规划打造智慧高速运维平台，对智能交通设备的运行状况进行全面实时的过程状态监控、故障检测分析，并提供全面的维护维修管理机制和流程，有效解决了设备完好率低、故障发现难、解决效率低、管理失控等问题，实现了高效率、低成本的运营和维护，使得运维服务和管理更加智能、直观和高效。

聊城智慧高速运维平台先进做法

第三章　高速公路智能交通安全系统实战效果显著

一、视频巡查、管控违法，智能交通安全系统应用形成规模

依托高速公路智能交通安全系统实战应用，结合辖区天气、交通流量、交通违法等情况以及重点车辆通行规律特点，制定《全省高速公路交通安全管理视频巡查工作规范》，确定视频巡查的重点时段、路段，设置"重点路段""关注路段"和"一般路段"三个等级，分别开展常规巡查和特殊巡查，第一时间发现高速公路交通事故、交通违法、道路拥堵、异常路况、恶劣天气及其他重大警情并实施远程纠正与指导，真正实现了"探头站岗、鼠标巡逻"。

在研判通行高速公路车辆违法的基础上，针对超速、占用应急车道、大型车辆违法占道等违法行为，建设专门科技设备进行抓拍采集。利用视频监控事件检测功能，实现对停车、倒车、逆行等违法行为的自动感知、自动抓拍。利用"门架+F杆"、可变限速标志反装等方式，实现对低速、可变限速路段超速等违法行为的采集抓拍和证据固定。2015年、2016年全省高速交警部门采集非现场违法同比分别上升63.2%、52.1%，与系统建设应用前相比大幅增长，高速公路通行秩序持续好转。

智能系统各类应用

【《全省高速公路交通安全管理视频巡查工作规范》节选】

第一章　总则

第一条　为强化我省高速公路智能交通安全系统应用，规范和加强视频巡查工作，制定本规范。

第二条　视频巡查是指通过高速公路视频监控系统，发现高速公路交通事故、交通违法、道路拥堵、异常路况、恶劣天气及其他重大警情而实施的远程纠正与指导、抓拍取证、指挥调度、应急处置、预警提示和信息上报等手段和措施。

第二章　工作职责

第三条　各级高速公路交警部门应设立视频巡查岗位，并根据管辖里程和交通流量及路况等情况安排满足工作需要的专职民警和警务辅助人员。

第四条　视频巡查岗位主要职责：

（一）监控辖区路段高速公路通行状况；

（二）对高速公路上发生的交通事故、车辆故障、道路拥堵、异常路况、恶劣天气及其他重大警情等，报告或指令相关人员和单位开展工作；

（三）对高速公路上符合快速处理程序的交通事故进行远程指导，对交通违法行为进行抓拍取证，对道路拥堵进行指挥调度，对异常路况进行应急处置，对恶劣天气及其他重大警情进行预警提示，并按照要求进行信息上报工作；

（四）记录视频巡查情况；

（五）截取、存储重要事件的视频信息；

（六）开展与视频巡查有关的其他工作。

第三章　监控等级

第五条　视频监控分为"重点路段""关注路段"和"一般路段"三个等级：

重点路段：主要包括主线省际收费站；流量大、事故多发路段；恶劣天气路段；"两客一危"重点车辆密集路段；违法停车、倒车、逆行等违法多发路段及其他需要重点监控的路段。

关注路段：主要包括高速公路立交、流量较高的匝道、桥梁、隧道、长下坡、施工路段及拥堵节点等。

一般路段：除重点路段、关注路段以外的视频监控路段。

第六条　遇有突发事件、重大安保、军事演练等特殊任务，或交通安全形势发生变化时，视频监控等级应适时进行调整。

第四章　工作模式

第七条　高速公路视频巡查分为常规巡查和特殊巡查两种工作模式。

常规巡查：实行24小时全天候不间断的设备自动巡查和人工主动巡查相结合的工作模式。设备自动巡查应覆盖辖区内所有视频监控设备。人工主动巡查，对重点路段，每1小时至少视频巡查1次，对关注路段，每2小时至少视频巡查1次，对一般路段，视情况视频巡查。可根据实际情况增加重点路段点位视频巡查时间，或缩短巡查间隔，提高巡查频次。

特殊巡查：在重大安保任务、重大节假日、恶劣天气等情况下，增加视频巡查人员全时全程进行巡视监控。

第五章　工作要求

第八条　视频巡查人员应熟悉重点巡查路段和视频点位，24小时值守视频监控系统。

第九条　视频巡查应统筹组织，分级管控，互为策应，形成点、线、面的巡检格局。

第十条　视频巡查应根据辖区天气、交通流量、交通违法等情况以及重点车辆通行规律特点，结合"e高速"、山东交通出行网、车友路况、群众反映等信息来源，确定视频巡查的重点时段、路段，及时了解警情详细情况，确保巡查的针对性和实效性。

第十一条　一旦发现突发案事件，应立即报告值班领导并迅速处置，达到上报标准的，要按规定逐级上报。

第十二条　视频巡查人员发现以下情形时，应根据事件紧急程度、影响大小、发展趋势、可能带来的后果等情况开展相关工作：

（一）出现恶劣天气、交通拥堵、事故、路面存在障碍物等情况时，应第一时间报告值班领导，并及时通过路面显示屏及各类信息发布平台进行预警提示，合理调整可变限速标志的限速值；

（二）发现违法停车、违法占用应急车道、不按规定车道行驶以及行人、非机动车违规上高速等严重违法行为时，应通过高音喇叭等进行远程纠正，并进行抓拍取证；

（三）发现符合快速处理条件的交通事故，应远程指导事故车辆当事人快速处置，安全撤离。

第十三条　发现重要警情时，应同步开展以下工作：

（一）报告值班领导，加强对事发现场及周边道路交通情况的视频巡查，调度警力处置情况；

（二）根据需要通知医疗、消防、清障救援等相关人员和单位；

（三）在现场处置过程中，按照值班领导的要求，加强与现场人员的沟通互动，根据现场处置需求，调取现场及周边监控视频，并做好视频留存工作。

第十四条　视频巡查人员应通过台账登记的方式详细记录视频巡查时间、巡查路段、发现的各类警情、警情处置情况、违法行为抓拍录入情况及视频系统异常状况等内容。

第十五条　交接班时，应对当班工作情况、下一班次需重点关注路段、设备运行状况、领导交办工作完成情况等进行交接。

视频监控

第十六条　按照操作规程，正确操作使用视频巡查设备，严格遵守公安网安全管理规定及相关保密工作守则。

第六章　考核奖惩

第十七条　各级高速交警部门应当制定视频巡查工作考核办法，并定期通报考核结果。

第十八条　对视频巡查人员发现处理重大警情、破获案件、抓获逃犯等工作提供重要线索，以及考核成绩突出的，应予表彰奖励。

第十九条　对不认真履行职责，应当发现而未能发现重大警情，进而造成严重后果的，依法依规追究相关人员责任。

二、布控预警、拦截查处，智能交通安全系统应用逐步成熟

省级高速公路智能交通安全管理平台建成后，汇聚全省违法数据，通过移动预警推送接口导出预警信息，升级改造车辆查控模式，再利用收费站拦截卡口对违法车辆进行实时查缉，形成了"上高速有违法，下高速受处罚"模式，极大提升了违法车辆预警时效性和查处效率，有力打击了高速公路各类交通违法行为，在十九大、上合组织青岛峰会、中非合作论坛、"一带一路"高峰论坛等各类安保任务中发挥了重要作用。

民警通过智能交通安全管理平台查获一辆变造号牌车辆

三、设备联动、降速控距，智能交通安全系统应用深入开展

探索多设备复用、联动响应、协同工作的应用模式。依托道路主线龙门架，实现了集可变限速、路况发布、视频监控、卡口过车、高音提示、超速抓拍、违法占用应急车道抓拍等多功能为一体的综合设备。在恶劣天气多发路段，将气象监测、雾区诱导、可变限速、视频监控、超速抓拍、高音号角等设备进行有机结合，第一时间发现气象异常，根据预设异常等级，实现可变限速变化降速，雾区诱导启动控距，超速抓拍自动调整，视频监控核查复核的一系列调整响应模式。目前，多设备联动应用模式已广泛应用到全省高速公路恶劣天气、突发事件的道路管控和应急处置中，在有效降低车辆速度，控制临车车距，预防交通事故等工作中效果显著。

智能交通安全系统在恶劣天气应急处置中的应用

利用可变限速系统发布恶劣天气预警信息

四、数据积累、分析研判，智能交通安全系统应用纵深发展

成立高速公路公安交通管理大数据研究中心，深化高速公路交通管理大数据应用，建立"日研判""周研判""月研判"制度，常态化对车流量、交通事故、拥堵情况、恶劣天气情况进行分析研判，运用大数据对高速公路交通管理业务和队伍进行风险分析和预警提示。同时，集中研判辖区收费站出入口交通流量数据、超限超载车辆通行数据，分析违法行为发生率、查处率，通过分析环比、同比变化率，跟踪研究超限超载车辆通行变化规律，确定整治重点时段、路段和收费站，确定打防管控重点，研究有针对性的整治意见，实现精准有效管控。此外，针对指挥体系存在警务资源分散、警情反馈不畅等问题，着力构建"情指勤联动"决策指挥新模式，科学设置指挥调度、情报收集、信息研判、落地跟进等岗位，加强业务警情与指挥调度部分职责深度融合与相互渗透，在指挥调度、勤务安排中加强警情信息的引领权重，实现信息流转快、指挥调度快、处置反应快。

淄博高速交警支队、高速公路管理处、路政大队三方智能交通联合指挥调度中心

德州高速交警指挥中心

五、人工智能、数据共享，智能交通安全系统应用提档升级

紧跟大数据、人工智能、深度学习等前沿科技发展，明确将新设备、新技术的引进试用及社会资源的共享融合作为一项重点工作进行推动。通过与交通运输厅、高速公路经营管理等沟通协调，融合全国重点车辆、接驳客车、本省六合一平台重点车辆和全省高速公路收费站过车、称重信息等数据，基本掌握全省高速公路重点车辆通行情况，实现对22时至次日6时危化品车辆限行及2时至5时非接驳客车限行的精准管控。针对高速公路改扩建期间交通管理实际，运用"高性能AI硬件结构+深度学习算法"，研发建设了"人工智能+交通"五轴车自动识别抓拍系统，有效解决了高速公路执法部门对禁行大货车的管控问题。2018年2月至10月，仅山东高速交警总队一支队历城一大队共抓拍五轴车及以上货车违规运行行为1.8万余起。

六、全省实战应用亮点

青岛高速公路交通安全管理部门发挥前端系统在恶劣天气多发路段的综合联动作用，实现恶劣天气警情的自动发现报警，并联动周边视频监控、喊话设备、可变信息标志、超速抓拍系统等设备，实现多系统联动，多感官、多角度地提醒驾驶人降速、控距，提高交警在恶劣天气警情的发现、确认及处置效率。系统投入使用以来，辖区各高速公路交警大队已将该功能作为日常警情发现及处置的重要手段，实现对道路天气的实时监测和发布，提高恶劣天气警情的预警率。

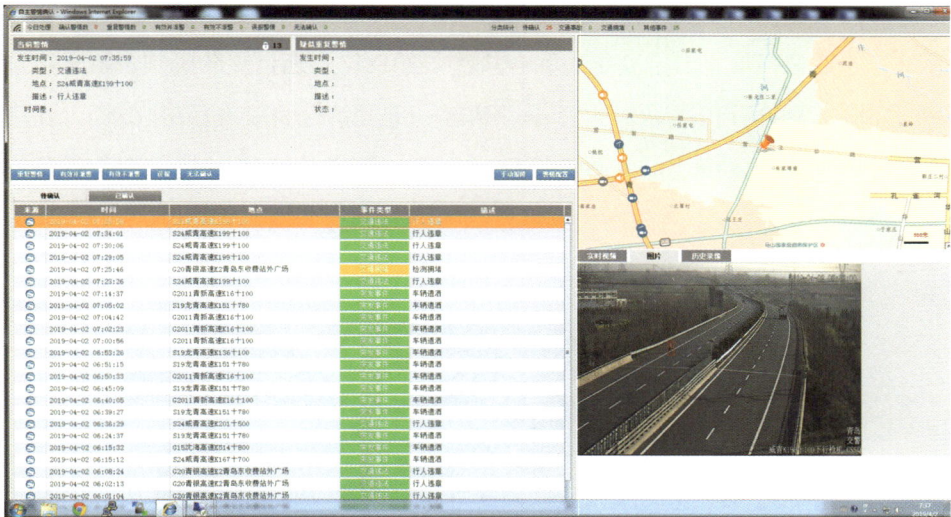

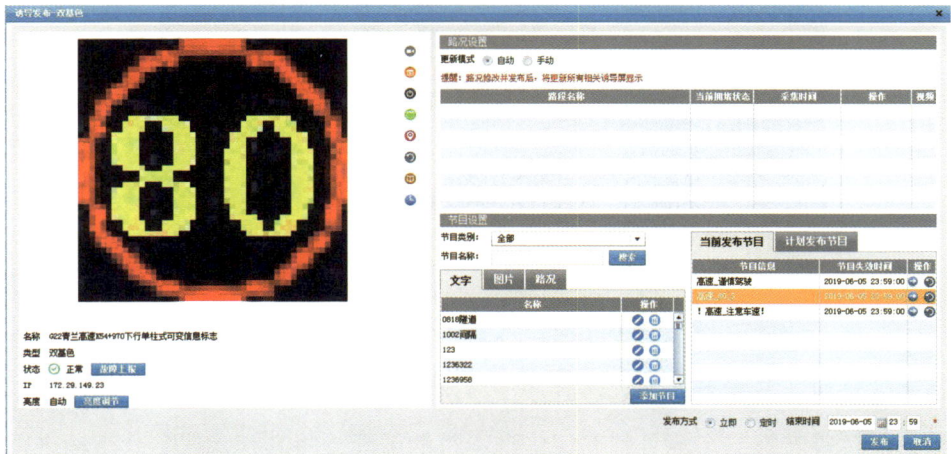

青岛恶劣天气预警管控系统

烟台高速交警支队深入践行"数据警务"战略构想，依托"数据警务"引领下的情指勤一体化合成作战现代勤务模式，全面构建四位一体工作机制，研发重点车辆精准管控系统，实现及时发现、快速指挥、精准管控、科学评估，精准有效管控危险物品运输车辆、长途客运车辆等重点车辆。针对交通违法行为多样化、复杂化、动态化和跨区域性的特点，作战室与路政监控中心、交通执法部门建立联勤联动指挥调度共享机制，每日进行联合巡逻，每周召开联席会议，互通情报信息，定期组织联合执法。2018年，烟台支队研判分析重点车辆5425辆，研判分析准确率达75%。"两客一危"禁行时段查获量168辆，除边界预警外，通行量由之前的平均每日6.8辆下降到平均每日1.6辆，列全省第17位，总量下降42.7%，有效净化了烟台高速公路通行环境。

研判分析重点车辆

山东高速交警总队二支队通过公安交通集成指挥平台对交通违法数据进行筛选校对，及时发现查处涉牌涉证违法嫌疑车辆。对于违法车辆品牌、类型、颜色等特征与车辆号牌登记信息不符的情况，将其列入假套牌车辆进行比对分析，重点查看车牌号是否经过伪造、变造，初步锁定嫌疑车辆后，通过调取嫌疑车辆近期卡口图像进行二次确认，最终确定后，依法按照"在高速公路上使用伪造、变造的机动车号牌"违法行为录入公安交通管理综合应用平台。对于未悬挂号牌或者号牌遮挡的，借助IDA涉牌违法实战平台，选取车辆三处特征通过"以图搜车"的方式初步确定符合特征的车辆，然后将违法车辆与符合特征的车辆进行人工比对，最终确定嫌疑车辆。2018年，二支队成功比对涉牌违法车辆681辆，现场查处涉牌涉证违法行为67起。

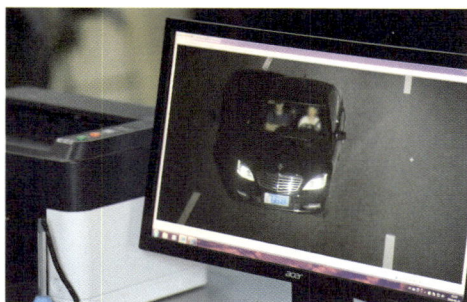

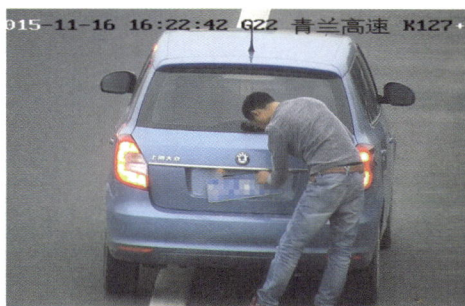

二支队治理涉牌涉证违法

第四编 》》》

大宣传——创新多种载体广泛宣传引导

有序的交通治理，良好的交通秩序，建立在高度的交通文明基础之上。道路交通安全形势的根本好转，最终要靠全民交通文明素质的提升。基于这个认识，山东高速交警总队指导全省各级高速公路交警部门，始终将宣传教育作为预防事故、保障畅通的治本之策，不断创新载体、拓展渠道，广泛开展道路交通安全社会化宣传，厚植交通文明根基。2013年以来，全省高速公路交通安全宣传教育工作由小做大、由大做强，传统媒体宣传稳步推进，新媒体宣传矩阵不断拓展，社会化宣传服务举措推陈出新，在交通秩序管理、交通事故预防、服务群众出行、队伍形象宣传等方面发挥了重要作用，有力助推了各项工作的顺利开展。

第一章 安全宣传进万家，出行平安你我他

各级高速交警部门依托传统媒体、新媒体和阵地宣传，全方位、立体化开展道路交通安全宣传教育工作。

一、传统媒体宣传不断深入

积极与中央及省、市电视、报纸、广播、网站等传统媒体合作，充分利用传统媒体覆盖面广、影响力大等特点，通过召开新闻发布会、邀请记者随警作战、报送新闻素材等方式，及时向社会发布高速路况、恶劣天气和预警提示等信息，广泛宣传高速公路安全行车知识，集中曝光典型交通违法行为，并对高速公路交警救助群众、爱岗敬业的典型事迹进行全方位、多角度宣传，大力传播弘扬高速公路交警队伍正能量。新闻稿件大量被中央电视台、新华社、山东卫视等中央及省级重要媒体采用，传统媒体发稿数量逐年攀升。2013年至2018年底，山东高速交警总队在省级以上新闻媒体共刊发稿件8500余篇，其中中央级媒体发稿316篇，起到了良好的社会宣传效果。

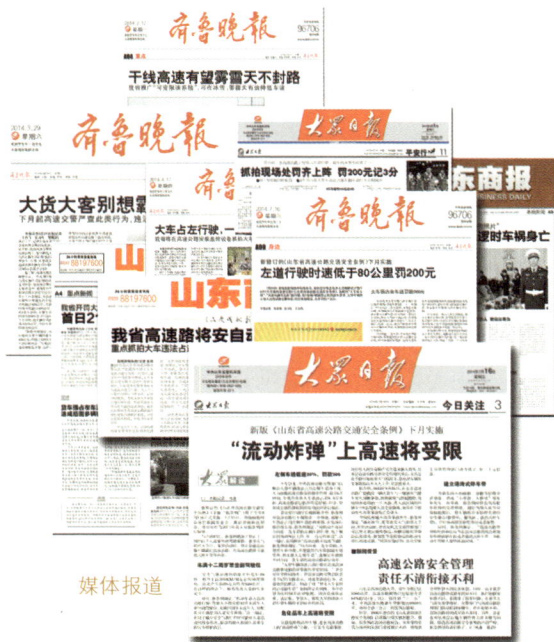

媒体报道

中央电视台对山东省高速公路交通管理工作进行报道

【《2016年关于开展高速公路交通秩序集中整治行动宣传工作的通知》节选】

为推进行动顺利开展，营造浓厚的集中整治氛围，各地要迅速组织开展整治行动宣传工作。要组织开展新闻媒体宣传，加强与电视、报纸、广播、网站等新闻媒体的联动合作，做好集中整治行动宣传工作，特别是统一行动日期间，要邀请媒体记者随警作战，大力宣传高速交警集中整治工作举措，曝光严重违法行为，扩大集中整治行动的社会影响力。要广泛开展阵地宣传，在高速公路收费站、服务区、警务室、跨线桥梁广泛悬挂集中整治宣传标语；在人员、车辆密集的服务区设置交通安全宣传展台，摆放宣传展板，播放交通安全提示音视频，发放宣传资料，开展安全宣传和便民服务；充分利用道路沿线可变限速版、路面和车载LED显示屏，循环播出集中整治宣传口号，营造强大的视觉冲击力。要积极开展新媒体宣传，充分利用微博、微信、政务头条号、E高速等新媒体方便快捷、受众广泛的优势，开辟集中整治行动专题，广泛宣传集中整治工作举措，发布高速路况、安全行车提示等，曝光查处的典型案例。

各支队、大队及民警个人微博、微信要与高速总队微博、微信相互配合，积极转发相关信息，形成矩阵，发挥宣传合力。要做好重点车辆驾驶人宣传，加强对营运客车、旅游包车、危化品运输车等重点车辆驾驶人的宣传教育；向辖区客货运输企业通报近期发生的重特大事故案例；通过重点车辆运输企业微信群积极开展宣传提示，加强对企业安全负责人及客运驾驶人的安全教育。广泛宣传危化品运输车夜间禁行举措，对违反禁行规定的车辆严格查处，并通过媒体进行曝光，增强震慑效力。

二、新媒体宣传不断增强

建立以"山东高速交警"账号为龙头，总队、支队、大队三级成建制进驻，微博、微信、今日头条三大主流客户端全网全覆盖的新媒体矩阵，总关注人数超过330万，全网阅读量累计突破3.1亿次，位列全国交警系统第一，实现了"遇有舆情积极发声、遇有困难积极协助、遇有警情快速联动"的实战效能。在微信平台上线定位报警小程序，实现了山东境内高速公路一键定位报警。2018年5月，在"抖音"短视频平台开通"山东高速交警"官方账号，短短半年时间，粉丝突破127万，获评全国公安机关十大政务抖音号。山东高速交警新媒体矩阵获评"全国公安政务新媒体创新服务奖""全国最具影响力公安头条号""公安交管十佳飞跃力微博账号"等16个全国性奖项。

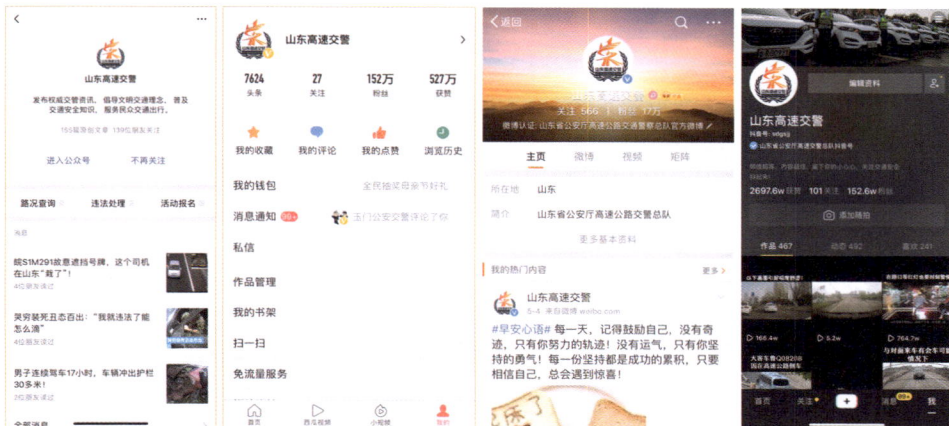

新媒体平台

【《山东高速交警新媒体管理办法》节选】

第一章 总则

第一条 为贯彻落实习近平总书记加快推动媒体融合发展，构建全媒体传播格局的重要讲话精神，推动山东高速交警媒体融合一体化发展进程，打造新形势下全媒体传播平台，充分展示山东高速交警工作的新气象、民警的新风采，进一步做好高速公路交通安全宣传工作，有效规范新媒体的运行维护，确保新媒体宣传工作健康良性发展，根据公安部《关于加强和改进公安新媒体建设管理工作的指导意见》（公通字〔2018〕9号）的要求，制订本办法。

第二条 本办法所称新媒体包括山东高速交警各级微博、微信公众号、头条号等各类新媒体认证账号及民警个人在上述平台开设的认证账号，共同组成山东高速交警新媒体矩阵。

第三条 山东高速交警新媒体工作目标：发布权威交管资讯，倡导文明交通理念，普及交通安全知识，服务民众交通出行，加强警民互动交流，实时掌握社情民意，正确引导社会舆论，展示高速交警形象，构建和谐警民关系。

第四条 新媒体矩阵以山东省公安厅高速公路交通警察总队（下称总队）账号"山东高速交警"为最高层级，与矩阵内其他成员建立纵向联系；以各市高速交警部门新媒体账号为主体，建立彼此间的横向联系；鼓励业务素质好，政治觉悟高的民警个人注册并使用新媒体认证账号，丰富矩阵载体，增强活跃度。

第五条 拟开设及已开设的新媒体账号，要向本级公安机关新媒体主管部门报备。新媒体矩阵建于新浪微博、腾讯微信、今日头条等新媒体平台，为保证其官方权威性，矩阵内所有账号必须全部通过新浪、腾讯、字节跳动等实名认证。民警未经所在单位同意、不以真实身份开设的个人新媒体账号，不得公开职业身份，不得使用公安标志、符号。

第六条 总队负责省级高速交警新媒体栏目的设置、更新维护、信息的收集整理、保密管理、人员培训及全省高速交警各级新媒体的督促检查工作。各地高速交警分别负责本级的高速交警新媒体栏目的设置、更新维护、信息的收集整理、保密管理、人员培训等。

第二章 工作职责

第七条 各高速交警支队应配备专门工作人员或专门工作团队负责内容编辑、活动策划等新媒体运维工作，不得以购买服务名义进行外包，团队内至少有1名责任感强、政治过硬、专业水平高、工作认真负责的专职民警，负责日常工作，并配备相应的办公设备、数字化装备，保障网络通信费用，不得单纯由辅警或聘用人员负责运营。明确1名支队分管领导，对发布的重要内容进行审核确认，保证信息发布权威、准确、及时。

建制全、人员足、硬件好的高速交警大队也应参照支队标准配备新媒体运营专职或兼职民警及相应设备，明确1名大队分管领导，对发布的重要内容进行审核确认。

第八条 各单位负责新媒体维护的民警负责本单位新媒体账号内容的采集、整理、发布、管理、维护工作。同时，按照总队统一部署，结合本单位工作实际，主动开展交通安全宣传、队伍宣传、舆情引导处置、警媒合作及警民互动等警察公共关系工作。鼓励开发新媒体便民服务功能，创新重点驾驶人、重点车辆管理服务方式。

第九条 总队建立新媒体维护联络群组，通过群组及时进行沟通、交流，第一时间处置有关舆情，形成宣传合力。

对总队通过新媒体发布的信息，各级高速交警部门要及时进行转发、互动，扩大覆盖面和影响力。各级高速交警部门新媒体发布的内容，需要总队新媒体转发的，应在新媒体维护联络群组内及时联系，总队根据情况给予转发或推广。

第三章 发布程序

第十条 根据"谁主管、谁负责"的原则，建立内容审核发布机制，严格执行"分级审核、先审后发、授权发布"的程序，严格落实管理责任。各高速交警支队、大队分管宣传工作的领导为本单位新媒体管理的"第一责任人"，负责内容审核把关。

第十一条　属于警务公开范围内的内容由各单位自行组织发布；对于法律法规解答、安全出行提示、业务咨询回复、群众办事指引类信息，各单位之间要相互配合、相互支持，积极、及时、准确地提供相关内容，由各单位自行组织发布。

第十二条　对涉及重大、敏感案（事）件的信息发布，要严格审批程序，确保信息发布权威、准确。涉及总队全局性工作、重要政策法规、重大案（事）件等重大信息的发布，应按新闻发布程序报总队领导批准发布。

第十三条　本辖区内发生有重大影响的交通事故、交通拥堵等突发事件时，严格落实依法处理、社会面管控和舆情引导三同步机制，第一时间通过新媒体进行发布，主动与当地新闻媒体进行沟通，积极引导舆论。

第四章　发布要求

第十四条　新媒体信息发布确保导向正确、内容健康、服务到位，遵循合法、及时、真实、便民的原则。各级高速交警新媒体要进行内容规划和信息分类，把握发布时间及频率，按时发布交管信息、警方提示、办事指南、政策法规、服务举措等信息，重大、敏感信息应报上级批准适时发布。发布内容要贴近民生民情，鼓励原创，不说官话、不打官腔，严禁擅自发布代表个人观点、意见及情绪的言论，严禁将公安内网信息直接发布在互联网。发布信息内容要认真落实信息公开和保密制度相关要求。

对网民提出的咨询、投诉、举报及其他问题依照职责及时给予解释和答复，或交由有关部门处置。主动搜索与全省高速公路公安交通管理工作相关的舆论，及时发现、积极应对涉警舆情，并加强与网友之间的互动交流，进行正面引导。

第十五条　新媒体在线发布信息及答复咨询时间为工作日的8：00至17：00，节假日的9：00至16：00，遇重大舆情、突发事件等特殊情况应确保24小时值守。各高速交警支队新媒体账号应发布不少于3篇原创内容，转发总队当天发布的内容不少于3次；每周至少发布1次微信公众号图文信息。矩阵内信息要相互转发，适当转发其他政务新媒体内容。

第十六条　严格把握信息处理的时效性，对网民提出的咨询、投诉、举报及其他问题，要进行分类整理，记录备案，一般应在1小时之内予以回应，同时迅速转至相应部门处理。对总队转办的"高速警事听您说"中涉及的网民咨询、投诉和举报类信息，各责任单位要在24小时内与当事人取得联系，对所反映的问题进行核实，属于交通违法、事故处理等业务范围的，详细告知其办理渠道。属于意见、建议类的信息，合理并具备可操作性的，要及时分类存档，研究制定改进措施，举一反三，以点带面，全面做好该类问题的整改工作，并在5个工作日内将办理结果反馈当事人，同时上报总队。

第十七条　总队负责对各单位新媒体发布的内容及信息更新情况，网民咨询、投诉、建议及其他问题的回复、解决、整理备案情况，以及信息保密情况进行跟踪监督，定期制发工作通报，对发现的问题及时提出改进意见和措施。

第五章　信息安全

第十八条　要提高政治站位，强化安全意识，建立健全新媒体信息安全管理制度。严格遵守国家有关法律法规，不得利用新媒体散布含有危害国家安全和社会稳定的信息，确保信息的权威性、严肃性和准确性。严格遵守各项保密规定，不得泄露国家秘密、工作秘密，注意保护未成年人和涉案当事人个人隐私。

山东高速交警新媒体不得转发未经国内权威部门或新闻媒体证实的境外媒体信息，不得发布商业类推广信息，不得擅自发布或转发公益类、慈善类筹款信息，不得过多发布与职责任务无关的信息。

第十九条　各单位及民警个人发现本单位微博、微信公众号、头条号等信息有泄密内容时，应及时采取补救措施，并按有关规定及时向领导报告。

第六章　培训考核

第二十条　总队每年组织一次全省新媒体工作培训，适时组织观摩学习和经验交流，提高民警业务水平。总队、支队根据工作需要实行新媒体工作岗位轮值轮训制度，培训新媒体工作骨干，力争每个支队有宣传专干，每个大队有通讯员。各支队定期组织本单位新媒体工作培训交流和实战训练，努力提升新媒体工作骨干工作能力。

第二十一条　总队对各单位新媒体运行管理情况实行月通报制度，每月通报运营情况。根据发布信息的数量和质量、影响力、粉丝数、互动程度等，年底组织全省高速交警系统优秀新媒体评选活动，对获奖单位及个人予以表彰奖励。

第七章　附则

第二十二条　本办法自印发之日起施行，原《山东高速交警"双微"宣传工作规范（试行）》同时废止，由总队负责解释。

【《关于加强高速交警双微宣传工作的通知》节选】

要充分认识"双微"平台在交通安全宣传方面的重要作用，迅速建立高速支队、大队"双微"平台，总队"双微"平台也将加快升级改造，力争迅速形成高速交警"双微"矩阵，将全省高速交警"双微"在同一平台运行，扩大宣传效果。一要加强互动，形成合力，提高"双微"矩阵影响力。高速总队、支队、大队三级"双微"平台要相互链接，加强关注，形成矩阵，发挥宣传合力，全力打造山东高速交警"双微"品牌。对部局、总队发布的信息，支队、大队"双微"平台要多转发、多评论、多参与、多支持，充分发挥互联网的辐射效应。对各地发布的优秀信息，总队也会进行推广发布，并向部局"双微"平台推荐报送。总队将会指定各支队轮流进行发帖，并对发帖质量进行评价指导，提高信息发布质量。二要加强维护，积极推广，充分发挥"双微"效能。加强本单位"双微"平台的日常维护，及时更新

新媒体宣传获奖奖杯、证书

内容，及时回复群众举报、咨询，力争多发原创信息，开展互动讨论，吸引群众关注。各单位要通过新闻媒体、网站、固定宣传牌、宣传品等渠道，对总队及本单位"双微"进行宣传推广，增加粉丝数量和关注度。同时，要积极开发"双微"平台的查询服务功能，力争实现适时路况、交通违法查询，法律法规咨询，事故快速处理，交通违法处理等功能，切实提高"双微"的宣传、服务效能。三要组建队伍，加强培训，提高信息发布效率。要确定一名责任心强、业务精通的民警负责"双微"工作，责任到人，确保工作落实到位。同时，要从高速交警、路政、养护、收费站、服务区工作人员中聘请热爱交通安全宣传工作的人员为信息员，组建高速公路信息员队伍，每个大队至少要聘请两名信息员。要加强培训，让信息员将社会关注的重要路况信息第一时间上报总队指挥中心，保证信息的时效性。总队将收集到的信息进行整理，编写安全提示信息、舆情引导信息、绕行方案等，经带班领导审核后，第一时间在"双微"平台发布。四要严格考核，定期通报，确保"双微"宣传有序开展。总队将把"双微"宣传作为一项重点内容纳入对各地宣传工作的综合考评，并定期对各地"双微"建设及运维情况进行检查通报。各支队也要制定相应的考核办法，建立"双微"工作台账，对大队"双微"宣传进行严格考核，发现问题及时整改，确保"双微"宣传工作有序开展。

三、阵地宣传不断拓展

积极协调高速公路管理经营单位，在高速公路收费站、服务区、跨线桥等醒目位置设置交通安全公益宣传栏、宣传牌，利用沿线电子显示屏循环播放交通安全提示，曝光重点违法行为。结合总队重点工作拍摄宣传专题片，制作发放宣传挂图、折页、光盘，在交通违法和事故处理大厅设置播放器，循环播放交通安全警示教育片。组织民警走进辖区运输企业、沿线村庄、学校，开展交通安全宣传，从源头上提升驾驶员、村民和学生的交通安全意识。

威海高速交警在威海汽车站启动"行万里无违法、奖励万元通行卡"活动

【《山东省高速公路交通安全宣传阵地建设规范》节选】

第一章　总　则

第一条　为进一步规范全省高速公路交通安全宣传阵地建设，统一交通安全设施设置标准，营造浓厚的交通安全宣传氛围，切实提高广大交通参与者的交通安全意识、交通法制意识和交通文明意识，最大限度地预防和减少道路交通事故，制定本规范。

第二条　本规范适用于高速公路收费站、服务区、道路沿线、跨线桥梁、警务室及高速公路交警支队、大队驻地的交通安全宣传教育设施的设置。

第三条　高速公路交通安全宣传阵地建设要坚持形式多样、内容丰富、注重实效、通俗易懂的原则。

第二章　宣传设施的种类

第四条　固定式宣传设施，主要包括固定标牌、墙体标语、交通事故展台、宣传橱窗、固定电子显示屏等。

第五条　移动式宣传设施，主要包括条幅标语、宣传品、宣传展板、宣传品架、车载电子显示屏等。

第六条　宣传设施应定期检查维护，设施损坏的，应及时修复、更新，确保宣传设施完好、整洁。

第七条　宣传设施的内容以高速公路交通安全管理政策、法律法规、文明交通、交通安全常识、安全提示、严重交通违法行为的危害、典型事故案例等为主。

第八条　宣传设施内容原则上3至6个月更新一次，也可根据辖区交通安全管理形势和开展的集中整治行动随时更新。

第三章　宣传阵地设置

第九条　高速公路收费站宣传阵地

（一）收费站区要设置大型宣传围挡，以喷绘图案和安全提示为主；道路两侧摆放6块以上宣传展板，面向公路路面，内容以安全提示为主，重点突出严重交通违法的危害、安全驾驶技能、安全防范知识、紧急处置方法等；

（二）收费亭窗口要粘贴温馨提示语和交通安全宣传图片；

（三）站口LED显示屏要循环播出交通安全提示语；

（四）由收费员发放交通安全宣传品。

第十条　高速公路服务区宣传阵地

（一）在服务区明显位置设立1块大型宣传围挡或者立柱式大型宣传牌，以安全行车提示画面和文字为主要内容，重点突出交通礼仪、交通安全常识、紧急处置方法等；

（二）在服务区内客车停车区设置2块以上不锈钢固定宣传栏，以高速公路交通法规、典型案例为主要内容；

（三）在服务区设置高速公路交通事故展台及事故简介；

（四）在车流客流较大的服务区设置交通安全服务站，为过往驾乘人员提供违法查询、处理、便民服务、宣传教育及临时休息场所；

（五）在服务区墙体喷涂交通安全提示语；

（六）有LED显示屏的服务区，要循环播放安全行车提示；

（七）在通往服务区超市、餐厅、卫生间的通道两侧各摆放4块以上宣传展板，内容以知识教育为主，重点突出文明交通、交通安全常识、交通安全自我保护等；

（八）在室内适当位置安装媒体播放器，循环播出交通安全宣传片；

（九）在服务区餐厅每个餐桌摆放宣传桌牌；

（十）在服务区厕所厕位前粘贴安全宣传小展板；

（十一）在车站、超市、餐厅摆放宣传品架，放置宣传材料。

第十一条　高速公路沿线宣传阵地

（一）高速公路沿线，每5公里设置一个统一标准的固定宣传牌，内容以安全提示文字和画面为主；

（二）在违法行为比较集中路段和事故多发路段设置有针对性提示语的固定宣传牌或者LED显示屏；

（三）在隧道、临水临崖等危险路段设置警示性安全提示牌或者LED显示屏；

（四）路面龙门架LED显示屏要循环播出高速公路安全行车提示；

（五）跨线桥梁（双面）要有喷绘型标语，内容为警示性标语和处罚标准，标语为蓝底白字；

（六）两侧护坡、山体、桥墩要粉刷宣传标语，以安全提示为主，重点突出严重交通违法的危害、安全行车常识、交通安全自我保护等；

（七）在有超速抓拍的路段要设置"前方超速抓拍"或者"全程超速抓拍"等固定提示牌。

第十二条　警务室宣传阵地

（一）在警务室外设置固定不锈钢宣传栏1至2个，内容以《交通安全法》和《山东高速公路安全条例》中常见违法行为处理规定为主；

（二）警务室内设置宣传展板2-3块，内容以常用高速公路交通管理法律法规、文明交通、交通礼仪、交通安全常识、严重交通违法行为的危害等为主；

（三）违法处理等候区要摆放宣传品架，放置宣传手册、卡片等宣传材料，宣传材料要每天进行清点，少于50份时应及时添加；

（四）违法处理窗口要摆放宣传桌牌。

第十三条　高速交警支队和大队驻地

（一）驻地院内要有2个以上不锈钢报栏式宣传栏（内容可更换），内容以相关法律法规、警务公开为主；

（二）违法处理窗口、事故处理窗口要摆放宣传桌牌，等候区要放置影视播放器材和宣传展板，内容以交通安全常识、严重交通违法行为的危害、安全防范知识、紧急处置方法、典型事故案例剖析等为主；

（三）营区墙面要有喷绘标语，标语为蓝底白字，字体统一为印刷黑体，要求文字简洁工整，内容积极向上。

第二章　约谈重点运输企业，消除源头事故隐患

为强化对危化品运输车等重点车辆的管控力度，督促企业落实主体责任，消除源头事故隐患，2016年1月28日，山东高速交警总队首次对来自全省各地交通违法和交通事故较多的37家危化品运输企业负责人进行了约谈。会议通报了全省通行高速公路"两客一危一货"重点车辆违法情况，共同研究探讨加强高速公路交通秩序管理和有效预防交通事故的途径和办法，合力推动行业监管部门与运输企业落实安全主体责任。

重点运输企业负责人约谈会

【《山东高速交警总队关于约谈36家运输企业负责人有关情况的报告》节选】

为进一步加强源头监管，切实消除安全隐患，1月28日，山东高速交警总队召开全省重点运输企业负责人约谈会，对2015年在高速公路上交通违法较多的36家运输企业进行约谈，通报重点企业在高速公路上的违法情况及存在的安全隐患，督促落实安全主体责任，强化企业日常管理。

会上，高速交警总队对全省客运车辆、危化品运输车和货车交通违法及事故情况进行通报，分析运输企业在日常安全管理工作中存在的问题，使运输企业负责人意识到当前交通安全工作的严峻性和整改问题的紧迫性。同时，对《刑法修正案（九）》和《最高人民检察院公安部关于公安机关管辖的刑事案件立案追诉标准的规定（一）》以及《关于依法加强对社会单位道路交通安全责任追究工作的意见》等有关法律法规和政策规定进行解读，进一步明确企业所担负的安全主体责任，使运输企业认识到失职失责的严重后果，牢固树立红线意识、底线意识。

针对运输企业存在的安全隐患，高速交警总队提出六条加强日常安全管理的工作要求。一是加强内部安全教育。企业要制订长期、系统、正规的交通安全教育培训规划，对驾驶人、押运员、交通安全员等人员定期进行法律法规及安全行车教育，杜绝超员、超速、超载、疲劳驾驶、违法占道等交通违法行为，提高安全防护意识和隐患处置能力，由"要我安全"向"我要安全"和"我会安全"转变。二是严格执行限行规定。高速公路严禁危化品运输车每日19时至次日6时通行，遇有恶劣天气和重大节日、重要活动等严禁通行；严禁大型客运车辆每日凌晨2时至5时和遇有恶劣天气时通行。三是定期落实车辆安全状况检查。拒绝"带病"、拼装改装、逾期未检验等车辆上路行驶，已达到报废年限的车辆要及时办理报废手续。按规定要求对危化品运输车辆安装和使用紧急切断装置。四是加强动态监管工作。确保车辆运行过程中全部在线、正常运行、有效监控，监管人员24小时在岗在位，发现违法问题及时通知纠正。五是普及事故快处快赔知识。企业要开展事故快处快赔知识专题培训，确保驾驶员掌握高速公路快处快赔、事故救援方法，避免"小事故大拥堵"现象和二次事故、次生事故的发生。六是积极参加社会交通安全宣传教育活动。鼓励驾驶员积极参加"两客一危一货"车辆"行万里无违法、奖万元通行卡"活动，营造浓厚守法氛围；配合重点车辆运输企业微信群宣传工作，落实安全教育主体责任，把微信群打造成为对驾驶人进行安全教育、传递交通安全管理信息的重要平台。

高速交警总队邀请山东卫视、齐鲁晚报、大众网、山东交通广播等10余家省级新闻媒体对会议进行了报道，对安全隐患较为突出的青岛中国石油天然气运输公司山东分公司、烟台安吉汽车物流（山东）有限公司和德州中国石油天然气运输公司齐河分公司等3家企业进行了曝光。

2016年2月2日，时任山东省公安厅常务副厅长毕宝文在《"对生命安全负责，向交通事故宣战"工作情况专报》第92期《狠抓源头管理，落实主体责任——高速总队召开全省重点运输企业负责人约谈会》上作出批示："约谈重点企业负责人的做法好！要形成制度机制，真正把企业的主体责任抓实。"

"1.28"约谈会也标志着全省各级高速公路交警部门正式建立起重点运输企业定期约谈机制。山东高速交警总队每半年约谈一次，各市每季度约谈一次，截至2018年底已经举办各类约谈会65次，共约谈交通违法多、安全隐患大的运输企业600余家，并全部通过媒体曝光其交通违法和交通事故情况。被约谈运输企业针对自身问题认真进行整改，强化源头监管，逐级落实安全责任，所属车辆违法率大幅下降。

第一次约谈会后，被省级媒体曝光的3家运输企业违法车辆占比下降了44%。约谈会前，德州中石油天然气运输齐河分公司74.3%的运输车辆存在违法行为，平均每车违法次数高达15.2起；中石油天然气运输青岛分公司存在26辆脱审车辆，占其车辆总数的23.2%。约谈会后，青岛交警支队、德州高速支队迅速督促企业落实安全管理措施，2～6月份，中石油天然气运输青岛分公司、德州中石油天然气运输齐河分公司交通违法行为大幅度下降，中石油天然气运输青岛分公司所属325辆车只有1辆存在违法行为，德州中石油天然气运输齐河分公司所属70辆危化品运输车实现了零违法，约谈取得显著成效。

召开重点运输企业负责人约谈会

【《通行高速公路重点车辆运输企业约谈制度》】

第一条 为进一步加强通行高速公路重点车辆交通安全管理，督促运输企业落实安全生产主体责任，制定本制度。

第二条 本制度所称的重点车辆，是指通行高速公路的公路客运车辆、旅游客运车辆、危险品运输车辆、大型货物运输车辆。

第三条 约谈制度由省厅高速交警总队、各市高速交警支队负责实施。

第四条 有下列情形的，应当组织约谈：

（一）重点车辆严重交通违法行为突出；

（二）运输企业所属车辆交通违法现象突出；

（三）重点车辆发生致人死亡交通事故，负主要以上责任的。

第五条 高速交警总队每半年在全省范围内开展一次约谈。各市高速交警支队每季度对辖区内运输企业开展一次约谈。

第六条 发生致人死亡交通事故的，适时组织约谈。发生死亡1～2人交通事故的，由各市高速交警支队约谈。发生死亡3人以上交通事故的，由高速交警总队组织约谈。

第七条　约谈内容：

（一）通报重点车辆交通违法和事故情况；

（二）宣传交通安全法律法规和交通安全管理工作措施；

（三）督促企业落实安全生产主体责任。

第八条　约谈对象包括重点车辆驾驶员和运输企业负责人。

第九条　约谈形式分为集体约谈和个别约谈。

第十条　约谈时可邀请安监、交通运输、新闻媒体等单位参加。

第十一条　约谈后，根据情形，对相关重点车辆和运输企业作出以下处理：

（一）下达交通安全隐患整改通知；

（二）向媒体曝光交通违法行为和事故情况；

（三）抄告安监、交通运输等行业安全主管部门；

（四）依法对运输企业或负责人作出处罚。

第十二条　被约谈单位无故不参加约谈、约谈后未及时落实整改要求以及整改后仍存在交通违法和事故多发情形的，将运输企业所属车辆录入缉查布控系统，加大通行高速公路时的交通安全监管力度。

第十三条　本办法自印发之日起施行。

【《田玉国同志在无违法奖励活动开奖仪式暨重点运输企业负责人约谈会上的讲话》节选】

欢迎大家参加今天的会议。在刚刚过去的一年，高速总队按照省公安厅和公安部交管局工作部署，统筹谋划，整体推进，先后部署开展了全省高速公路预防较大交通事故专项整治行动，牵头组织了华东片区高速公路联动整治行动，扎实开展了货车超限超载整治和商品车运输车整治专项行动，各市高速交警部门依托科技建设，强化路面管控，严查严重交通违法行为，逐个击破违法顽疾，全面消除事故隐患，有力维护了全省高速公路的正常行车秩序。2016年全省共查处各类违法行为589万起，其中现场查处各类交通违法行为148万起、抓拍录入各类违法行为441万起，我省高速公路通行环境和交通秩序得到进一步净化和改善。

但是，即便在这种严管高压态势下，仍有部分驾驶人漠视交通法规，肆意违法驾驶，扰乱交通秩序。部分运输企业负责人对安全生产不够重视，没有尽职尽责地履行好安全管理主体责任，放松源头管理和安全监管，企业所属车辆存在大量的交通违法和安全隐患，致使交通事故频频发生。省委省政府和公安厅领导多次作出批示，要求采取有力措施遏制交通事故的发生，并严格落实责任追究制度，对相关事故责任人该处罚的处罚，该追刑的追刑，绝不姑息。去年已经有多名驾驶员、车主和运输企业的负责人被追究刑事责任，大家一定要引以为戒，切实把安全责任担负起来。2017年刚刚开始，我们一定要总结经验，吸取教训，采取有效举措，坚决遏制住严重交通事故频发的势头，为高速公路的畅通有序和群众安全出行提供有力保障。

交通事故预防工作是一项综合性的社会工程，光凭交警部门单打独斗是难以完成的，必须社会各界齐抓共管，共同努力，才能从根本上预防和减少交通事故的发生，而加强运输企业源头管理，督促企业落实安全主体责任就是其中一个重要组成部分。为此我们制定了《通行高速公路重点车辆运输企业约谈制度》，对交通违法现象突出和发生致人死亡交通事故的运输企业负责人定期进行约谈。2016年，高速总队组织了两次全省性的重点运输企业约谈，各市高速支队组织开展约谈活动56次，共有500余家重点车辆运输企业被约谈。通过约谈，集中将查处的安全隐患、交通违法情况和典型交通事故案例及追责情况向车辆所属企业进行通报，并通过新闻媒体进行宣传曝光，扩大宣传声势。被约谈的企业积极整改，所属车辆交通违法行为同期下降55%，有的企业实现了零违法。实践证明，运输企业认真履行法定义务，是减少交通违法的有效途径。今天，我们又约谈了在全省违法率较高的42家客运、货运和危化品运输企业的负责人，目的就是为了引起大家足够的重视，警示广大驾驶人和运输企业，压实安全主体责任。

2016年，在车辆保有量稳步上升的情况下，违法车辆数整体呈现下降趋势，危化品车辆和货运车辆企业尤为明显，这既是交警、交通部门严格管理的结果，也有运输企业加强对所属车辆源头管理的作用。但去年部分客运企业的违法车辆数呈上升趋势，这些数字说明咱们的客运企业还存在严重的管理漏洞，部分客车驾驶员存在诸多的不良驾驶习惯，需要通过加强学习教育，来督促他们改掉这些危险的陋习。

交通违法居高不下势必会导致交通事故的发生，这是一个客观规律。今天到场的还有去年在高速公路发生一次死亡3人以上交通事故的3家运输企业负责人，这3家企业的违法车辆占比20.9%、32%、36.6%，平均每车违法起数为1.9、2.7、3.8。所以，这3家企业所属车辆的高违法率是发生事故的重要原因。现在，他们对交通事故带来的损害后果肯定是刻骨铭心。交通事故导致人员伤亡的背后不只是简单的经济赔偿，更是导致了一个个家庭支离破碎，给他们的家人造成终生的痛苦。

从2016年全省高速公路交通事故发生情况来看，按时间段分析，4~8时接报交通事故起数和死亡人数最多，分别占总数的22%和27%；0~4时分别占总数的21%和26%；按路段分析，G1511日兰、G3京台和G2京沪高速公路交通事故起数最多，各占总数的14%、12%、11%；按交通事故形态分析，追尾碰撞交通事故最多，占总数的63%；按交通事故原因分析，在同车道行驶中不按规定与前车保持必要的安全距离引发的交通事故突出，占总数的26%；按事故车辆类型分析，驾驶重型货车发生交通事故起数和死亡人数最多，分别占总数的43%和48%。去年全省高速公路发生了9起一次死亡3人以上的较大事故，有8起与大货车和大客车有关。

从上面的数据可以看出，大型货车、客车是导致交通事故尤其是死亡交通事故的重点车辆，这里面有很大原因就是我们的运输企业忽视安全生产，不履行安全监管责任，导致了这一幕幕人间悲剧的发生。所以，作为运输企业负责人，必须把安全生产放在首要位置，切记没有安全就没有效益。我们交警、交通等相关职能部门也必须要采取有力措施，加强重点运输企业监管，督促和协助运输企业切实落实好安全生产主体责任。

今天约谈后，各高速交警支队要根据辖区运输企业违法情况，立即落实下列措施：一是尽快给企业下达交通安全隐患整改通知书，并定期进企业检查督导，确保措施落实到位，并形成常态化工作机制。二是及时向媒体曝光严重交通违法行为和事故情况。根据省领导要求，对严重交通违法行为和造成人员死亡的交通事故，要通过电视、报纸、广播、网站等主流媒体和微博微信进行曝光警示。总队也在新浪山东设置"畅行高速"固定板块，建立了重点运输企业违法行为和典型交通事故曝光台，对广大群众进行交通安全教育和警示，并激励运输企业进行内部隐患整改。三是将企业违法情况抄告安监、交通运输等行业安全主管部门，对违法运输企业加大联合管理和处罚力度。四是依法对运输企业或负责人作出处罚。对无故不参加约谈、约谈后未及时落实整改要求，仍存在交通违法和事故多发情形的，将运输企业所属车辆录入缉查布控系统，加大通行高速公路时的交通安全监管力度，确保我们的约谈和安全整改落实到位。五是要充分利用我们建立的省、市两级重点车辆运输企业安全宣传微信群进行广泛宣传，结合常见交通违法和交通事故的特点，有针对性地开展宣传教育。及时发布高速路况信息和限行措施，定期推送高速公路安全行车常识，通过典型的交通违法和交通事故案例进行警示教育。今天到场的各位企业负责人，一定要及时将我们推送的信息传达到所属的每一位驾驶人，切实让驾驶人时刻保持警觉，自觉遵法驾驶。作为运输企业来讲，经济效益固然重要，但是如果我们只是为了挣钱，忽视交通安全和社会责任，心存侥幸心理，超员超限超载运输，在现在这种严管高压态势下，一是很难逃避交警和交通运输部门的查处，并且要卸客卸货转运，直接导致运营成本的提高。二是一旦发生重大交通事故，造成车毁人亡，不但会给受害者及其家庭带来不可估量的伤害，也会使企业倾家荡产，我们的企业主也会被追究刑事责任，真要走到那一步后悔都晚了。我们这方面是有血的教训的。常言道，亡羊补牢，为时不晚，同志们一定要加强安全管理，教育所属的驾驶人时刻绷紧安全这根弦，一旦发生事故给自己和他人造成生命财产损失，必将追悔莫及。大家一定要做到未雨绸缪，下大力气抓安全，最大限度除隐患，使我们的运输企业做到安全和效益齐头并进。

第三章 奖励无违法，倡导文明行

一直以来，一些驾驶人对交警查处交通违法行为存在偏见，认为交警对违法驾驶人进行处罚是为了罚款，而忽视了查处交通违法对于规范路面行车秩序，预防和减少交通事故，保障群众出行安全的重要作用。为弘扬文明出行社会风尚，激励驾驶人自觉遵守高速公路交通安全法律法规，各级高速公路交警部门树立"奖罚并重"理念，自2015年8月1日开始，山东高速交警总队和山东高速信联支付有限公司先后联合开展了"行万里无违法、奖万元通行卡""行车无违法、大奖送到家""文明行车无违法、万元大奖等你拿"系列高速公路行车无违法奖励活动，联合山东文艺广播、中石油山东分公司连续开展了两季"无违法、油奖励"活动。

各类奖励活动

【与山东高速信联支付有限公司联合下发《关于在全省高速公路开展"行万里无违法、奖万元通行卡"活动的通知》】

为弘扬高速公路文明出行社会风尚,激励客运车辆、旅游包车、危化品运输车及12吨以上重型货运车辆(以下简称:"两客一危一货"车辆)驾驶人自觉遵守高速公路交通安全法律法规,有效预防和减少重特大道路交通事故的发生,山东省公安厅高速公路交通警察总队、山东高速信联支付有限公司决定,在通行山东省高速公路的"两客一危一货"车辆中开展"行万里无违法、奖万元通行卡"活动。在山东省境内高速公路通行的"两客一危一货"车辆均可参与。参与活动的"两客一危一货"车辆在规定时间内,符合下列条件,可获取抽奖资格。获奖驾驶人根据奖项等级,分别奖励不同数额的高速公路通行费或信联卡。(一)活动期间内,在山东省境内高速公路行驶里程不少于一万公里(以使用信联卡或ETC通行卡缴纳高速公路通行费记录进行计算)。(二)活动期间内,车辆无交通违法行为和责任交通事故。(三)车辆按时参加公安、交通、质检、环保等部门的相关检验。

奖项设置:(一)一等奖6名,各奖励价值1万元的高速公路ETC通行卡或信联卡;(二)二等奖30名,各奖励价值3000元的高速公路ETC通行卡或信联卡;(三)三等奖60名,各奖励价值1000元的高速公路ETC通行卡或信联卡。

活动程序:(一)组织报名。符合报名条件的车辆,在活动期限内,由驾驶人或车主携带行驶证,到省内任一高速交警部门或山东高速ETC充值网点进行报名登记。车辆没有办理ETC通行卡的,必须到山东高速ETC充值网点进行报名,将免费发放山东高速信联卡一张,由报名点工作人员详细登记报名车辆的车号、车辆所属单位、车主或驾驶人姓名及联系方式。(二)资格确认。报名后领取印有活动主题的不干胶LOGO贴纸,用手机微信扫描贴纸上的二维码,关注"山东高速交警"微信公众号。将贴纸贴于车辆明显位置,用手机拍照后(照片要包含贴纸和清晰车牌号),发送至"山东高速交警"微信公众号,即报名成功。(三)筛选上报。各市高速交警支队和山东高速信联支付有限公司各分公司要联合做好报名车辆的汇总和筛选工作。信联支付有限公司负责统计报名车辆的行驶里程，将行驶一万公里以上车辆的车号提供给当地高速交警支队，高速交警支队将审核后无违法、无责任事故的车辆进行汇总，分别于2015年9月30日、2015年12月31日、2016年3月31日前报送高速总队。（四）抽奖公示。组织对符合条件的车辆进行抽奖。抽奖结果通过山东高速交警官方微博和微信实时发布，并将在省级新闻媒体公示。（五）奖品领取。获奖车辆驾驶人或车主携带车辆行驶证和本人身份证，于1个月内到指定地点领取奖品。逾期不领取的，视为自行放弃。

活动要求：（一）提高认识，认真组织实施。各高速公路交警支队、大队，山东高速信联支付有限公司各分公司、各服务网点要高度认识开展此次活动对规范行车秩序、预防交通事故的重要意义，认真组织实施，指定专人负责本次活动的报名、登记及汇总上报工作，确保统计数据准确无误。各高速支队、大队要于8月1日在当地汽车站、客运企业或危化品运输企业组织开展活动启动仪式，在全省掀起活动热潮。（二）加强宣传，扩大活动影响力。各级高速交警部门和山东高速信联支付有限公司各分公司要加强对此次活动的宣传推广，向处理违法、办理通行卡业务的车主广泛宣传，鼓励和协助车辆驾驶人积极参与活动，争取使更多符合条件的车辆参与到活动中来。要在高速公路服

"驾车零违法 油奖带回家" 活动启动仪式

务区、收费站设置宣传展板或海报，同时利用LED显示屏滚动播出活动相关内容，扩大活动参与面和社会影响力。（三）把握重点，提高"两客一危一货"车辆的参与率。"两客一危一货"车辆是造成重特大交通事故的重要隐患，也是举办本次活动的重点对象。各地高速交警部门要深入本辖区内通行高速公路的"两客一危一客"运输企业，对本次活动进行宣传推广，辖区内所有"两客一危"运输车辆全部参与活动，12吨以上货车要尽可能多地参与进来，确保活动取得实效。

【与山东高速信联支付有限公司联合下发《关于在全省高速公路开展"行车无违法、大奖送到家"活动的通知》】

为激励广大驾驶人自觉遵守高速公路交通安全法律法规，有效预防和减少重特大道路交通事故的发生，山东省公安厅高速公路交通警察总队、山东高速信联支付有限公司决定，自2016年7月1日起，在所有通行山东省高速公路的车辆中开展"行车无违法、大奖送到家"活动。通行山东省境内高速公路且办理山东高速ETC卡的车辆均可参与。

奖项分类：（一）截至12月31日活动结束，计算所有参与活动车辆中无交通违法且无责任交通事故的车辆在高速公路的行驶里程，排前2名的各奖励1万元通行费；第3～10名各奖励5000元通行费；第11～30名各奖励1000元通行费。（二）所有报名参加活动的载客汽车，活动期间有3次以上高速公路ETC通行记录且无交通违法行为和责任交通事故，即可参与抽奖。一等奖2名，各奖励10000元通行费；二等奖10名，各奖励3000元通行费；三等奖50名，各奖励1000元通行费。

活动程序：（一）组织报名。为方便驾驶人报名，"山东高速交警"微博、微信和"E高速"手机软件都开发了活动报名端口，在活动期限内，驾驶人只要关注"山东高速交警"或者"信联ETC卡"微博、微信，或下载"E高速""满易行"手机软件即可进行网上报名。也可由驾驶人或车主携带行驶证和山东高速ETC卡到省内任一高速交警部门或山东高速ETC充值网点进行报名登记，由报名点工作人员详细登记报名车辆的车号、车辆所属单位、车主或驾驶人姓名及联系方式。（二）上报筛选。各市高速交警支队和山东高速信联支付有限公司各分公司要联合做好活动宣传及报名工作。各交警支队要及时整合双方报名车辆，并将车辆信息及时录入无违法奖励系统。网上报名车辆由总队负责统计录入系统。高速总队负责筛选报名车辆中无违法、无责任事故的车辆，由山东高速信联支付有限公司统计其行驶里程，根据行驶里程数确定中奖车辆。（三）中奖公示。对行驶里程数前30名的中奖车辆和参与抽奖的中奖车辆，将通过山东高速交警官方微博和微信实时发布，并将在省级新闻媒体公示。（四）奖品发放。由山东高速信联支付有限公司将奖金直接充值到中奖车辆的ETC卡中，中奖驾驶人需在一个月内确认奖金到位情况。一等奖驾驶人需携带身份证、行驶证和ETC卡到最近的ETC充值网点领取奖品。

活动要求：（一）提高认识，加强组织领导。这次活动涉及车辆范围广，活动时间长，各高速公路交警支队、大队，山东高速信联支付有限公司各分公司、各服务网点要高度认识开展此次活动对规范高速公路行车秩序、预防交通事故的重要意义，加强双方的协调配合及活动的组织领导，确定一名领导负责本次活动的报名、登记及汇总上报工作，确保统计数据准确无误，活动开展有序。（二）加强宣传，扩大活动影响力。各高速交警支队、大队，各高速信联支付分公司要于7月1日活动首日在收费站、服务区和辖区运输企业集中开展活动宣传报名工作。各市高速交警部门和山东高速信联支付有限公司各分公司要联合对此次活动进行宣传推广，向处理交通违法、办理通行卡业务的驾驶人广泛宣传，鼓励引导他们参与活动。要在高速公路服务区、收费站设置活动宣传展板或海报，同时利用LED显示屏滚动播出活动相关内容，扩大活动参与面和社会影响力。（三）把握重点，提高重点车辆的参与率。营运客运和危化品运输车辆是造成重特大交通事故的重要隐患，要把客运和危化品运输驾驶人列为活动的重点对象。私家车数量多、交通违法多，也要加大宣传报名力度，尽可能多地让通行辖区的重点车辆和私家车驾驶人参与到活动中来，确保活动取得实效。

活动抽奖现场

【与山东高速信联支付有限公司联合下发《关于在全省高速公路开展"文明行车无违法、万元大奖等你拿"活动的通知》】

为持续激励广大驾驶人自觉遵守高速公路交通安全法律法规，文明驾驶，安全出行，使奖罚并重理念深入人心，有效预防和减少道路交通事故的发生，山东省公安厅高速公路交通警察总队、山东高速信联支付有限公司决定，自2017年6月1日起，在所有通行山东省境内高速公路的车辆中开展"文明行车无违法、万元大奖等你拿"活动。通行山东省境内高速公路的所有车辆均可参与。

奖项分类：（一）截至12月31日活动结束，计算所有参与活动车辆中无交通违法且无责任交通事故的车辆在高速公路的行驶情况，其中货车按照行驶里程进行排名，第1名奖励1万元通行费，第2至10名各奖励2000元通行费，第11至20名各奖励1000元通行费。客车按照通行ETC次数进行排名，第1名奖励1万元通行费，第2至10名各奖励2000元通行费，第11至20名各奖励1000元通行费。（二）按所有参与活动车辆中无交通违法且无责任交通事故的车辆通过"高速ETC"手机App充值情况进行排名，充值金额排名第1名的奖励1万元通行费，第2至10名各奖励2000元通行费，第11至20名各奖励1000元通行费。（三）所有报名参加活动的车辆，活动期间有3次以上高速公路ETC通行记录且无交通违法行为和责任交通事故，即可参与抽奖，一等奖1名，奖励10000元通行费；二等奖10名，各奖励3000元通行费；三等奖20名，各奖励1000元通行费。

活动程序：（一）组织报名。在活动期限内，已经办理山东高速ETC通行卡的驾驶人只要关注"山东高速交警"或者"高速ETC"微信公众号，或下载"高速ETC""e高速"手机App即可进行网上报名。没有办理ETC通行卡的车辆，由驾驶人或车主携带行驶证到省内任一山东高速ETC充值网点进行报名登记，由报名点工作人员详细登记报名车辆的车号、车辆所属单位、车主或驾驶人姓名及联系方式，并免费赠送ETC通行卡一张。（二）上报筛选。各支队和山东高速信联支付有限公司各分公司要联合做好活动宣传及报名工作。各支队要及时整合双方报名车辆，并将车辆信息录入行车无违法奖励系统。网上报名车辆由总队负责统计录入，并筛选报名车辆中无违法、无责任事故的车辆。山东高速信联支付有限公司统计其行驶里程，根据行驶里程确定中奖车辆。（三）中奖公示。对中奖车辆，将通过山东高速交警官方微博和微信及时发布，同时在新闻媒体予以公示。（四）奖品发放。山东高速信联支付有限公司将奖金直接充值到中奖车辆的ETC通行卡中，中奖驾驶人需在三个月内领取奖金。一等奖驾驶人需携带身份证、行驶证和ETC卡到山东高速ETC充值网点领取奖品。

活动要求：（一）提高认识，加强组织领导。各支队、大队，各高速信联

民警走进运输企业宣传油奖励活动

支付分公司要高度认识开展此次活动对规范高速公路行车秩序、预防交通事故的重要意义，加强组织领导及活动的协调配合，确定专人负责本次活动的报名、登记及汇总上报工作，确保统计数据准确无误，活动开展有序。（二）加强宣传，扩大活动影响力。各支队、大队，各高速信联支付分公司要于6月1日活动首日在收费站、服务区、ETC充值网点和辖区运输企业集中开展活动宣传报名工作。为提高群众知晓率，总队将设计制作部分挂图、折页、展架等活动宣传品下发各地。各单位要联合对此次活动进行宣传推广，向处理交通违法、办理通行卡业务的驾驶人广泛宣传，鼓励引导他们参与活动。要在高速公路服务区、收费站摆放活动宣传展板、张贴海报，同时利用路面LED显示屏滚动播出活动相关内容，扩大活动参与面和社会影响力。（三）广泛发动，确保活动参与数量。各支队、大队，各高速信联支付分公司要加强活动报名工作，要安排人员进入运输企业组织开展活动集体报名，尤其要把通行辖区的营运客车和危化品运输车辆列为活动的重点对象，动员驾驶人参与活动。要利用周末、国

为获奖驾驶人颁奖

庆假期私家车出行集中的特点，在服务区开展集中报名工作，让更多驾驶人参与到活动中来，确保活动取得实效。

系列奖励活动由第一期以危化品运输车辆和营运客车为主的参与车辆，逐步普及到通行高速公路的所有车辆。只要参与活动的车辆在活动期间没有交通违法行为和责任交通事故，都有机会得到万元大奖。活动期间，全省各级高速公路交警部门积极开展声势浩大的启动仪式，通过网上网下相结合的方式，广泛组织活动宣传和报名工作。先后组织了5次启动仪式和11次开奖活动，每次都邀请省内各大运输公司负责人和省级主流媒体记者参会，并在每期开奖仪式后，连续开展重点隐患运输企业集体约谈活动，将"奖励"与"约谈"合二为一，奖罚并举、正向引领，有效提升活动社会效果。据统计，活动报名参与总人数突破53万人次，累计发放各类奖励820余万元。参与活动车辆的违法率与活动初期相比平均下降了28.6%，广大驾驶人自觉遵法出行意识明显提高，真正做到"守法得奖励、违法必受罚"。

【《田玉国同志在无违法奖励活动开奖仪式暨重点运输企业约谈会上的讲话》节选】

欢迎大家在百忙之中来参加今天的会议。这次高速公路"文明行车无违法、万元大奖等你拿"活动自2017年6月1日开展以来，各地高速交警和信联支付公司积极开展活动宣传，深入辖区企业组织报名工作，同时在官方微信、e高速等平台推出网上报名程序，方便群众报名，有效扩大了参与范围。刚才我们对在活动期间无交通违法行为的驾驶人进行了奖励，有80名模范遵章守法的驾驶人分别获得了1000至10000元的通行费大奖，再次对他们表示热烈的祝贺。

自2015年开始，高速总队和山东高速信联支付有限公司先后联合开展了"行万里无违法、奖万元通行卡""行车无违法、大奖送到家""文明行车无违法、万元大奖等你拿"系列高速公路行车无违法奖励活动，联合山东文艺广播、中石油山东分公司开展了"无违法、油奖励"活动，参加活动总人数突破45万人次，累计发放各类奖励600余万元，起到了良好的社会效果，广大驾驶人自觉遵法出行意识明显提高，山东高速交警奖罚并重理念深入人心。在此，我也对长期以来支持赞助无违法奖励活动的山东高速信联支付有限公司、中石油山东分公司表示衷心的感谢！

我们连续开展行车无违法奖励活动，目的就是为了激励广大驾驶人自觉遵守交通法规，养成安全行车、文明行车的良好习惯，从而减少交通违法和交通事故。各地高速交警部门以这些活动为契机，组织开展了声势浩大、持续不断的宣传活动，通过新闻媒体扩大社会影响力和参与面，广大驾驶员和车主积极报名参与，达到了预期的活动效果。今后这样的活动我们还会继续搞下去，我们要让每一名驾驶员都知道，违法驾驶就要受到处罚，遵法出行就有机会赢得奖励，不管是处罚还是奖励，目的都是为了减少交通违法，预防交通事故，为大家出行打造文明、有序、通畅、安全的道路交通环境，也希望在座的媒体界和运输企业的朋友们继续支持、关注新一轮无违法奖励的活动，使我们的活动能够取得更好的社会效果。

第四章 交通违法随手拍，推动共治新常态

"随手拍"宣传海报

为倡树文明行车理念，鼓励群众积极参与高速公路交通安全社会监督，对严重影响通行秩序和交通安全的违法占用应急车道、倒车、逆行等违法行为形成强大震慑，2018年山东高速交警总队联合山东信联支付有限公司在全省高速公路开展"驾驶陋习随手拍，油卡奖励等你来"活动。活动开展10天，就收到10861条群众举报的违法信息，发放价值5.7万元信联油卡奖励，在有力治理道路交通陋习，净化道路交通环境的同时，群众参与交通安全社会共治、倡树文明交通出行的热情得到极大提高。

为推动违法举报活动深入开展，山东高速交警总队联合齐鲁交通发展集团共同研发活动后台，联合下发方案，举报人通过"山东高速交警"微信公众号和"齐鲁通"APP举报交通违法可实现自动定位，大大提高了举报信息的准确性和采用率。山东高速交警总队积极与财政厅联合制定下发新的有奖举报办法，实现举报奖励财政支付，利用微信红包作为奖金支付渠道，更大地调动群众监督举报交通违法行为的积极性，推动违法举报奖励活动常态化、制度化。

【《2018年国庆假期高速公路驾驶陋习随手拍活动实施方案》节选】

国庆、中秋假期将至，群众集中出行造成高速公路车流激增，在拥堵路

段占用应急车道等违法行为随之增加，严重扰乱了正常的通行秩序。为鼓励、引导社会公众积极参与高速公路交通安全社会监督，提高道路的通行效率和安全，有力打击道路交通陋习，有效净化道路交通环境，山东省公安厅山东高速交警总队联合山东高速信联支付有限公司决定，在全省高速公路开展驾驶陋习随手拍举报奖励活动。举报人可将拍摄的高速公路交通违法、驾驶陋习照片及相关信息通过"e高速"APP"交通陋习抓拍"功能入口或山东高速交警微信公众号进行上传，由高速交警部门对违法证据符合要求的违法行为依法录入非现场执法系统；举报信息被采用的，举报人可获得10～300元不等的奖励，由"e高速"APP向举报人发放对应数额的信联加油卡奖励。重点举报：1. 高速公路上倒车、逆行、调头；2. 违法占用应急车道、违法停车；3. 客车违法停车上下乘客；4. 大型车辆驶入同方向有三条以上车道最左侧车道；5. 其他严重影响交通安全的交通违法行为。对举报查实的交通违法行为实行以下奖励标准：（一）举报者上传照片并通过审核者，每次可获得10元信联加油卡，在活

山东省公安厅高速公路交通警察总队
齐鲁交通发展集团有限公司 文件

鲁公高 [2018]28 号

关于印发《山东省高速公路交通违法行为"随手拍"举报奖励活动实施方案》的通知

　　各市公安局高速公路交通警察支队、总队一、二支队，齐鲁交通发展集团各高速公路运营管理分公司、电子收费分公司、信息集团、控（参）股公司：

　　现将《山东省高速公路交通违法行为"随手拍"举报奖励实施方案》印发给你们，请严格按方案要求精心组织，认真贯彻落实。实施中遇到的问题，请及时报山东省公安厅高速公路交通警察总队业务指导与特勤支队。

活动方案

山东省公安厅高速公路交通警察总队
山东高速股份有限公司 文件

关于印发《国庆假期高速公路驾驶陋习随手拍活动实施方案》的通知

　　各市公安局高速公路交通警察支（大）队、总队一、二支队，山东高速信联支付有限公司各分公司：

　　国庆、中秋假期将至，群众集中出行造成高速公路车流激增，在拥堵路段占用应急车道等违法行为随之增加，严重扰乱了正常的通行秩序。为鼓励、引导社会公众积极参与高速公路交通安全社会监督，提高道路的通行效率和安全，有力打击道路交通陋习，有效净化道路交通环境，山东省公安厅高速公路交警总队联合山东高速信联支付有限公司决定，在全省高速公路开展驾驶陋习随手拍举报奖励活动，制定活动方案如下：

　　一、活动主题

　　驾驶陋习随手拍，油卡奖励等你来。

　　二、活动时间

　　2018 年 9 月 26 日至 10 月 7 日。

　　三、活动区域

动周期内多次上传不同车辆违法并通过审核即可多次获得奖励。（二）活动结束后，从成功举报者中抽取200名幸运用户，每人获得300元信联加油卡大奖。（三）本次活动奖励金额预算为30万元信联加油卡，活动期间奖完为止。

【与齐鲁交通发展集团有限公司联合下发《山东省高速公路交通违法行为"随手拍"举报奖励活动实施方案》】

为鼓励、引导社会公众积极参与高速公路交通安全社会监督，及时规范地举报交通违法行为，消除交通安全隐患，预防和减少道路交通事故，山东省公安厅高速公路交通警察总队与齐鲁交通发展集团有限公司决定，在全省高速公路范围内联合开展交通违法行为"随手拍"举报奖励活动，制定活动方案如下：

1. 活动主题

高速违法"随手拍"，幸运大奖等你来。

2. 活动内容

群众可通过"山东高速交警"微信公众号和"齐鲁通APP"设置的违法举报平台对高速公路交通违法行为照片及相关信息实时上传，上传信息由高速公路交警部门进行筛选认定，并将违法证据符合标准的违法行为依法录入非现场执法系统。由齐鲁交通发展集团通过"齐鲁通APP"向举报人发放对应数额的ETC充值电子券（可在"齐鲁通APP"内用于鲁通卡充值）。活动结束后，从成功举报5条以上人员中抽取15名幸运用户，分别给予1000元至5000元不等的鲁通卡充值奖励。

3. 活动时间

第一季奖励资金总额为35万元，活动时间自2018年12月2日开始至奖金发放完毕，后期根据情况适时开展第二、三季等活动。

4. 举报要求

（1）举报人通过山东高速交警微信公众号点击"奖励活动"或登录"齐鲁通APP"点击"违法举报"进入举报页面实时举报交通违法行为，可自动定位违法地点，举报者应提供真实的姓名、手机号码等信息。

（2）违法举报地点必须在山东省高速公路范围内，采用实时拍摄照片上传的方式。

（3）照片需拍摄两张以上，确保违法行为准确，能够清晰、完整地反映交通标志标线、护栏，机动车外观、号牌以及车辆明显位移；照片及相关信息上传成功后，请登录"齐鲁通APP"查看获奖信息。

（4）举报人在举报交通违法时应严格遵守交通法律法规，不得在驾驶过程中或其他有碍交通安全的情况下拍摄举报，否则不仅提供的材料不能作为举报的依据，驾驶人还有可能因此受到处罚，如需拍照举报，可让车内其他乘客协助。

5. 奖励范围

（1）奖励范围包括举报在高速公路上倒车、逆行、调头，客车违法停车上下乘客、违法占用应急车道、违法停车，大型车辆驶入同方向有三条以上车道最左侧车道、隧道内变更车道等交通违法行为。

（2）具有下列情形之一的，不予奖励：

① 举报人匿名、提供虚假身份信息或冒名顶替的；

② 同一举报人用多个账号举报的；

③ 举报人举报时存在违法行为的；

④ 举报人是高速公路交警或者警务辅助人员的；

⑤ 举报的交通违法行为已被高速公路交警发现或正在查处的；

⑥ 举报人所提供的证据，不能准确反映机动车号牌、外观等特征和违法地点、违法事实等情况的；

⑦ 举报的交通违法行为高速公路交警无法固定证据或查处的；

⑧ 交通违法行为系交通管理部门监控系统采集的；

⑨ 车辆发生故障、事故临时占用应急车道，或因交通堵塞、路面施工，交通管理部门指挥车辆在应急车道通行的；

⑩ 超过当月举报奖励上限的；

⑪ 其他不应给予奖励情形的。

6. 奖励标准

（1）对查实的交通违法行为举报实行以下奖励标准：

① 在高速公路上倒车、逆行、调头的，奖励价值50元ETC充值电子券；

② 客车违法上下客的，奖励价值50元ETC充值电子券；

③ 违法占用应急车道的，奖励价值20元ETC充值电子券；

④ 违法停车的，奖励价值20元ETC充值电子券；

⑤ 大型车辆驶入同方向有三条以上车道最左侧车道的，奖励价值20元ETC充值电子券。

⑥ 隧道内变更车道的，奖励价值20元ETC充值电子券。

（2）每名举报人每日最高可获得3条"随手拍"举报奖励，每人每30天最多获10次"随手拍"举报奖励。

（3）对被多人举报的同日同一车辆的同一违法行为，只奖励第一个举报人。

（4）活动结束后，从成功举报5条以上交通违法行为的人员中，抽取2名幸运用户给予5000元鲁通卡充值奖励；抽取3名给予3000元鲁通卡充值奖励；抽取10名给予1000元鲁通卡充值奖励。活动结束后，奖励需到指定的齐鲁交通ETC客服网点领取。

7. 工作流程

（1）举报人必须登录山东高速交警微信公众号或下载登录"齐鲁通APP"，并使用举报时所留手机号码进行实名注册，注册信息与举报人信息须一致，以保证奖励的顺利发放和领取。

（2）通过山东高速交警微信公众号和"齐鲁通APP"违法举报窗口上传的举报信息，系统根据违法行为发生地自动分配至相关高速公路交警支队，由管辖支队负责受理、审核、录入工作，并将通过审核且录入违法处理系统的数据每周汇总上报至山东高速交警总队。

（3）"随手拍"举报信息应在2个工作日内完成审核录入，并建立工作台账。

（4）山东省山东高速交警总队负责汇总统计各支队录入违法处理系统的数据，并将统计结果发给齐鲁交通发展集团；齐鲁交通发展集团根据统计结果与"齐鲁通APP"注册信息进行匹配，并以ETC电子券形式给予获奖举报人相应数额的奖励。

（5）审核通过的数据导入"齐鲁通APP"后台后，自动发放至该用户账户，三个月内未使用，视为自动放弃，不予补发。

（6）举报奖励的ETC充值电子券仅限于鲁通卡充值，并通过"齐鲁通APP"进行充值；ETC充值电子券可单次使用，也可叠加使用，其中：每次充值，50元电子券最多可用一张，20元电子券最多可用2张，最少充值金额为100元；充值电子券自发放之日起有效期为3个月。

8. 相关责任

（1）严禁举报人利用掌握的证据材料向驾驶人索要"保密费"，严禁诬告和提供伪证材料，违者将严格按照有关法律规定进行处理。

（2）对借举报之名进行报复、骗取奖励、敲诈被举报人，或影响高速公路交警公正执法的、应追究有关当事人的责任，构成犯罪的，依法追究刑事责任。

（3）各支队负责审核录入的民警应认真履行职责，在录入系统时应认真比对举报信息与综合应用平台的登记信息，核查匹配结果，在明知违法的情况下，串通他人弄虚作假、骗取奖金的，按照有关规定进行严肃处理。

（4）举报采取自愿的原则，严禁举报人在驾驶过程中或采用危险方法收集交通违法行为的证据；举报人违法收集证据的，依法承担相应的法律责任。

（5）处理举报的人员和民警应依法保护举报人的合法权益，严格执行保密制度。因泄露举报人信息导致举报人受到打击报复的，按照有关规定进行处理。

（6）严禁举报人作为驾驶员在行车过程中进行拍摄举报，如需拍照摄像，可让车上其他乘客协助。

9. 活动要求

（1）提高认识，加强组织领导。各高速公路交警支队、齐鲁交通发展集团各高速公路运营管理分公司及有关单位要充分认识开展此次活动对规范高速公路行车秩序、预防交通事故的重要意义，加强活动组织领导及协调配合，指定专人负责活动的报名、登记及汇总上报工作，确保统计数据准确无误。各高速公路交警支队要组织民警认真学习该方案，使民警尽快熟悉内容和要求，对举报受理、审核、录入流程做到熟练掌握、准确应用。

（2）加强宣传，扩大活动影响力。12月2日活动启动日也是全国交通安全日，各高速公路交警支队、齐鲁交通发展集团各高速公路运营管理分公司及有关单位要在收费站、服务区等场所摆放宣传展板，广泛发放活动资料，通过电视、广播、网站、微博、微信及可变情报板等平台大力开展宣传，鼓励广大公众积极参与交通安全社会监督，扩大活动参与面和影响力，确保活动取得实效。

（3）强化考核，确保措施落实。山东高速交警总队和齐鲁交通发展集团将加强对各高速公路交警支队、齐鲁交通各高速公路运营管理分公司活动组织开展情况的检查督导，定期进行考核通报，确保各项活动措施落地见效。

（4）活动解释权。高速公路交通违法行为"随手拍"举报奖励活动的解释权归山东省公安厅高速公路交通警察总队和齐鲁交通发展集团有限公司。

第五章　高速警事听您说，高速难事帮您办

为畅通群众沟通渠道，广泛吸收意见建议，及时发现问题、回应关切，提高管理服务水平，山东高速交警总队在微信公众号开辟"高速警事听您说"栏目，广泛向社会征集对高速公路交通安全管理工作的意见建议。广泛通过各类媒体进行宣传，重点在人口密集小区投放楼宇电梯广告170余块，加大对栏目的宣传推广。栏目开通4个月时间，共收到群众意见、建议510条，全部督导予以办理、反馈，群众满意度达98%以上。"高速警事听您说"活动在畅通群众言路、提高管理服务水平、发现掌握舆情等方面发挥了重要作用。

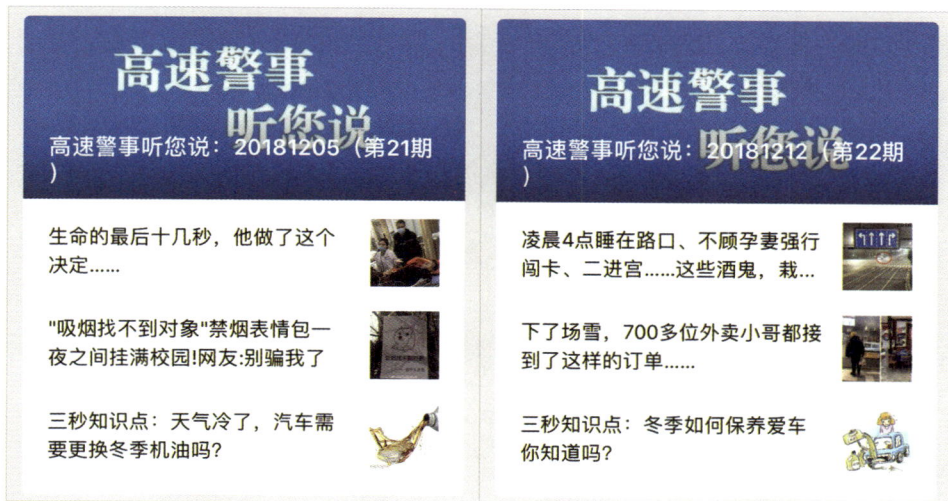

"高速警事听您说"活动

【《关于开办"高速警事听您说"专栏的通知》节选】

"高速警事听您说"专栏是按照总队"做强品牌、提级升位、走在前列"的工作目标，全面深化"放管服"改革举措，积极构建齐鲁"民生警务"品

每月发布办理情况通报

牌要求而开办的。要充分认识这项措施对服务新旧动能转换重大工程和全省经济社会发展大局的重要意义，以讲政治的高度认真对待这项民生服务举措，用抓铁有痕的作风抓好各项工作措施的落实，畅通群众信息反馈渠道，积极回应群众诉求，确保做到群众反映的问题事事有回音、件件有反馈，充分吸收群众的合理化意见和建议，提高管理服务水平，不断增强群众通行高速公路的安全感和满意度。

一要提高效率，严格落实信息受理反馈机制。"高速警事听您说"专栏目前开办在总队"山东高速交警"微信公众号，每周三集中受理群众咨询、投诉、建议。咨询、反映问题的群众需提供真实姓名及联系方式，涉及车辆违法的需提供相应车辆牌号和违法内容等信息，对于无有效联系方式，不能描述清楚咨询事项或管辖地的不予受理并立即告知。总队对群众反映信息进行汇总后，根据管辖权分发至相关支队，支队要指定专人负责信息接收和处理工作。收到转办信息后，要在24小时内与当事人取得联系，对所反映的问题进行核实，属于交通违法、事故处理等业务范围的，详细告知其办理渠道。属于意见、建议类的信息，合理并具备可操作性的，要及时分类存档，研究制定改进措施，举一反三，以点带面，全面做好该类问题的整改工作，并在5个工作日内将办理结果反馈当事人。二要主动沟通，及时发现和处置涉警舆情。要对群众反映的问题认真进行分析研判，及时发现可能出现的舆情，提前做好疏导、处置工作，将矛盾化解在萌芽状态。对网上反映的群众反响强烈、亟待解决的问题在做好彻底整改的同时，要积极与当事人取得联系，强化沟通交流，取得理解支持，避免舆情进一步扩大。对涉及民警执勤执法、路面限速值设置、应急管控措施等敏感事件的信息，支队领导要严格审核内容，准确把握尺度，并经总队审核通过后，通过新闻媒体和本单位

"双微"等平台进行发布，积极回应社会关切，规范引导舆论导向，对引起炒作的负面涉警信息，要及时报告并续报处置情况。三要强化宣传，迅速提高"高速警事听您说"的影响力。要加大对"高速警事听您说"栏目的宣传力度，将其作为一项服务群众、改进工作的重要举措，通过电视、报纸、网站和微博、微信广泛进行宣传发动，争取在短时间内让广大群众知晓、理解、支持、参与这项便民服务举措，以征集到更多的意见和建议，更好地改进我们的工作，不断满足群众日益增长的畅通出行需要。

高速警事听您说

第五编

惠民生——服务保障群众出行

党的十九大报告指出："坚持立党为公、执政为民，践行全心全意为人民服务的根本宗旨，把党的群众路线贯彻到治国理政全部活动之中，把人民对美好生活的向往作为奋斗目标，依靠人民创造历史伟业。""要抓住人民最关心最直接最现实的利益问题，既尽力而为，又量力而行，一件事情接着一件事情办，一年接着一年干。"山东高速交警总队成立以来，始终坚持以人民为中心的发展思想，指导全省各级高速公路交警部门，牢固树立民意导向和问题导向，坚持"人民群众的需求、期盼、向往在哪里，我们工作的方向、目标、措施就在哪里"的思路，注重把握执法管理与为民服务的结合点，从人民群众关心的事情做起，从让人民群众满意的事情做起，不断创新优化社会化服务保障模式，在智能辅助出行、事故快速处置、应对恶劣天气、完善接警服务等方面陆续推出系列接地气、惠民生的新举措，使高速公路交通管理服务更加普惠均等、智能精准、便捷高效，更加方便了群众生产生活，助力了经济社会发展。

第一章　智能出行解民忧

如今人们想去一个陌生地方，通过手机导航就可以获得精准定位。自驾出行，想找到高速公路最便捷的路线，拿起手机就能得到多条线路推荐。这一切的便捷高效均得益于移动互联网的飞速发展。山东高速交警紧跟"互联网+"浪潮，以与山东高速集团联合开发出行类手机App"e高速"为龙头，全力向广大交通参与者提供全方位智能出行服务。目前，该服务功能已覆盖微信、微博、支付宝等主流社交软件。群众通过此平台可及时获取路况信息、实时绕行建议等信息，给出行者一对一最优规划，实现智能分流。通过对节假日、恶劣天气条件下交通管控和疏导等传统交通安全管理难点、痛点的精准施策，助推山东高速公路交通出行实现有序、安全、畅通。

"e高速"功能界面

一、服务保障群众出行

出行前用手机导航规划路线已成为每个交通参与者的"必修课"，正确的路线规划可使出行事半功倍，节约时间，否则会对出行造成很大的困扰，甚至耽误行程。绝大多数高速公路收费站远离城区，收费站是否正常开通的信息由各经营管理单位及高速交警自行发布，经常出现信息不同步、滞后、发布渠道分散、发布信息关注度低等问题，各类高速路况信息渐成"孤岛"。由于高速公路通行信息的质量不高，久而久之，群众通过自助渠道获取信息的积极性受挫，大量的路况查询需求又回流到电话咨询等传统渠道，特别是节假日、恶劣天气等特殊情况下高速交警报警电话经常被路况咨询通话占据，严重影响事故接处警速度。路况信息通过传统发布渠道向社会公布最突出的弊端是时效性得不到保证，同时无法为信息使用者提供个性化的定制信息。

一系列服务群众出行的痛点、难点既给高速交警降事故、保畅通工作带来的困难，同时也给探索智能出行带来了动力。经过不懈努力，高速交警摸索出一条依托合作开发APP，多平台信息共享的智能出行之路。2015年山东高速交警总队开始与山东高速集团通过信息、数据共享等方式联合开发"e高速"APP，历经15次版本升级优化，"e高速"服务效能不断提升。2018年5月，山东高速交警总队与山东高速集团有限公司签署《山东省高速公路互联网公众交通信息服务战略合作协议》，进一步明确双方权利义务，通过深度合作、集中优势资源，共同提高服务社会公众出行和交通管控能力，全力打造全国领先且最具影响力的"平安高速、绿色出行、智慧高速"品牌。利用"e高速"平台高速交警部门可及时获取实时路况，与智能交通系统视频巡查协同配合，及时调度各地高速公路通行状况。根据获得的省际收费站、重点路段节点的实时路况，迅速采取强化巡逻、分流、限行等应对措施，目前已形成特殊路况5分钟内到总队，总队指令10分钟内到大队的应急响应机制。在恶劣天气、重要节假日等关键节点和重点时段，可利用"e高速"平台进行预警分析，并以研判结果为导向部署警力，针对性做好应急准备工作。

【《山东省高速公路互联网公众交通信息服务战略合作协议》节选】

山东省公安厅高速公路交通警察总队与山东高速集团有限公司确定了战略合作伙伴关系，将根据各自的工作职责和发展战略，借助移动互联网等技术手段，共同推进"e高速"平台建设，重点围绕社会化服务平台、交通安全宣传教育、路况信息通报、事故处理、行业发展等内容展开合作，实现数据共享、业务合作、模式创新，联合对"e高速"进行推广，并就进一步长期持续的深度合作进行探讨。

　　山东省公安厅高速公路交通警察总队发挥管理职能和资源优势，通过人员使用和数据对接的方式，为"e高速"平台提供山东省内高速公路交通管制、交通事故和拥堵现场动态、交通预警、道路监控截图、交通流量、可变限速、情报板、气象等信息数据；对车辆违法情况、事故情况、通行情况和重点车辆进行数据分析合作；通过平台开展新媒体社会化服务宣传和推广工作，提供或协调违法查询、罚款缴纳等业务办理接口，加强社会公众服务和交互能力，共同打造科学、安全、有效、便捷的交通出行环境。

　　山东高速集团有限公司发挥自身品牌、资源优势，集中内部优质互联网信息化资源，建设推广"e高速"平台。通过"e高速"APP等门户服务海量用户，提高对外社会化服务覆盖能力；提供"e高速交通管理服务平台"系统，对接高速交警部门指挥调度、科技、宣传、事故、秩序等相关科室，通过数据融合，根据业务需求使用该平台对甲方的缉查布控、应急管理、交通安全整治、分析研判等业务做有效支撑。

二、准确定位报警位置

　　准确找到高速公路公里牌、百米桩，描述确切所处位置，对于高速公路上需要求助的群众，往往比较困难。为解决这个问题，"e高速"平台根据实际需要，创新服务功能，开发了事故定位报警模块，精度误差在50米以内，能自动显示使用人当前位置及相关高速交警部门报警电话，从根本上解决了驾驶人在高速公路上的位置确定难题，缩短了报警求助时间，开全国之先河。依托此功能，2017年在微信平台上线定位报警求助小程序，实现了山东境内高速公路一键定位报警求助，尤其春节、国庆等长假期间，发挥

事故定位报警小程序

了重要作用，目前总使用人数超过12万人次，使用群众纷纷点赞，各级媒体多次进行报道。

三、实时查看路面情况

"e高速"已实现实时路况推送、事故定位报警、设施查询等功能。实时路况推送功能可直观显示省内各高速公路通行状况，通过大数据自动采集、分析路面情况，向驾驶人更加直观地展示路面通行状态，了解道路施工及拥堵状况。截至2018年12月，已接入2150路视频信号，覆盖省内近80%的高速公路。"e高速"平台目前涵盖公众手机端及内部PC端两个端口，发布渠道囊括微信、支付宝、高德地图等主流手机APP，对外实现了信息发布引导，减少拥堵；对内实现了自动推送特殊路况辅助管理，促进警力科学配置。

"e高速"平台通过APP、微博、微信公众号为群众提供及时准确的路况信息，广受好评。据统计，自上线以来，共发布45.6万余条路况信息，收到车友路况信息4.3万条，所有信息全部由高速交警指挥中心汇总并分类处理，相关分流绕行建议及时通过路面交通诱导屏进行推送，确保已驶入高速公路的驾驶人及时获知绕行信息，最大限度缩短压车缓行时间。目前，"e高速"APP用户总数突破137万余人，节假日活跃用户近30万人。微信公众号、支付宝城市服务等端口用户数量达28万人，通过自动路况服务、违法查询服务等接口进行查询的日用产量达3.2万余人次。

第二章　交通事故快处快赔

一、"小事故"引发"大拥堵"

高速公路作为现代化的公路运输通道，在我省经济社会发展中正发挥着越来越重要的作用。但随着机动车保有量的不断增加，高速公路部分路段交通事故、交通拥堵时有发生，导致通行效率下降。特别是2012年以来，国庆、春节等重大节假日实行小型客车免费通行政策后，交通流量爆发式增长，高速公路部分路段缓行、拥堵的情况更加严重，影响了人民群众平安顺畅出行，成为社会关注的热点问题。

实践中，除交通流量方面的原因外，发生碰撞、剐蹭等轻微交通事故后车辆不能快速撤离现场，是造成拥堵的重要原因。这类交通事故中，人无伤亡、车辆能够移动，当事人却习惯于将车辆停留在车道内，选择报警等候处理，而交警到达现场和勘察现场都需要时间，这个过程中往往造成高速公路拥堵，即"小事故"引发"大拥堵"。此外，由于高速公路通行车速较快，交通事故现场若不能及时撤除，容易引发次生事故，加重损失，特别是在恶劣天气或隧道、弯坡等特殊路况条件下，极易造成多车连环相撞事故，后果不堪设想。

二、事故快撤快处破难题

推行交通事故快速处理，让事故车辆自行快速撤离道路主干线，是解决"小事故，大拥堵"问题的有效措施，更是避免次生事故、降低事故损害后果的关键。《中华人民共和国道路交通安全法》等法律法规规定了符合条件的交通事故当事人可以先行撤离现场再进行协商处理，但对先行撤离现场交

事故快处快赔新闻通气会

通事故的适用范围、证据固定方法、撤离现场程序、后续理赔程序及补救措施等都未作出具体的规定，需要制定具体的实施办法。

2014年9月23日，省公安厅联合交通运输厅、保监局下发了《山东省高速公路机动车财产损失交通事故快速处理规定》（鲁公通【2014】372号），自2014年10月1日起，在全省高速公路实行统一的财产损失事故快速处理规定。《规定》明确了哪些类事故发生后，不用等待交警到现场，可以自行快速撤离，快速理赔，并规定了具体的实施程序。9月28日，山东高速交警总队召开了新闻通气会，王村天副总队长介绍了山东省高速公路机动车财产损失交通事故快速处理工作相关情况和工作措施，就记者提出的问题进行了答复。

【《山东省高速公路机动车财产损失交通事故快速处理规定》节选】

第一条　为提高道路交通事故处理效率和保险理赔服务能力，有效减少高速公路交通拥堵和次生事故。根据《中华人民共和国道路交通安全法》及其实施条例、《机动车交通事故责任强制保险条例》和《道路交通事故处理程序规定》等法律法规，结合我省高速公路交通管理实际，制定本规定。

第二条　在本省行政区域内高速公路上，机动车发生交通事故，仅造成机动车财产损失且车辆能够自行移动的，适用本规定。

第三条 适用快速处理的交通事故中，一方无过错，另一方有下列行为之一的负全部责任：

（一）未与前车保持安全距离的；

（二）掉头、倒车、逆行、溜车或者在匝道上超车的；

（三）车辆零部件掉落或遗洒、飘散载运物的；

（四）行驶中向车外抛洒杂物的；

（五）变更车道时，妨碍相关车道内其他车辆通行的，或者左右两侧车道的车辆向同一车道变更时，左侧车道的车辆未让右侧车道的车辆先行的；

（六）非紧急情况下在应急车道行驶的；

（七）其他单方过错行为造成交通事故的。

各方当事人在交通事故中均有过错的，共同承担交通事故责任。

第四条 在发生符合第二条规定条件的交通事故后，驾驶人应当立即停车，开启危险报警闪光灯，按照有关规定设置警告标志，组织车上人员迅速撤离至安全地点。在确保安全的前提下，对现场及车辆拍照固定证据，记下车牌号及联系方式后，迅速撤离现场，约定到收费站、服务区或不妨碍交通的地点进行后续处理。其他车辆遇到交通事故车辆撤离现场时，应当避让。拍照固定交通事故现场证据时，应当从交通事故现场的前方、后方和车辆的接触部位分别拍照，照片中号牌应清晰，应能够基本反映交通事故形态和车辆在道路上的位置。撤离现场后，应查验并可互拍当事各方机动车驾驶证、行驶证、车辆参保及损失情况等；并妥善保管好交通事故现场照片和高速公路收费票据等证明材料。

因条件限制无法拍照的，可以文字、音视频等方式记录交通事故现场情况。

第五条 撤离现场后，当事人应当将车辆停靠在约定的地点，协商损害赔偿事宜，立即向各自保险公司报案。当事人对事故责任有异议的，应当报警等候处理。

保险公司接到当事人报案后，可以通过电话或短信等方式，引导当事人按照本办法第四条、第五条、第六条的规定办理。保险公司应当与当事人约定方便地点，记录交通事故相关信息，办理定损、理赔相关事宜。保险公司人员不得进入高速公路查勘交通事故现场。

交通事故中无责方无损失或损失轻微，不要求赔偿的，可以不向保险公司报案，留好相应的联系方式和证据后可自行驶离。

第六条　当事人协商达成协议的，记载交通事故发生的时间、地点、当事人姓名、驾驶证号、联系方式、机动车号牌号码、车辆类型、当事人的责任、投保公司等内容，由各方当事人共同签字确认后，各持一份。并按照当事各方与保险公司预定的方式进行理赔处理。

第七条　有下列情形之一的，驾驶人应当立即报警，在现场等候交通警察处理：

（一）车辆无有效号牌、无有效检验合格标志、无有效保险标志的；

（二）驾驶人无有效机动车驾驶证的；

（三）车辆不能自行移动的；

（四）驾驶人有饮酒、服用国家管制的精神药品或者麻醉药品嫌疑的；

（五）一方逃逸的；

（六）碰撞交通设施、公共设施或者其他设施的。

有前款第（一）、（五）、（六）项情形之一，车辆可以移动的，当事人应当按照第四条的规定，在确保安全的情况下，对现场拍照或录像，标划车辆位置，固定证据后，将车辆移至不妨碍交通的地点后报警。

第八条　一方当事人负交通事故全部责任的，由责任方保险公司负责双方车辆的查勘定损，并按有关规定进行赔付。

各方共同承担交通事故责任的，可任意选择一方保险公司办理查勘定损。受理保险公司必须无条件为双方车辆查勘定损，并向当事人出具各方车辆查勘报告、估损单以及保险公司所需的理赔资料。对一方保险公司出具的相关材料，其他保险公司应认可。

第九条　各方共同承担事故责任、且均投保交强险，如果仅涉及车辆损失（包括车上财产和车上货物、不含人员伤亡和车外财产损失）且各方车辆损失金额均在2000元以下，当事人同意采用互碰自赔方式处理的，各保险公司按照交强险互碰自赔处理办法执行。

对车辆损失超出交强险财产损失赔偿限额的交通事故，如果事故各方均投保山东省内同一公司交强险和商业险，在事故当事各方协商一致的情况下，保险公司可以按照互碰自赔的原则处理。

第十条　当事人自行协商处理交通事故达成协议的，可以凭下列材料，在交通事故责任强制保险和商业险的理赔范围内按照事故责任向对应的保险公司索赔：

（一）索赔申请书；

（二）记录规定内容的书面协议；

（三）损失情况确认书（定损单）或者车辆修理发票；

（四）驾驶证和行驶证（复印件或者照片）。

保险公司应当在交通事故责任强制保险和商业险赔偿额度内予以赔偿，不得以当事人未提供公安机关交通管理部门出具的道路交通事故认定书、无交通事故现场照片等为由，拒绝或拖延赔付。

第十一条　高速公路路政人员接到报案或巡逻时遇到交通事故，对属于快速处理情形的，应当指导或协助当事人进行现场快速处理。对发生第七条规定的情形，高速公路交警部门一时无法到达交通事故现场，先行到达的路政人员可以按照交警部门的要求，对现场拍照或录像，标划车辆位置，固定证据后，将车辆移至不妨碍交通的地点。

第十二条　高速公路交警部门对当事人要求交通警察到现场的，应当指派交通警察到现场处理。交通警察接到指令抵达交通事故现场，对属于快速处理情形，当事人应当自行撤离现场而未撤离的，应对其警告，造成交通堵塞的，应当按照《道路交通事故处理程序规定》第十三条第三款的规定处以200元罚款。当事人拒绝自行协商或者协商未达成一致的，适用简易程序，当场制作道路交通事故认定书，送达当事人。驾驶人有其他交通违法行为的依法一并处罚。对不属于快速处理情形的，按照有关规定处理。

第十三条　高速公路交警部门、保险公司可以根据需要，在适当地点设置临时或者固定的高速公路财产损失交通事故快速处理、快速理赔服务场所。高速公路管理和经营单位应当对交通事故快速处理、快速理赔工作提供支持。未设置服务场所的，保险公司可以在高速公路主要的收费站、服务区附近设置查勘点，采取公司派驻或聘请公估等方式，安排专业理赔人员负责查勘和理赔。

对外省市保险公司承保车辆在山东出险的，相应公司设在山东的分支机构应当按照本《规定》要求提供相应的理赔服务。

第十四条　省保险行业协会要根据有关政策规定，制定全省统一的高速公路财产损失交通事故快速理赔工作流程，并及时调整完善。各保险公司要对照流程和工作要求，出台具体办法，细化工作措施，简化相关手续，提高理赔效率，方便被保险人快速办理理赔事宜。

第十五条　一方当事人逃避赔偿责任，另一方当事人向高速公路交警部门报案的，高速公路交警部门应当依法立案查处，当事人可以向自己投保的保险公司要求赔偿车辆损失，当事保险公司应当按照相关法律法规和合同约定承担赔偿责任并取得代位求偿权。高速公路交警部门对当事人故意提供虚假信息的，应当及时调查处理，构成犯罪的，移送有关公安机关。

第十六条　各市保险行业协会、高速公路交警支队应当建立交通事故真实性审查和信息共享机制，防范骗保、诈保等道德风险和违法犯罪行为。因审查交通事故真实性和理赔的需要，保险公司可以查阅高速公路交警部门和高速公路管理和经营单位采集的交通事故现场照片和视频资料。

第十七条　高速公路交警部门、高速公路管理和经营单位、保险行业协会及各保险公司要通过设置宣传牌、印制发放宣传资料、可变情报板发布等方式，广泛宣传高速公路机动车财产损失交通事故快速处理的相关规定，引导驾驶人掌握交通事故快速处理程序，快速协商处理高速公路机动车财产损失交通事故。

第十八条　本规定由山东省公安厅、山东省交通运输厅、中国保险监督管理委员会山东监管局负责解释。

第十九条　本规定自2014年10月1日起实施，有效期至2019年9月30日。

为进一步推动我省高速公路交通事故快处快赔工作，借鉴先进省市成熟经验，2016年3月16日至18日、22日至26日，山东高速交警总队组织部分市高速交警支队有关人员及山东保险行业协会有关负责人，先后到北京市和广东省考察学习高速公路交通事故快处快赔工作。

考察交流

山东高速交警总队在每个重要节假日前下发《关于做好节假日期间高速公路交通事故快处快赔工作的通知》，对节假日期间交通事故快处快赔工作进一步进行安排部署，确保工作落到实处。

【《关于做好清明五一假日期间高速公路交通事故快处快赔工作的通知》节选】

清明、五一假日期间，高速公路7座以下客运车辆将免费通行，届时车流量将大幅度增加，各地要按照前期节假日高速公路交通事故快处快赔工作要求，分析往年交通流量和交通事故情况，制定工作方案，切实做好交通事故快处快赔工作。

通行量大的青银（济青段）、京台、京沪、沈海、荣乌、日兰等高速公路沿线交警部门要联合保险部门和高速公路管理经营单位启动交通事故快处点，共同开展高速公路交通事故快处快赔工作，其他高速公路可以根据具体情况，按需设置交通事故快处点。

2018年以来，高速公路逐步推广使用"交管12123"平台快速处理交通事故，推行警保联动工作机制，交通事故处理效率进一步提升。

高速公路事故快处规定自实施以来，全省高速公路快处快赔交通事故两万余起，节假日快处快赔率达到50%以上。交通拥堵，特别是节假日拥堵明显减少，交通更加顺畅，二次事故大幅度减少。

交管12123事故快处应用模块

第三章　应对恶劣天气

一、恶劣天气降低通行条件、影响高速公路正常通行

　　高速公路全封闭且区域交叉相连、互为一体，车辆速度快，管控难度大，在团雾、雨雪等恶劣天气情况下，恶性交通事故频繁发生。特别是近年来随着路网规模的日益扩大和流量的激增，高速公路恶劣天气应急救援压力日益加大，社会公众对高速公路服务水平的要求也不断提高。

　　2015年10月16日6时许，受大雾天气影响，荣乌高速439公里前后路段共发生交通事故13起，其中4起共造成4人死亡。同日7时11分许，沈海高速青岛段一辆重型半挂车与同向行驶的一辆五菱面包车、一辆现代轿车和一辆重型半挂车发生追尾事故，造成7人死亡。2015年12月23日，青银高速公路因大雾、能见度低，先后发生12起交通事故，共造成3人死亡，31人受伤。2016年12月26日18时30分，京沪高速公路徒骇河大桥附近发生雪天多车相撞事故，共涉及机动车17辆，其中一起三辆货车碰撞事故造成2人死亡，一起大型客车与货车碰撞事故造成3人死亡。

　　这些典型案例均暴露出恶劣天气应急机制不健全、应急管理不到位等问题。缺乏与气象部门的沟通协调机制，没有及时根据天气变化调整工作部署，出

因恶劣天气引发的交通事故

现该封闭的不封闭、该分流的不分流、该主线管控的不管控。相邻交警部门以及高速公路经营管理单位联动指挥协调机制尚不健全，处置恶劣天气过程中沟通不及时，相关配套措施不同步、不落实。对危化品运输车和客运车辆限行失控漏管，该限行的限不住，遇到恶劣天气也没有对这些车辆及时采取措施，没有结合实际和工作预案科学实施全线管控、疏导分流、警车压速带道、限速提示等管控措施。

二、应急处置思路及措施

全省各级高速公路交警部门充分吸取恶劣天气事故教训，坚持问题导向，做到应对恶劣天气时立足一个"早"、突出一个"实"、力求一个"快"，即在应对程序上早预警、早启动，在应对措施上出实招、见实效，在应对现场上快速处置、快速撤离。具体做到了"七个第一时间"。

1. 第一时间掌握天气、路况信息。指挥中心每天通过气象台查看辖区天气情况，同时通过智能高清监控系统对辖区路况实时巡查，及时收集天气、路况变化信息。交警、路政部门联合执勤，交叉巡逻，及时发现恶劣天气。发展收费员、养护工为路况信息员，利用他们工作的便利条件，第一时间收集辖区天气、路况信息，做到恶劣天气早发现。

2. 第一时间安排勤务，部署任务。结合本地实际，完善恶劣天气道路交通管理应急预案，对易受影响的路段逐一了解情况，制定科学合理的应对措施。将辖区路段划分出责任区域、对应责任人，对预警级别、响应程序、应急指挥以及分工负责、处置措施和工作要求等一一作出规定，严格组织实施，做到任务清楚、责任明确、管理到位。一旦遇有恶劣天气，提前启动应急预案，在组织领导、警力安排、工作措施、警务保障等方面做好充分准备。

3. 第一时间对外发布天气、路况及限行措施。当气象部门发布恶劣天气预报时，通过"双微"平台发布预警信息。当恶劣天气发生时，交警、路政、信息等部门通过网络、广播等媒体和沿线可变情报板、电子显示屏等多渠道发布辖区实时路况信息和交通管制措施，引导运输企业、驾驶员合理选择出行时间和出行线路，提醒路面车辆驾驶员减速慢行。依托收费站、服务区向驾乘人员发放预警信息提示卡和安全提示卡，提示其及时更改线路或减速慢行。通过广播、电视、网络等及时发布天气、路况和交通管制措施，引导广大群众科学合理选择出行路线。

4. 第一时间管控主线。当严重影响通行安全时，在恶劣天气路段前端主要出口、服务区、停车区设立分流点，将高速公路封闭前驶入主线的车辆分流，直至断流。对无法分流的车辆，引导至分流点依次停放，并充分调动公路、养护、经营单位等各方力量做好末端管理工作，做到有车、有人、有设施、有装备、有手段，通过摆放警车、设置警示设施、摇旗喊话等形式加强预警提示，防止追尾事故和次生事故发生。

5. 第一时间管控拥堵路段。根据天气、路况变化对拥堵路段实施"远控近疏、多点分流、交替分流"的交通管制模式，减少恶劣天气路段车流量，防止长时间长距离交通拥堵，有效预防交通事故。在拥堵路段末端前方通过沿线可变限速系统、电子显示屏、车载显示屏等，及时发布、明确提示车辆限速值，警示驾驶人保持安全速度、安全车距。

6. 第一时间处理交通事故、管控事故路段。对交通事故现场快速清障、快速恢复交通，加强事故现场安全防护，防止次生事故的发生。对事故路段末端用足手段，强化提前预警的同时科学设置警示设施加强预警提示。

7. 第一时间应对舆情。恶劣天气发生后，第一时间将辖区天气、路况、采取的交通管制措施等报送上级部门，天气、路况发生变化和交通管制措施变更时，随时上报。同时加强舆情监测，针对网上不实信息，第一时间发布真实准确信息，积极引导舆论，防止因媒体报道不实引发恶意炒作。

山东高速交警总队成立以来，先后召开11次专题会议部署恶劣天气高速公路应急管理工作，专门印发了《山东省高速公路恶劣天气应急管理工作规范（试行）》，并且组织全省建立了区域联动机制。

召开专题会议研究部署恶劣天气应急处置工作

【《山东省高速公路恶劣天气应急管理工作规范（试行）》节选】

第一章 总则

第一条 为进一步加强恶劣天气条件下高速公路应急管理工作，保障全省高速公路安全、畅通，根据《中华人民共和国道路交通安全法》及其实施条例、《中华人民共和国突发事件应对法》、《山东省高速公路交通安全条例》、公安部《高速公路交通应急管理程序规定》、《山东省气象灾害应急预案》等法律法规和规范性文件，结合我省高速公路交通管理工作实际，制定本规范。

第二条 本规范所称恶劣天气应急管理是指针对因低温、雨雪、冰冻、雾霾等恶劣天气严重影响高速公路通行安全所采取的防范和应对。

第三条 恶劣天气应急管理工作应当将事故预防、应急救援、流量管控和交通疏导作为主要任务。

第四条 恶劣天气应急管理工作应当遵循以人为本、快速反应、统一指挥、区域联动、高效便民的原则。

第五条 全省各级高速交警部门开展恶劣天气应急管理工作，适用本规范。

第二章　工作机制

第六条　一体化应急指挥机制。各级高速交警部门应当立足指挥中心调度职能，明晰应急管理流程，建立"统一指挥、分级负责、协调有序、反应灵敏、运转高效"的交通应急指挥体系，实现总队、支队、大队之间"扁平化、一体化"的指挥调度。

第七条　区域应急联动机制。相邻高速交警部门应当建立联席会议制度，成立区域应急联动联络小组，实现通讯、信息、资源互通互享。

第八条　部门应急联动协作机制。各级高速交警部门应当会同当地应急、安监、气象、卫生、环保、消防等部门以及高速公路管理和经营单位，定期召开恶劣天气应急管理联席会，不断完善部门应急联动协作机制。

第三章　工作职责

第九条　总队指挥中心应当承担以下工作职责：

（一）贯彻落实各项决策部署，指导相关支队组织实施应急管理工作；

（二）负责全省高速公路恶劣天气应急管理工作的调度、协调；

（三）负责与相邻省级高速公路交通管理部门的协调配合；

（四）负责全省恶劣天气变化、应急管理措施、道路通行状况等信息的汇总工作，按照要求报送省厅和公安部交通管理局；

（五）上级部门安排的其他工作。

第十条　支队指挥中心应当承担以下工作职责：

（一）贯彻落实各项决策部署，在总队指挥中心及同级领导机构指导下指挥调度应急管理工作；

（二）根据工作实际，决定启动并指挥实施应急管理工作，负责与相邻支队的协调配合；

（三）实时调度恶劣天气变化、应急管理措施、道路通行状况等信息，并及时报告总队指挥中心；

（四）对外发布辖区高速公路交通管理措施和通行情况；

（五）上级部门安排的其他工作。

第四章　应急响应

第十一条　根据恶劣天气对高速公路交通安全影响程度，应急管理分为以下四个响应级别：

（一）Ⅰ类响应。道路交通中断6小时以上，造成车辆滞留严重影响相邻两个以上省高速公路通行的；

（二）Ⅱ类响应。道路交通中断3小时以上，造成车辆滞留影响相邻省高速公路通行的；

（三）Ⅲ类响应。道路交通中断1小时以上，造成车辆滞留影响相邻地市辖区高速公路通行的；

（四）一般响应。因恶劣天气导致道路交通未中断但车辆缓慢通行排队长度达到5公里以上，或道路交通中断但未影响相邻地市，或出现短时较强恶劣天气影响高速公路通行的。

第十二条　气象部门发布恶劣天气预警信息后，相关高速交警部门指挥中心应当根据恶劣天气预警等级、影响程度和范围，确定应急响应级别。

路面巡逻或视频巡查发现恶劣天气的，各级指挥中心应当先行采取应对措施，并根据天气变化情况实时调整响应级别。

第十三条　气象部门同时发布两种以上恶劣天气预警等级的，应当按预警等级较高的情况进行研判分析，启动应急响应。

当同时发生两种以上恶劣天气且均未达到气象部门预警标准，但经研判可能或已经对交通安全通行造成影响的，应根据影响程度和情况启动应急响应。

未达到启动上一级应急响应条件，但可能对道路通行造成较大影响的，可视情提高响应级别，并报告上一级指挥中心。

第十四条　确定应急响应级别后，指挥长应当立即下令启动应急机制。通过路面巡逻或视频巡查发现恶劣天气的，要边报告、边启动应急机制。

（一）达到一般或Ⅲ类响应启动标准的，发生地高速交警部门决定启动应急预案，组织实施应急管理工作，并报告上一级高速交警部门。支队指挥中心指挥长应当全面掌握辖区道路情况，指挥开展应急管理工作，并协调相关支队开展区域联动；相关高速交警大队值班领导应当到现场进行处置，安排增加值班备勤警力。

（二）达到Ⅱ类响应启动标准的，发生地高速交警部门决定启动应急预案，组织实施应急管理工作，并报告上一级高速交警部门。总队指挥中心值班长应当调度相关支队应急管理工作情况，协调相邻省配合做好应急管理工作；支队主要领导应当全面掌握辖区道路情况，调度应急管理工作情况，协调相关支队开展区域联动；相关高速交警大队主要领导应当到现场进行处置，安排增加值班备勤警力。

（三）达到Ⅰ类响应启动标准的，发生地高速交警部门决定启动应急预案，组织实施应急管理工作，并报告上一级高速交警部门。总队指挥中心指挥长应当调度相关支队应急管理工作情况，并报告总队主要领导，协调相邻省配合做好应急管理工作；支队主要领导应当到指挥中心调度应急管理工作情况，协调相关支队开展区域联动，派员到现场进行指导；相关高速交警大队全体人员应当到岗到位，组织实施应急管理工作。

第五章　应急处置

第十五条　接到恶劣天气预警信息后，指挥长、值班长24小时在指挥中心值班，及时开展研判分析，将预警信息推送至一线执勤民警，通过电视、短信、网络等多种渠道向社会发布提示信息。

第十六条　对于突发的恶劣天气情况，相关高速交警部门应当迅速上报路况信息，包括恶劣天气种类、影响区域范围及其变化趋势、路面通行影响程度、车流量等。

因突发恶劣天气先行采取的交通限制、管制、疏导、分流等措施，应当逐级上报至总队指挥中心。

第十七条　各级高速交警指挥中心采取特殊巡查工作模式，增加相应的视频巡查人员和巡查频次，对重点区域、路段应当全时全程进行巡视监控。

第十八条　接到总队指挥中心管控指令后，支队指挥中心应当迅即将指令下达相关大队，确保管控措施在30分钟内安排落实，并将相关工作情况及时报告总队指挥中心。

第十九条　调整勤务部署，增加执勤警力，加强对桥梁、坡道、弯道、团雾多发、事故易发路段、易结冰路段等重要节点的巡逻管控，同步启用可变限速设备。

督促高速公路管理和经营单位做好铲雪除冰和应急管理物资、车辆、人员准备。

第二十条　根据上级要求和路况实际，视情果断采取限速通行、借道行驶、收费站控制驶入、管控分流、临时封闭道路、关闭收费站等措施。

恶劣天气发生时，各级高速交警部门应当视情先行对客运车辆、危险物品运输车辆实施交通管制。

确需实施远端分流和交通管控的，由恶劣天气发生所在辖区的支队主导牵头，先行启动区域协作机制，提出应当采取的管控措施，由总队指挥中心协调开展相关工作。

第二十一条　及时发现和处置交通事故现场，督促相关部门清理故障车辆和路面障碍，严防发生次生交通事故。动态清理应急车道，确保应急车道畅通，引导医疗、施救等车辆、人员顺利出入现场。

第二十二条　在恶劣天气应急管理过程中，现场处置人员应当严格执行安全防护规定，保障自身安全。

恶劣天气条件下，应当停止所有路面施工。无法撤离施工现场的，应当设置牢固的安全警示标志。

第二十三条　各级高速交警部门应当将恶劣天气应急管理采取的交通管理措施通过广播、网络媒体、高速公路沿线电子显示屏、车载显示屏，向社会发布相关信息。

推进与E高速、高德、百度等导航系统的深度合作，将交通情况、管制措施、分流点位、绕行路线等信息直接推送至导航地图和车辆终端。

第二十四条　处置完毕后，达到正常通行条件的，相关高速交警部门应当逐步撤除警示、指示标志，解除交通管制，引导滞留车辆有序通行。

通行恢复正常后，启动应急预案的高速交警部门组织电视、广播、网络等媒体跟进报道，发布交通恢复信息，宣布结束应急响应。

第六章　信息上报

第二十五条　各级高速交警部门应当通过视频巡查、路面巡逻和信息员调度等方式，利用电话、对讲机和互联网通讯等途径，实时掌握天气路况信息，按照相关的指挥调度要求，及时准确上报。

第二十六条　信息报告应当全面反映本辖区天气变化、路面情况、交通事故以及勤务安排、警力部署等情况。

第二十七条　因恶劣天气采取交通管制措施的，相关高速交警部门应当逐级上报至总队指挥中心。

各支队辖区恶劣天气影响范围、程度及采取的应急管理措施发生变化情况或者其他重要情况应当实时上报。

第二十八条　信息上报方式可先采取电话口头初报，随后利用公安信息网、互联网、传真等报送书面报告和现场音像资料。涉密信息上报应严格遵守有关保密规定。

第七章　应急设施

第二十九条　各支队辖区内恶劣天气易发、多发路段应当建设可变限速标志。

省际收费站进入我省的20至30公里范围和进入市际的10至20公里范围内每隔3至5公里应当架设1处门架式可变限速设备。

设置的限速设备应当与超速抓拍系统实现联网联动，同步实施抓拍、录入处罚。

第三十条　各支队辖区内团雾易发、多发路段应当建设雾区防撞系统。

第三十一条　推动高速公路管理和经营单位在辖区设立气象观测点、易结冰路面测温点，为气象部门提供及时、准确的气象动态信息。

第三十二条　督促高速公路管理和经营单位在桥梁、涵洞、互通立交等易起雾、易结冰路段增设交通安全警示设施，在夜间事故易发、多发路段安装主动发光式交通标志和照明装置。

第三十三条　推进在易结冰的桥梁路段安装防冰剂自动喷洒设施、铺设热力融雪管道。

督促高速公路管理和经营单位在桥梁、匝道、涵洞、隧道、长坡等易结冰、易滑路段储备足够的抗冻防滑物资。

第八章　总结评估

第三十四条　恶劣天气应急管理工作结束后，各级高速交警部门应当进行总结评析，及时完善应急管理工作预案。

第三十五条　各级高速交警部门应当针对不同响应级别适时组织演练。

第三十六条　各级高速交警部门应当适时总结恶劣天气应急管理工作先进做法，予以推广学习，组织战时奖励。

第三十七条　对指挥、处置不力，或存在其他履职不力情形，造成严重后果的，依规严肃追究责任。

与气象局建立恶劣天气通报机制，并接入气象局实时气象信息，实现实况天气可视化展示，第一时间掌握天气变化情况，在遇有恶劣天气时，根据预报、影响范围等情况，提出应对举措，第一时间通过网页、微信群等发布预警。利用指挥中心视频调度、350M对讲、微信群、电话等建立主动调度机制，每天分9个时段主动调度各地实时天气路况和交通安全管理信息，做

每日研判

到了全省路况实时掌控。建立交通安全管理每日常规研判、特殊情况随时研判制度，每日8时30分交接班的指挥长和值班长组织常规研判，汇总前一日天气、路况、事故及应对工作情况，对当日全省道路交通安全形势和工作措施进行会商，形成研判报告，科学指导工作。恶劣天气下随时组织研判，调度恶劣天气及突发事件影响范围，评估交通安全形势，统筹相关部门采取应对措施。

【《关于加强全省公安交警指挥调度和分析研判工作的意见》节选】

1. 提高思想认识，明确工作目标和任务

（1）**认清当前形势**。近年来，随着新技术的飞速发展，全国各级公安机关加快大数据、人工智能等在指挥调度和分析研判方面的融合应用，取得良好实战效果。对照先进省市、警种，我省公安交警指挥调度和分析研判工作还存在一定差距。各级公安交警部门要认清形势，进一步增强责任意识、忧患意识，切实采取有力措施，补齐短板、加快发展。

（2）**明确总体目标**。尽快在全省公安交警系统建立情指合一、情勤对接、城乡一体、高地联动、上下贯通的指挥调度和分析研判工作体系，充分发挥龙头作用，强化信息研判、实战指挥、检查监督、协调沟通等职能，为警务决策和业务指导提供可靠的信息支撑，为重大任务和应急处突提供有力的指挥保障，为队伍管理提供有效的辅助手段。

（3）**明确工作任务**。全面实现"四化"："实战调度精确化"，实现对路面秩序、警力部署等可视化监管，强化勤务与指挥的有机衔接，做到点对点、精确化指挥调度，有效压缩指挥层级、缩短响应时间、提升指挥效能；"情报指挥合成化"，实现情报与指挥良性互动、协调运转，做到事前精确预警、事中跟踪指挥、事后评估提升；"工作手段信息化"，充分应用大数据、云计算等最新技术，全面整合各方面信息资源，搭建多功能、现代化的指挥调度和分析研判平台；"人才队伍专业化"，打造精通业务、素质过硬、作风优良、结构合理的人才队伍。

（4）**完善工作职能**。各级公安交警部门要对照总体目标和任务，充分结合本地实际情况，进一步健全完善指挥调度和分析研判工作职能，充实加强专业人员力量，明确工作定位、岗位职责、发展方向。从有利于优化警务机构设置、有利于整合信息资源、有利于落实工作责任出发，积极推进指挥调度和分析研判工作的机构建设、队伍建设、制度建设和机制建设。

2. 完善三级指挥体系，提高实战调度精确化水平

（5）完善指挥长值班长机制。在总结工作经验的基础上，全面落实指挥长值班长工作制，在省、市、县三级公安交警部门分别设立指挥长、值班长岗位，增加指挥调度专职民警，健全相关工作制度。指挥长由单位负责人担任，值班长由具有指挥调度经验的民警担任，或设置专职指挥长、专职值班长，根据工作需要可另设副指挥长、副值班长、值班员等岗位。指挥长、值班长实行24小时值班制，专人专职负责当天的指挥调度工作，按照职责分工和指挥权限，协调有序、高效精准地开展工作。

（6）完善信息调度机制。建立视频、对讲、微信、电话等多样化信息调度渠道，每天定时调度辖区公安交通管理信息，实时监控交通类警情整体情况和重要警情处置工作，全面、及时、准确掌握辖区第一手资料。

（7）完善归口上报机制。加强与有关协作部门的信息沟通，进一步拓宽信息来源渠道，统一信息发布口径。实现公安交通管理类信息，统一由公安交警部门核实情况、认定性质、规范表述，并按照规定向当地人民政府、公安局和上级公安交警部门报告，切实提高信息报送的准确性、时效性。

（8）完善应急指挥机制。健全应急指挥预案，细化各类警情等级和相应的应急指挥流程，明确指挥长、值班长应急指挥职责。高效做好情报收集、分析研判、预警提示、信息流转、应急处置等各项工作，确保一旦发生突发事件或执行紧急任务，能够快速反应、妥善应对。

（9）完善战时工作机制。重大活动、重要节假日安保期间，充分发挥战时指挥中枢、情报参谋作用，加强对指挥中心、交警执法站、重要路段、重要勤务的视频巡查，加大夜间、凌晨等重点时段的信息调度密度，及时通报工作中存在的薄弱环节，督促工作落实、确保警令畅通，保障各项交通安全保卫工作顺利开展。

3. 建立大数据研判机制，提高情报指挥合成化水平

（10）建立常态化研判机制。与交通运输、气象、旅游、安监、高速公路管理等部门建立定期会商制度，实现信息共享。公安交警系统内部建立联合研判制度，形成工作合力。坚持警务信息每日研判、风险形势每月研判、重要情况实时研判，及时整理汇总交通安全管理相关数据，通过专业化分析，形成符合实战需求的研判成果。

（11）建立合成作战机制。创建"指挥调度令"等载体，及时将研判成果转化为实战效果，为指挥调度、路面查控、源头治理、队伍管理提供有力支撑，实现情指对接、情勤联动。跟踪记录研判成果运用和落实情况，不断改进工作方法，提高合成作战水平。

4. 推进新技术融合应用，提高工作手段信息化水平

（12）推进科技系统的整合和应用。按照"大整合、高共享、深应用"的要求，根据工作实际，提出业务需求，推进现有各项系统功能、内容等方面的优化整合，提高路面监测、车辆查缉、形势研判、重点车辆监管等工作效能。

（13）推进外部力量的引入和使用。推广购买社会服务的工作模式，根据业务需求，引进最先进的大数据、云计算、互联网、人工智能等信息技术，聘请科研院所、高校的专业人员入驻办公，为指挥调度和分析研判工作提供信息化、专业化支持。

5. 健全人才培养制度，提高人才队伍专业化水平

（14）健全教育培训制度。科学制定业务培训计划，适时开展集中培训、应急演练、岗位练兵等专项活动，定期组织轮值轮训、轮岗轮训、业务考试、互动交流等教育培训，大力培养业务骨干，着力提高应急指挥、信息研判等业务水平。

（15）健全人才储备制度。选拔骨干人才，建立各级指挥调度和分析研判人才库，经常性组织入库人员开展研讨、培训等活动，并根据实际情况，定期调整更新人才库成员。

（16）**健全选拔交流制度**。有计划地选取基层和机关优秀民警到指挥调度和分析研判岗位工作。新进民警应有计划地派到指挥中心跟班锻炼。

6. 加强工作保障，确保任务顺利完成

（17）**建立工作模板**。制定各种情形下的信息发布、信息上报模板，统一基本格式和内容，提高警务工作效率。制定各项工作流程模板，明确各岗位工作职责、程序和标准，确保各环节工作有据可依、有章可循。

（18）**选树先进典型**。建立精品案例制度，定期评选指挥调度、情指合成等方面的精品案例，通过以案说法，推广先进经验；积极挖掘工作亮点，适时召开推进会、现场会，固化工作方法，进一步提高省、市、县三级工作水平。

（19）**加强工作考核**。科学设置考核项目和奖惩标准，通过实地检查、网上巡查等方式加强督导检查，定期通报工作中存在的问题和短板，督促问题整改，创建"标兵单位""每月之星"等载体，表彰先进集体和个人。

（20）**加强组织领导**。各级公安交警部门要把加强指挥调度和分析研判工作纳入议事日程，在人力、物力、财力和政策等方面给予支撑保障，切实解决工作中面临的困难和问题。要按照本意见要求，结合当地实际，2018年3月底前制定本地加强指挥调度和分析研判工作方案，明确具体工作任务；2018年9月底前基本完成本意见提出的有关要求；2018年12月底前进一步完善、规范、提高，确保全面完成各项工作目标。

实行视频巡查机制。制定了《全省高速公路交通管理视频巡查工作规范》，指导各地规范开展视频巡查工作，做到对异常情况第一时间调度处置。

【《关于加强高速公路应急管控区域联动工作的通知》节选】

1. 建立区域联动工作机制

按照"立足自身、先行处置、责任传递、协调联动、密切配合"的原则，相邻支队、大队建立区域联动工作机制，在高速公路发生恶劣天气、交通拥堵或者其他影响严重的突发警情时，相关支队、大队作为责任主体，在落实先期处置的同时，牵头启动本工作机制，实现协作联动，保障路网安全畅通。

（1）**签订区域联动协议**。相邻支队、大队要签订区域联动工作协议，明确工作原则、适用范围、职责任务等，确保联动工作有章可循。

（2）**成立区域联动联络小组**。相邻支队、大队要明确联动工作的分管领导和联络员，相互报备并建立对讲机和微信群组，确保信息随时互通。

（3）**制定区域联动应急处置预案**。相邻支队、大队要根据恶劣天气、拥堵、事故等突发警情影响范围、程度，分门别类制定联动应急处置预案，明确具体的分流点位置、警力部署及具体管控措施，遇有需要联动的情况，按照预案分步实施。

2. 明确区域联动工作机制启动时机

各支队、大队要牢固树立"守土有责、守土负责、守土尽责"意识，结合恶劣天气、交通拥堵或者其他突发警情的影响范围、程度，按照省厅《道路交通突发事件应急处置预案》的要求及时启动实施相应级别的交通管控措施。

（1）**局部性事件**。对局部点、段的恶劣天气、交通拥堵或者其他警情，所辖支队、大队要主动担当，加强警力部署，积极在本辖区采取交通管制措施，避免不良态势蔓延至相邻支队、大队。

（2）**区域性事件**。对恶劣天气、交通拥堵或者其他突发警情影响范围程度较大，确需相邻区域支队、大队协助的，所辖支队、大队要在采取相应管控措施的基础上，牵头启动区域联动工作机制，相邻支队、大队要立即响应，迅速启动协作管控点，分摊管控压力，形成整体合力。

（3）**严重性事件**。对大范围、长时间恶劣天气、交通拥堵或者其他影响严重的突发警情，相邻支队共同采取措施仍无法确保路面安全畅通的，牵头支队要第一时间报告总队，说明辖区警情、发展趋势及采取的联动管控措施，提出进一步联动管控建议，总队将视情统筹协调相关支队采取远端控制措施。

3. 落实联动工作措施

（1）**应急准备**。各支队、大队要针对辖区实际逐一开展研判，一条路、一段路、一个点地制定完善针对性联动应急预案。针对恶劣天气要主动协调交通运输、路政、养护等单位和公路经营管理单位，提前在桥梁、弯道、坡道等重要节点储备好融雪、除冰、防滑的应急物资、装备和设备。必要时，协调消防、急救等部门和高速公路经营养护单位，将大吨位吊车、清障车、消防车、救护车部署到主干线重点路段，以应急需。

（2）**信息互通**。各支队、大队要与气象部门建立信息交换机制，每天定时与气象部门沟通，及时获取雨雪、冰冻、雾霾恶劣天气预报信息，发动高速公路沿线居民、收费员、服务区工作人员以及司乘人员等为信息员，随时报告恶劣天气等情况，对发现有影响交通的恶劣天气、交通拥堵及突发警情，第一时间与相邻支队、大队互通信息，做到早发现、早预警、早发布、早防范。

（3）**指挥调度**。一旦发生大范围、长时间恶劣天气、交通拥堵或者其他影响严重的突发警情，由牵头支队、大队指挥中心按照联动应急处置预案开展统一指挥调度，主要负责同志要亲自坐镇，调集警力，指挥处置，科学应对。接到联动请求的支队、大队要第一时间响应和开展工作，并及时向牵头支队、大队指挥中心反馈。

（4）**联动执行**。牵头和参与联动的支队、大队要全力协作配合，及时根据联动应急处置预案和指挥调度指令，在预定的高速公路点段采取巡逻管控、限速通行、间断放行、带道压速通行、压缩车道通行、限制重点车辆通行、临时封闭道路、协调清雪除冰、分流管控等措施，全力降车速、控车距、调车流、除隐患，最大限度减少警情影响路段的通行压力。

（5）**信息发布**。牵头支队、大队要通过广播、电台、可变信息板及"双微"平台发布警情信息和道路管控情况，提醒过往车辆驾驶员减速慢行，并第一时间推送至联动单位，联动单位要及时转发，注明本辖区协助管控措施，引导驾驶员合理规划出行时间和线路。

4. 工作要求

（1）**建立联席会议制度**。相邻支队、大队要定期召开联席会议，互相通报辖区情况，总结联动处置工作经验及薄弱环节，解决存在的问题，完善联动应急处置预案。同时，在预报有大范围恶劣天气、重大节假日、重要安保及活动前要通过联席会议分析研判总体形势，提出针对性工作措施并形成具体工作预案。要认真总结工作中的先进经验和亮点做法，及时报总队进行全面推广。

（2）**提高路面应急管控能力**。各支队、大队要提高本辖区应急管控能力，坚持防范前置和快速处置，全面落实应急管控措施，最大限度压缩路面管控范围，确保高效、妥善处置，杜绝简单一封了之，向外传导疏堵压力，严防发生长时间、长距离道路交通拥堵和次生事故。

（3）**强化工作落实**。要加强协作配合、落实协作措施，杜绝敷衍塞责。各支队要在11月底之前建立区域联动机制，并将区域联动协议或会议纪要等材料报送至"高速信息调度"邮箱。

实行危险物品运输车辆夜间限行。在禁止危险物品运输车辆在冰雪、雾等恶劣天气和重大节日、重要活动时通行高速公路的基础上，经报省政府同意，自2015年11月1日起禁止危险物品运输车辆夜间通行高速公路，有效减少道路交通安全隐患。

【《关于切实做好危险物品运输车辆恶劣天气限行高速公路工作的通知》节选】

1. **强化思想认识，建立责任机制**。近年来，受恶劣天气影响，我省先后发生了"12.14"济广高速涉及危险物品运输车辆交通事故、"1.16"荣乌高速汽油泄漏事故。在近期的几次恶劣天气处置过程中，又多次发生涉及危险物品运输车辆的事故。这固然与高速公路出现大雾、团雾、降雪等天气有关，也反映出恶劣天气下车辆管控工作不到位的问题。2015年11月，省政府发布了《山东省安全生产行政责任制规定》，对责任追究做了明确规定。各地要充分认识到恶劣天气下，对危险物品运输车辆限行的重要性和必要性，按照"一路一案、一站一案"的原则，制定有针对性的限行措施和实施方案，明确职责分工、工作流程和绕行路线，并将绕行路线及时向社会发布，切实做好恶劣天气下危险物品运输车辆的限行工作。

2. **强化路面管控，建立限行机制**。高速公路出现恶劣天气时，各市高速公路交警部门要对危险物品运输车辆进行管控，禁止其驶入高速公路。正在高速公路上行驶的危险物品运输车辆应当引导至就近收费站或服务区进行分流。同时，在无恶劣天气路段，通过设置路面标志、电子显示屏指示或执勤人员指挥，禁止危险物品运输车辆进入恶劣天气路段。对违反交通管制信息的，公安机关高速公路交通管理部门依据《中华人民共和国道路交通安全法》以及《山东省高速公路交通安全条例》规定，对驾驶人处2000元罚款，同时，依据《危险化学品安全管理条例》对相关运输企业处5万元以上10万元以下罚款。

3. 强化信息收集，建立研判机制。 要加强与当地气象部门沟通协作，通过发展气象情报员，扩宽信息来源渠道，及时搜集实时气象信息。要摸清辖区不同季节气象规律和雾雪冰易发时间、建立准确可靠的恶劣天气信息档案。通过恶劣天气信息采集，建立完善研判制度，预判恶劣天气覆盖范围、涉及的高速公路以及雪冰雾节点，提前对通行辖区的危险物品运输车辆采取限行管制措施，并通过短信平台、微信群、电子显示屏等发布恶劣天气和交通管制信息。

4. 强化宣传提示，建立告知制度。 各市高速交警部门要建立危险物品运输企业安全负责人微信群，第一时间发布限行路段、时间等信息，引导车辆选择合适的行驶路线。要通过网络、报刊、电台、电视台等各类媒体和采取摆放宣传展板、发放提示材料等形式，发布恶劣天气预警提示，公开团雾、易结冰和事故易发多发路段、采取的限行措施及绕行路线，大力宣传恶劣天气下危险物品运输车辆通行高速公路的危害和采取限行措施的必要性。要深入辖区危险物品运输企业和货物场站，对危险物品运输车辆驾驶人、企业安全管理人员，面对面宣传恶劣天气下危险物品运输车辆限行工作和处罚措施，引导驾驶人遇有恶劣天气时要主动驶离高速公路。对违反限行的车辆和企业，在处罚的同时，要通过媒体予以曝光。

强化科技手段应用，逐步健全完善高速公路可变限速标志和雾区诱导防撞系统，发现恶劣天气后，第一时间调整可变限速标志限速值，应用雾区诱导防撞系统，科学引导车辆降速、控距。同时推进与e高速、齐鲁通、高德、百度等平台的深度合作，将交通情况、管制措施、分流点位、绕行路线等信息直接推送至导航地图和车辆终端，引导驾驶人科学选择出行路线。

2018年，山东高速交警总队共发布恶劣天气预警43期，即时气象灾害预警46次，指导全省成功应对52次降雨、22次降雪、53次大雾恶劣天气，未出现长时间长距离拥堵状况。

山东高速交警总队一支队全方位构建"一二三四五"应对恶劣天气管控体系，即"一个中心、两个着力点、三项机制、四项措施、五项保障"，恶劣天气应急处置工作成效显著。

打造一个中心。即与山东高速公路股份公司成立联合指挥中心，实时掌握天气路况，规范信息的上传下达和发布，同时督导工作措施的落实。

一支队联合指挥中心

与路政、消防联合开展应急处置培训

　　狠抓两个着力点。即以"工作流程"为着力点，提高应急处置精细化水平；以学习培训为着力点，提高民警应急处置能力。与山东高速公路股份公司联合出台《恶劣天气交通安全应急管理工作流程》，各部门各司其职，各尽其责。同时积极开展"实战式互动式"应急处置培训，专家逐一进行点评，指出不足，明确不同工作岗位应当履行的职责。

　　创建三项机制。即联勤联处联指机制、警务协作机制、协同作战机制。与山东高速路政、信息部门联合值班，实行信息共享，遇恶劣天气，共同对外发布信息，对内下达指令，实现了联合指挥；与相邻高速公路交警部门开展警务协作，形成了警务协作长效机制；各大队信息共享、统一行动，根据天气情况，协助相邻大队实施关闭收费站、主线分流等交通管制措施，共同处置恶劣天气。

强化四项保障。即提前部署，开展演练；提前排查，整改隐患；提前督导，完备物资；提前检查，完善装备，确保了恶劣天气下召之即来、来之能战、战之能胜。

落实五项措施。即第一时间收集信息、第一时间发布预警、第一时间采取措施、第一时间协调配合、第一时间上报信息，确保了恶劣天气下应急处置工作高效开展。

民警战雾霾保安全

2016年至2018年底，一支队成功应对恶劣天气307次，其中涉及雾情114次、冰雪25次、降雨165次、霜冻3次，辖区因恶劣天气导致事故起数逐年下降，因异常路况封闭收费站的频次和时长均有所下降，未出现严重道路交通事故和长时间长距离道路交通拥堵的情况。

第四章　12122报警服务系统

　　2005年国家工信部下发了《关于公益服务号码管理有关问题的通知》，统一规划12122为全国高速公路报警救援电话号码，目前全国已有23个省市开通使用。为确保高速公路发生事件后能够第一时间接报、第一时间处置、第一时间联动、第一时间发布信息，提高救援和应急处置效率，最大限度地减少群众在高速公路上的滞留时间，方便群众出入高速公路，参照外省市经验做法，山东高速交警总队在全省着手部署建设高速公路12122报警服务系统。

　　目前，各级高速交警部门共设有报警电话93个，模式全部为区号+7位或8位数字，虽然已对社会公布，但号码不统一，较难记忆，且高速公路地处偏远、区位特殊、环境单一，大部分群众无法确认事故地点所属支队、大队，甚至无法确认所在行政区域，只好拨打110或122求助，但这种接警模式无法及时掌握具体警情位置，需再转接高速交警部门，无法及时调整事故周边可变限速标志"限速值"，报警流转单位多、时间长，突发事件发生后不能在最短时间内处置，极易造成二次事故、多车相撞及长时间长距离拥堵。此外，高速公路交通安全管理相关部门还有路企、路政等，特别是恶劣天气、重大事故、重大拥堵等应急处置需要各部门协调配合、联动处置。但各部门有单独报警电话，各部门数据分散，综合利用率低，导致研判预警数据支撑不足，指挥调度和服务群众出行不精准、不合理，急需一个系统整合资源，形成工作合力。

　　为解决难题，山东高速交警总队全面推动建设高速公路12122报警服务系统，进一步整合高速公路经营管理单位资源力量，切实提高救援和应急处置效率。系统主要功能有：一是语音呼叫，第一时间确定报警位置。通过定位功能，在高速公路上拨打12122将自动接入辖区所在支队，第一时间确定报警人位置，实现报警与处置快速对接、准确高效。二是快速先期处置。接警后指挥中心根据现场情况，第一时间调整周边可变限速标志"限速值"和情报板内容，采取强插广播电台等手段，提醒过往驾驶人采取降速、控距、驶离高速等措施。三是指导事故快速处理。报警直接对接事故当事人，根据事故情况指导当事人快速处理事故，及时撤离现场，避免交通拥堵。四是联动处置。遇有重大警情，系统将根据具体情况和应急预案，直接联系对应高速交警、路企、路政、消防、急救等部门，创建事件应急小组，协同作战，责任到人。五是采集信息、研判预警。发生事件接报后，第一时间对外发布信息，引导群众科学合理出行。同时利用导航软件，为群众提供实时路况语音导航服务。

2018年，山东高速交警总队在与财政等部门沟通完成项目招标的基础上，召开10次研讨会，深入6个支队调研业务需求，并多次与通信管理局和运营商协调号码落地、定位服务等工作，推进硬件建设，完善系统功能应用。2018年底已开通试运行，即将在全省全面投入使用。

专题研究12122管理服务平台建设工作

【《关于做好全省高速公路"12122"报警服务系统启用相关工作的通知》节选】

2005年国家工信部下发了《关于公益服务号码管理有关问题的通知》（信部电函〔2005〕339号），统一规划"12122"为全国高速公路报警救援电话号码。结合上级要求和我省实际，总队建设了全省高速公路12122报警服务系统，为确保系统稳定运行，切实提高高速公路报警救援效率，根据总队领导要求，即日起全面启动高速公路12122报警服务系统试运行工作。

一是加强系统试用和问题反馈。 为确保系统正式运行后的稳定性，总队预设了三个月的试用过渡期，充分测试和检验系统运转情况，便于进一步优化完善。即日起第一个月，各支队要组织巡逻民警拨打电话进行内部测试，同时对群众已拨入的"12122"报警电话及时接听，认真按照接处警流程流转和录入，后两个月全面进行系统压力测试，确保期间能发现问题、及时解决。试行期间，各支队在保留原有接警手段的同时，把"12122"作为主要接警手段，做到既保障正常接警，又能发现和改进系统存在的问题。

二是严格规范接警工作。 "12122"接警席为呼叫中心专业坐席，各支队要根据辖区报警话务量和指挥调度工作需要，在指挥中心配备足够的专职接警民警和警务辅助人员，同时进一步细化完善接警岗位工作流程，做到"12122"接警规范化、精细化。"12122"报警电话只接听，不对外拨出，各支队、大队原值班电话要保留，作为转警、调度、汇报、情况反馈等内部业务工作联系使用。由于市界或个别区域定位不准确而接到非本辖区报警电话的，接警员必须执行"首接责任制"，先期受理，询问、记录基本情况后及时将警情通知和流转所辖支队处理。

三是强化培训学习和实战应用。 各支队要结合总队举办的视频培训及下发的操作手册（见附件），认真组织支队、大队相关人员对"12122"报警服务系统进行培训学习，确保全面掌握、熟练应用。各支队指挥中心必须保障"12122"报警服务系统24小时在线，按照《道路交通事故处理工作规范》中关于报警受理的相关规定，凡拨打"12122"电话或者其他渠道掌握的警情均要做到"接处警同步录入"，即接警和处警的同时完成所有警情信息的录入，同时对接处警指令下达、签收出警、民警到达现场、事件处置、采取管制措施、处置结束等环节进展情况主动实时调度、实时录入，确保及时在系统反馈，坚决防止接完警后向基层一推了之、音讯全无等情况发生。为提高支队与所属大队、民警之间的信息传递效率，各支队管理员要结合本支队指挥体系实际情况，在系统中科学设置和分配大队指挥室、一线民警等角色权限，强化运转磨合，切实提高本支队内部接处警和指挥调度运转效率。

四是做好咨询类电话分流工作。根据我省高速公路接警数据分析，接警会有大批量的咨询电话接入，特别是恶劣天气情况下，咨询类电话呈爆发式增长，导致事故报警线路被长时间占用，群众发生事故后打不通报警电话。为有效分流咨询类电话，群众拨打"12122"后系统会根据提示转接到咨询菜单，然后系统自动向当事人发送一条路况短信，短信中附带详细路况链接。链接的路况信息由各支队自行录入，内容主要是辖区高速公路采取的交通管制措施等情况。为确保有效分流咨询类电话，在日常特别是恶劣天气情况下，各支队辖区采取的交通管制措施必须实时录入系统，确保为群众提供的路况信息准确、实时、可靠。

五是积极做好宣传推广。各支队要在"12122"报警服务系统试用一个月后，结合辖区实际强化"12122"启用宣传工作。要在辖区各收费站入口、路面醒目位置等设置"12122"报警电话告知牌，同时利用路面电子显示屏、协调收费员发放提示卡片等方式进行广泛宣传。要积极协调电视台、广播电台、网络、报刊等新闻媒体，微信、微博、头条号、抖音等自有新媒体平台扩大宣传覆盖面，切实提高"12122"报警电话的知晓度。

六是严肃工作纪律。为确保"12122"报警服务系统稳定运行，总队专门为各支队坐席端申请配备了互联网专线，各支队在日常工作中一定要专线专用，严禁私自占用专线或利用"12122"电脑进行打游戏、下载电影、聊天等与接处警工作无关的活动。要切实做到规范接警并及时录入系统，特别是要强化日常交通管制信息的录入和更新，总队将定期调度汇总各支队系统应用情况，对利用专线和电脑从事与接处警无关活动的，以及接警不规范、警情或管制措施录入不及时、不准确以及故意不录入、不反馈的，将严肃考核通报。

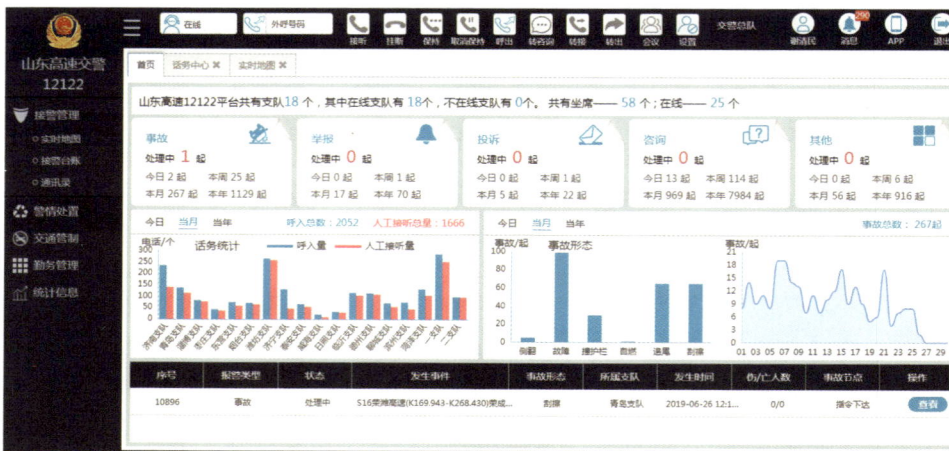

12122报警系统

附

山东省高速公路交通安全条例

2006年9月29日山东省第十届人民代表大会常务委员会第二十三次会议通过；2014年5月30日山东省第十二届人民代表大会常务委员会第八次会议修订。

第一章　总则

第一条　为了保障高速公路交通安全、有序和畅通，根据《中华人民共和国道路交通安全法》《中华人民共和国道路交通安全法实施条例》等法律、行政法规，结合本省实际，制定本条例。

第二条　在本省行政区域内高速公路上通行的机动车驾驶人、乘车人以及与高速公路交通安全活动有关的单位和个人，都应当遵守本条例。

第三条　高速公路交通安全管理工作遵循依法管理、预防为主、安全畅通、高效便民的原则。

第四条　省、设区的市人民政府应当加强对高速公路交通安全管理工作的领导，组织有关部门确定管理目标，建立健全政府主导的高速公路交通安全工作协调机制和重大事件应急处置机制。

第五条　省人民政府公安机关交通管理部门负责全省高速公路交通安全管理工作，设区的市人民政府公安机关交通管理部门负责本辖区内的高速公路交通安全管理工作。省人民政府对高速公路交通安全管理体制另有规定的，按照其规定执行。

交通运输、安全生产监督管理、卫生、食品药品监督管理、农业、环境保护、气象以及公安消防等部门和机构依据各自职责，做好高速公路交通安全相关工作。

第六条　公安机关交通管理、交通运输、气象等部门和机构以及高速公路管理和经营单位应当密切配合，建立科学有效的工作协调、指挥调度、信息研判等协作机制，确保高速公路交通安全、有序和畅通。

第七条　各级人民政府和公安机关交通管理部门应当加强高速公路交通安全法律、法规的宣传，提高公众的高速公路交通安全意识，鼓励公众对高速公路交通安全违法行为进行举报、监督。

机关、企业事业单位、社会团体以及其他组织，应当对本单位人员进行高速公路交通安全教育。

第八条　对高速公路交通安全管理工作，应当加强科学研究，加大科技投入，推广、使用先进的管理方法、技术和设备。

第二章　通行规定

第九条　禁止下列人员、车辆进入高速公路：

（一）行人；

（二）非机动车；

（三）摩托车、拖拉机、联合收割机、轮式专用机械车、全挂拖斗车、铰接式客车、悬挂试车号牌和教练车号牌的机动车；

（四）设计最高时速低于七十公里的机动车。

高速公路养护等作业人员和用于养护的专用机动车，不适用前款规定。

第十条　机动车进入高速公路前，驾驶人应当对其安全技术性能进行检查；危险报警闪光灯、雾灯、尾灯等安全设施损坏或者不全的，不得在高速公路上行驶。

第十一条　机动车进入高速公路行驶，驾驶人和乘车人应当按照规定使用安全带；驾驶人不得安排未满十二周岁的未成年人乘坐在副驾驶位；未满四周岁的未成年人乘坐家庭乘用车，应当为其配备并正确使用儿童安全座椅。

第十二条　进入高速公路行驶的机动车，应当配备符合国家标准的故障车警告标志牌和灭火器，其中货运车辆和挂车应当按照规定在侧面以及后下部安装防护装置、粘贴车身反光标识。车身反光标识不得遮挡、污损。

第十三条　进入高速公路行驶的机动车，应当悬挂机动车号牌，放置安全和环保检验合格标志、保险标志，并随车携带机动车驾驶证、机动车行驶证。

机动车号牌应当按照规定悬挂并保持清晰、完整，禁止故意遮挡或者污损。

禁止伪造、变造机动车号牌或者使用伪造、变造的机动车号牌。

第十四条　驾驶人在实习期内驾驶机动车进入高速公路行驶，应当由持相应或者更高准驾车型驾驶证三年以上的驾驶人陪同。

第十五条　机动车进入高速公路行驶，载人不得超过核定载人数，载货不得超过核定载质量。

货运机动车除驾驶室外，其他任何部位不得载人；载物长、宽、高不得违反装载要求；装载容易散落、飞扬、流漏物品时，应当采取厢式密闭等防护措施。

客运机动车除车辆内置的行李箱（舱）外，其他部位不得载货；禁止载运爆炸物品、易燃易爆化学物品以及剧毒、放射性等危险物品。

第十六条　载物长、宽、高违反装载要求的机动车，不得在高速公路上行驶。

机动车在高速公路上运载超限的不可解体物品，影响交通安全的，应当按照公安机关交通管理部门指定的时间、路线和速度行驶，并悬挂明显标志。

高速公路管理和经营单位应当按照高速公路设计规范和安全要求，在高速公路的合理位置设置相关限载、限高、限宽、限长、限速等警告标志和车辆禁令标志。

第十七条　机动车载运爆炸物品、易燃易爆化学物品以及剧毒、放射性等危险物品需要在高速公路上行驶的，应当经公安机关批准后，按照指定的时间、路线和速度行驶，悬挂警示标志并采取必要的安全措施。

遇有冰雪、雾等恶劣天气和重大节日、重要活动时，省人民政府公安机关交通管理部门可以禁止载运爆炸物品、易燃易爆化学物品以及剧毒、放射性等危险物品的机动车通行高速公路。

第十八条　机动车在高速公路上行驶，最低时速不得低于六十公里。小型载客汽车最高时速不得超过一百二十公里，其他机动车不得超过一百公里。机动车进入不停车电子收费专用通道时，最高时速不得超过五公里，在服务区内最高时速不得超过二十公里。法律、法规另有规定的，适用其规定。

同方向有二条车道的，左侧车道的最低时速为一百公里；同方向有三条以上车道的，最左侧车道的最低时速为一百一十公里，中间车道的最低时速为九十公里。禁止大型客车和中型、重型载货汽车占用最左侧车道行驶。

遇有限速交通标志或者限速路面标记所示时速与前两款规定不一致时，应当按照标志或者标记标明的速度行驶。

第十九条　傍晚、夜间行驶或者在容易发生危险的路段行驶，以及遇有雾、雨、雪、沙尘、冰雹等低能见度气象条件时，应当降低行驶速度，开启车灯。

第二十条　机动车从匝道驶入高速公路时，应当开启左转向灯，并在加速车道内将时速提高到六十公里以上；驶入行车道时，不得妨碍其他机动车行驶。

机动车驶出高速公路时，应当按照出口预告标志提前开启右转向灯，驶入减速车道，降低车速后驶离。

第二十一条　机动车超越前方车辆时，应当提前开启左转向灯，从左侧相邻车道超车。同方向有二条车道的，大型客车和中型、重型载货汽车除因超车需要外，禁止驶入左侧车道；同方向有三条以上车道的，禁止大型客车和中型、重型载货汽车使用最左侧车道超车。

机动车变更车道时，不得妨碍相关车道内机动车的正常行驶。

第二十二条　机动车行驶中发生故障或者遇有紧急情形需要临时停车时，应当提前开启右转向灯，在确保安全的情况下驶离原车道，停在应急车道或者路肩内，并立即开启危险报警闪光灯，在最右侧车道与应急车道或者路肩的分界线上、来车方向一百五十米外设置故障车警告标志牌。

机动车排除故障后继续行驶时，应当在应急车道上提高车速，并开启左转向灯；进入行车道时，不得妨碍其他车辆正常行驶。

第二十三条　机动车行驶中因发生故障不能离开原车道的，驾驶人应当立即开启危险报警闪光灯，并在本车道内来车方向一百五十米外设置故障车警告标志牌，夜间还需开启示宽灯和尾灯。驾驶人和乘车人应当迅速转移到右侧应急车道或者路肩外，并立即向高速公路管理和经营单位请求援助，高速公路管理和经营单位应当及时施救；影响交通安全的，还应当报告公安机关交通管理部门。

第二十四条　设置故障车警告标志牌时，设置人应当在确保安全的情况下沿应急车道或者路肩外侧行走。

禁止以其他物品或者标志替代故障车警告标志牌。

第二十五条　高速公路发生交通堵塞时，受阻机动车应当依次在行车道内等候，并开启危险报警闪光灯，不得驶入应急车道或者路肩。

第二十六条　机动车在高速公路上行驶，驾驶人不得有下列行为：

（一）倒车、逆行、穿越中央隔离带掉头或者在车道内停车；

（二）进行试车和学习驾驶机动车；

（三）骑、轧行车道分界线或者在路肩上行驶；

（四）在匝道、加速车道和减速车道上超车；

（五）非紧急情形驶入应急车道或者停车；

（六）使用移动电话或者其他通讯工具；

（七）调试导航装置；

（八）观看影视录像；

（九）其他妨碍安全驾驶的行为。

第二十七条　机动车在高速公路上行驶，禁止下列行为：

（一）向高速公路上抛撒物品；

（二）停车上下人员、装卸货物或者从事商品买卖、车辆修理等经营行为，高速公路服务区除外；

（三）在隧道内以及特大桥、立交桥等桥梁构造物上停车。

第二十八条　机动车驾驶人连续驾车行驶不得超过四小时，停车休息时间不得少于二十分钟，二十四小时以内驾驶时间累计不得超过八小时。

客运机动车驾驶人二十二时至次日五时连续驾驶不得超过两小时。交通运输部门和有关单位应当推行长途客车和旅游客车凌晨二时至五时停止运行或者接驳运输。

公路营运载客汽车、旅游客车、危险物品运输车、重型载货汽车、半挂牵引车以及国家和省规定的其他车辆在高速公路上行驶，应当按照规定安装具有卫星定位装置的行驶记录仪，并保持其正常运行；运输企业应当加强对所属车辆和驾驶人的动态监管，确保监控有效。

第三章　交通安全保障

第二十九条　高速公路收费站工作人员发现本条例第九条第一款规定禁行范围内的人员和车辆不得放行；对在进口和出口闯岗、闯卡，不听劝阻强行通过的，应当立即报警，公安机关应当及时依法处理。

高速公路管理和经营单位及其收费站对公安机关查缉嫌疑车辆应当予以协助。

第三十条　公安机关交通管理部门可以在高速公路进口和出口、服务区、检查站对涉嫌超载、超速、故意遮挡号牌、伪造变造号牌、酒后驾驶等严重交通违法行为的车辆进行检查，过往车辆应当按照引导标志行驶到指定地点接受检查，不得强行通过。

第三十一条　公安机关交通管理部门应当加强巡逻检查，对存有交通安全隐患或者有交通违法行为的车辆，应当通过适当的警示方式，责令其改正或者到高速公路出口、收费广场、服务区依法接受处理；遇有严重危及人身、车辆或者通行安全的紧急情形，可以责令其立即到指定的安全地点停车，依法接受处理。

高速公路管理和经营单位应当加强高速公路日常巡查，发现危及高速公路交通安全、影响高速公路畅通等情形的，及时采取措施，妥善处置。

高速公路上发生交通事故、治安和刑事案件时，公安机关等有关部门应当及时赶赴现场，妥善处置。

第三十二条　在本辖区内执行正常巡逻任务、处理交通事故、处置突发事件的统一标志的制式警车，进出本辖区和与本辖区相邻的收费站免交车辆通行费。

第三十三条　公安机关交通管理部门根据高速公路交通流量的具体情况可以对机动车采取分流疏导、限制通行、禁止通行等措施。

第三十四条　遇有恶劣天气、道路施工等情形和交通事故等突发事件时，高速公路管理和经营单位可以先行采取安全防范措施，并立即报告公安机关交通管理部门；公安机关交通管理部门可以采取限制车速、调换车道、暂时中断通行等交通管制措施，高速公路管理和经营单位应当配合。

采取前款规定的交通管制措施难以保证交通安全时，公安机关交通管理部门可以决定关闭高速公路，高速公路管理和经营单位应当执行。

引起关闭高速公路的情形消除后，公安机关交通管理部门应当及时通知高速公路管理和经营单位开通高速公路。

高速公路管理和经营单位应当通过网络、广播、可变情报板等形式及时向社会发布高速公路交通状况、施工作业等有关信息。

第三十五条　高速公路管理和经营单位应当根据车流量具体情况开足收费道口，保障其高效运营和畅通，并公布投诉举报电话，接受社会监督。

新建高速公路的收费道口设置，应当符合车辆行驶安全的要求，收费道口的数量应当符合车辆安全、快速通行的需要；已建高速公路收费道口数量不符合车辆安全、快速通行需要的，高速公路管理和经营单位应当及时采取措施增设收费道口，当地人民政府应当按照国务院交通运输部门和省人民政府的有关规定予以支持配合。

第三十六条　高速公路管理和经营单位应当保证高速公路隧道内照明、通风、监控等设施的正常使用。

高速公路管理和经营单位应当在隧道进口处设置长距离减速震荡带，逐步安装遮阳板，适应视线感应需要。

第三十七条　公安机关交通管理部门应当安装使用测速抓拍、卡口拦截等智能管控设施设备，加大对高速公路交通违法行为的查处。

高速公路管理和经营单位应当逐步安装路面全覆盖、高清视频监控装置，与公安机关交通管理部门实现信息共享。

高速公路管理和经营单位应当根据高速公路沿线气象状况以及对交通安全的影响程度逐步安装高速公路气象预警信息发布设施和可变限速标志，配合气象主管机构及时向社会发布影响交通安全的气象预警信息。新建高速公路项目，建设单位应当同步设计、建设高速公路气象设施和可变限速标志。

第三十八条　高速公路管理和经营单位应当在高速公路沿线服务区、养护工区、救援中心等地配备、配足道路抢险救援需要的清障、除雪等设备以及融雪、融冰等物资。

高速公路管理和经营单位应当在高速公路沿线合理规划和建设停车区或者港湾式停车带，为机动车驾驶人提供休息区域。

第三十九条　新建、改建、扩建高速公路工程竣（交）工验收时，有关部门应当征求安全生产监督、公安机关交通管理部门意见，交通安全设施验收不合格的，不得通车运行。

高速公路管理和经营单位应当按照高速公路的技术规范和操作规程，做好高速公路及其附属设施养护、维修工作，保证高速公路处于良好的技术状态。

公安机关交通管理部门发现高速公路交通事故频发路段以及配套设施存在交通安全严重隐患或者险情的，应当及时向高速公路管理和经营单位提出防范交通事故、消除整改隐患或者险情的建议；高速公路管理和经营单位应当按照有关规定和程序及时作出处理决定。

第四十条　在高速公路两侧设置的广告牌、横跨高速公路的管线等，应当与交通设施保持必要的距离，不得遮挡交通标志或者标线、妨碍安全视距、影响通行。

第四十一条　高速公路交通标志、标线等交通设施应当规范、准确、清晰，并保持良好状态；达不到规定标准的，应当及时修复、完善。禁止损毁和擅自移动、涂改高速公路交通标志、标线等交通设施。

新建高速公路的交通标志、标线等交通设施应当按照国家标准进行设计、安装。

第四十二条　高速公路管理和经营单位在高速公路上进行养护、维修等作业时，应当按照高速公路养护工程作业交通控制的规定，实行作业区域交通安全控制，放置红色示警灯或者反光锥筒。施工作业人员应当穿着安全标志服，佩戴安全标志帽；作业车辆、机械应当悬挂明显标志，行驶和作业时均应当开启示警灯。

除应急抢险施工应当及时告知公安机关交通管理部门外，影响高速公路交通安全的养护施工应当事先经过公安机关交通管理部门同意。需要半幅封闭的，应当在施工五日前通过媒体发布公告，并在进入施工路段前的相关入口处和施工路段前方按照规定设置公告标志牌。

第四章　交通事故救援与处理

第四十三条　建立以事故发生地县级以上人民政府为主导，公安、安全生产监督管理、交通运输、环境保护等部门以及高速公路管理和经营、医疗急救等单位参加的交通事故抢险救援联动机制，制定相应预案，做到快速反应，及时救援。

在高速公路上发生危险物品运输车辆泄漏、爆炸或者重大以上交通事故时，事故发生地县（市、区）人民政府负责组织本行政区域内公安、安全生产监督管理、交通运输、财政、卫生、环境保护、质量技术监督等部门以及高速公路管理和经营单位做好事故救援、处置以及善后处理工作。

第四十四条　公安机关交通管理部门负责高速公路交通事故处理工作，高速公路管理和经营单位负责高速公路路面清障救援工作。

公安机关交通管理部门、高速公路管理和经营单位接到交通事故报警后，应当立即赶赴现场，先组织抢救受伤人员，并按照各自职责，快速处理事故，快速清障，恢复交通。

第四十五条　在高速公路上发生交通事故，驾驶人应当立即停车，开启危险报警闪光灯，夜间还需开启示宽灯和尾灯；驾驶人或者有关人员应当在本车道内来车方向一百五十米外设置警告标志牌；驾驶人、乘车人应当立即转移到应急车道或者路肩外。

第四十六条　公安机关交通管理部门处理交通事故时，因收集证据，需要扣留事故车辆的，应当将事故车辆移至公安机关交通管理部门指定的地点，妥善保管，以备核查。

第四十七条　高速公路上发生交通事故，仅造成财产损失，车辆能够移动的，各方当事人应当在固定相关证据后，迅速将车辆移至不妨碍交通的地点，报警或者自行协商处理损害赔偿事宜。

高速公路上发生交通事故，仅造成轻微财产损失，并且基本事实清楚的，当事人应当先撤离现场再进行协商处理。

第四十八条　高速公路管理和经营单位执行清障救援作业时，应当对救援作业车辆以及被救援车辆采取必要安全防护措施。除清障救援车辆外，禁止其他机动车拖曳、牵引故障车辆或者肇事车辆在高速公路上行驶。

警车、消防车、救护车、工程救险车辆在高速公路上执行事故处理、救险、清障任务时，在确保安全的情况下，不受行驶路线、行驶方向、行驶速度的限制。

第五章　法律责任

第四十九条　高速公路交通警察有下列行为之一的，依法给予处分：

（一）利用职务便利收受他人财物或者谋取其他利益的；

（二）利用职权刁难、报复他人的；

（三）当场收缴罚款不开具罚款收据，不如实填写罚款数额或者开具不符合规定罚款收据的；

（四）违法扣留车辆、车辆号牌、机动车行驶证和驾驶证的；

（五）依法扣留车辆、车辆号牌、机动车行驶证和驾驶证未按照规定上交的；

（六）使用依法扣留车辆的；

（七）违反规定擅自放行被扣留车辆的；

（八）隐瞒不报或者故意拖延报告重大交通事故的；

（九）阻碍、干涉事故调查处理或者提供虚假证明的；

（十）徇私舞弊，不公正处理交通事故的；

（十一）不履行或者拖延履行法定职责的；

（十二）其他失职、渎职行为。

公安机关交通管理部门有前款所列行为之一的，对直接负责的主管人员和其他直接责任人员依法给予处分。

第五十条　违反本条例规定，机动车驾驶人有下列行为之一的，由公安机关交通管理部门处警告或者一百五十元罚款：

（一）未放置安全和环保检验合格标志、保险标志的；

（二）未随车携带机动车行驶证或者驾驶证的；

（三）实习期内上高速公路无陪驾的；

（四）机动车从匝道驶入或者驶出高速公路时未按照规定行驶的；

（五）驾驶时使用移动电话或者其他通讯工具的；

（六）驾驶时观看影视录像或者调试导航装置的。

第五十一条　违反本条例规定，有下列行为之一的，由公安机关交通管理部门处警告或者二百元罚款：

（一）驾驶禁止进入高速公路的机动车驶入高速公路的；

（二）驾驶安全设施损坏或者不全的机动车的；

（三）机动车驾驶人未按照规定使用安全带的；

（四）货运车辆和挂车未按照规定在侧面以及后下部安装防护装置、粘贴车身反光标识或者遮挡、污损车身反光标识的；

（五）未悬挂机动车号牌的；

（六）故意遮挡或者污损机动车号牌的；

（七）载物行驶时散落、飞扬、流漏载运物的；

（八）载物的长、宽、高违反装载要求的；

（九）运载超限的不可解体物品，未悬挂明显标志或者未按照指定的时间、路线、速度行驶的；

（十）驾驶机动车低于规定最低时速行驶的；

（十一）机动车在同方向有二条车道的左侧车道行驶，低于规定时速百分之二十以上的；

（十二）大型客车和中型、重型载货汽车占用同方向有三条以上车道的最左侧车道行驶的；

（十三）遇有雾、雨、雪、沙尘、冰雹等低能见度气象条件时，未按照规定行驶的；

（十四）大型客车和中型、重型载货汽车非因超车需要驶入同方向有二条车道的左侧车道的；

（十五）发生故障或者交通事故后，未按照规定使用灯光或者设置警告标志牌的；

（十六）倒车、逆行、穿越中央隔离带掉头或者在车道内停车的；

（十七）试车或者学习驾驶机动车的；

（十八）骑、轧行车道分界线或者在路肩上行驶的；

（十九）在匝道、加速车道和减速车道上超车的；

（二十）非紧急情形驶入应急车道或者停车的；

（二十一）向高速公路上抛撒物品的；

（二十二）在高速公路上停车上下人员、装卸货物或者从事商品买卖、车辆修理等经营行为的；

（二十三）连续驾车行驶未按照规定时间休息的；

（二十四）公路营运载客汽车、旅游客车、危险物品运输车、重型载货汽车、半挂牵引车以及国家和省规定的其他车辆安装的行驶记录仪运行不正常或者未按照规定安装行驶记录仪的；

（二十五）违反规定拖曳故障车辆、肇事车辆的。

第五十二条　违反本条例规定，客运机动车载客载货的，由公安机关交通管理部门按照下列规定处罚：

（一）载客超过额定乘员百分之二十以下的，处二百元罚款；

（二）载客超过额定乘员百分之二十不足百分之五十的，处一千元罚款；

（三）载客超过额定乘员百分之五十以上的，处二千元罚款；

（四）违反规定载货的，处一千元罚款。

有前款行为的，由公安机关交通管理部门扣留机动车至违法状态消除。

第五十三条　违反本条例规定，货运机动车载物载人的，由公安机关交通管理部门按照下列规定处罚：

（一）超过核定载质量不足百分之三十的，处二百元罚款；

（二）超过核定载质量百分之三十以上不足百分之五十的，处五百元罚款；

（三）超过核定载质量百分之五十以上不足百分之百的，处一千元罚款；

（四）超过核定载质量百分之百以上的，处二千元罚款；

（五）违反规定载人的，处二千元罚款。

有前款行为的，由公安机关交通管理部门扣留机动车至违法状态消除。

第五十四条　违反本条例规定，伪造、变造机动车号牌或者使用伪造、变造机动车号牌的，由公安机关交通管理部门予以收缴，扣留该机动车，处十五日以下拘留，并处五千元罚款；构成犯罪的，依法追究刑事责任。

第五十五条　违反本条例规定，机动车行驶超过规定时速百分之十以上百分之五十以下的，由公安机关交通管理部门处二百元罚款；超过规定时速百分之五十的，处二千元罚款，可以并处吊销机动车驾驶证。

第五十六条　违反本条例规定，行人、非机动车进入高速公路的，由公安机关交通管理部门处警告或者五十元罚款，并责令其离开高速公路。

第五十七条　违反本条例规定，机动车载运爆炸物品、易燃易爆化学物品以及剧毒、放射性等危险物品，未经主管部门批准或者未按照指定的时间、路线、速度在高速公路上行驶的，由公安机关、交通运输部门依照有关法律、行政法规给予行政处罚。

遇有冰雪、雾等恶劣天气和重大节日、重要活动，载运爆炸物品、易燃易爆化学物品以及剧毒、放射性等危险物品的机动车违反交通管制规定在高速公路上强行通行，不听劝阻的，由公安机关交通管理部门责令改正，处二千元罚款。

第五十八条　违反本条例规定，高速公路管理和经营单位未经同意擅自进行道路养护施工以及未及时整改交通安全隐患影响道路安全的，由交通运输部门责令停止违法行为，可以依法给予罚款。

有前款行为，影响交通安全的，公安机关交通管理部门可以责令停止违法行为，迅速恢复交通。

第五十九条　违反本条例规定，高速公路上发生交通事故时，公安机关交通管理部门未及时赶赴现场处理交通事故，高速公路管理和经营单位未及时赶赴现场进行清障救援，致使道路发生长时间拥堵以及其他严重后果的，依法承担相应责任。

第六十条　对二百元以下罚款，高速公路交通警察可以当场作出行政处罚决定。当事人向指定银行缴纳罚款确有困难的，经当事人提出，交通警察可以当场收缴。当场收缴罚款的，交通警察应当在《当场处罚决定书》存根上注明当场收缴的理由，并由被处罚人签名，同时开具由省财政部门统一制发的罚款收据。

第六章　附则

第六十一条　本条例自2014年8月1日起施行。